JN004264

改訂最新版

ネイリスト技能検定

1級・2級・3級 完全対策バイブル

筆記試験
合格にマスト！
直前模試
つき

NPO法人 日本ネイリスト協会（JNA）監修

河出書房新社

P R O L O G U E

はじめに……

ネイリスト技能検定試験がスタートしたのは、1997年。
現在では、ネイリストを目指す人たちのひとつの指標として、
96万人もの受験者数実績（2023年8月時点）を誇るまでになりました。
さらに、ネイリスト技能検定試験を主催する
日本ネイリスト検定試験センター（略称：JNEC）は、
2012年に内閣総理大臣認定の公益財団法人となり、この検定試験資格も
「内閣総理大臣が認めた検定試験センターが認証する資格」となりました。
ネイリスト技能検定試験は、国家試験ではないため、
合格しなければネイリストになれないというものではありません。
しかし、自らの技術を公の場でアピールできる資格として、広く認知されています。
事実、多くのネイルサロンが「サロンワークで通用する技術を修得している証」として、
2級以上の合格者を採用基準にしています。

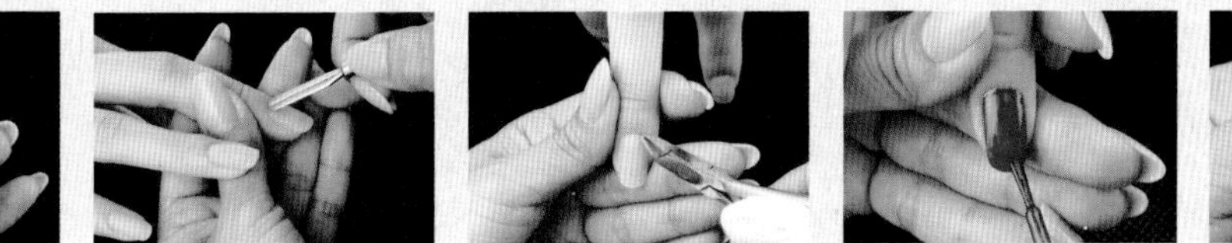
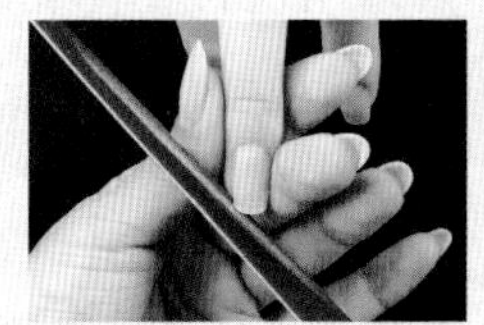
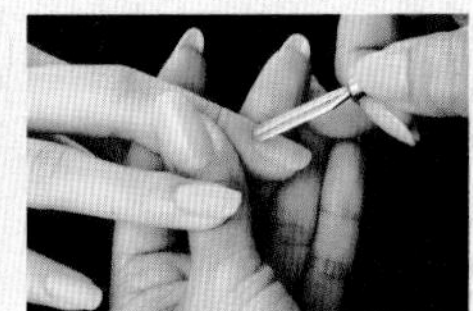
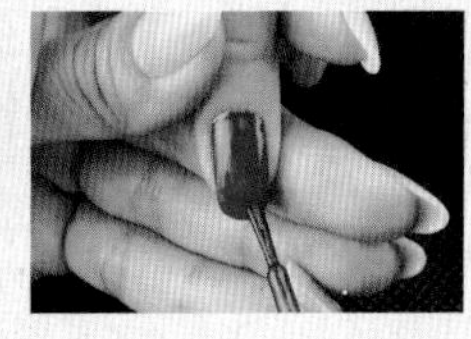

そして、2016年春期試験から、2級実技試験のカラーリングに使用する
カラーポリッシュの色が増え、筆記試験の出題範囲が広がるなど、
よりサロンワークにマッチした試験内容へと、大きく変更。
さらに、2023年秋期試験からは、JNEC認定モデルハンドでの受験が可能になりました。
本書はその変更をすべて踏まえ、新しい試験内容に添った
実技試験・筆記試験のポイントを、ひとつひとつ丁寧に解説しています。
すべての解説を担当したのは、常にネイル教育の第一線で活躍し、
1997年の試験スタート時から、その認知と発展に深く貢献してきた、
NPO法人日本ネイリスト協会（JNA）の理事長 仲宗根幸子。
そして、日本を代表するトップネイリストたちが、全技術を指導しています。

ネイリスト技能検定試験は、試験合格のみが目的ではありません。
合格に向けて、正しい知識と技術を学び、修得することで、
サロンワークに携わるための準備を整えるものです。
ネイリストとしてお客様の信頼を得るためにも、社会的に認められるためにも、
本書を手に練習を重ね、合格を目指しましょう。

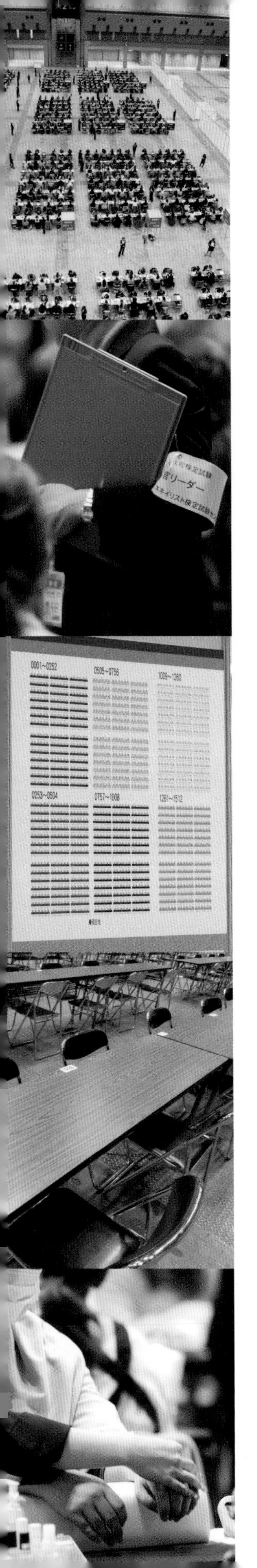

写真提供：JNEC

CONTENTS

- 本書で掲載しているのは、2023年8月時点の情報です。
  最新の情報はJNECのホームページ(https://www.nail-kentei.or.jp)でかならず確認してください。
- 入場時間、実技審査の時間、筆記試験準備の時間などは、会場の状況によって変更になる場合があります。
- 本書で紹介しているネイルアート作品には、試験要項に掲載されているものを参考にして再現しているものもあります。
- 本書で掲載しているデータ類は、公益財団法人日本ネイリスト検定試験センター(JNEC)が一般に公開しているものを、許可を受けて転載しています。
- 本書で掲載している試験会場の写真は、すべてJNEC提供のものです。
- 本書で「モデルハンド」と表記しているものは、すべて「JNEC認定モデルハンド」を指します。

本書の見方・使い方

＊プロセスの写真は、すべて右利きの方が施術する場合を想定しています。
＊2級のチップ&ラップとネイルアート、1級のネイルイクステンションとネイルアートを施す指は、試験ごとに異なります(36・58ページ参照)。どの指に施すかは試験要項で発表されますので、かならず確認してください。

◆全体の流れ

全体のプロセスの流れの中で、このページでは何を説明しているのか、一目でわかるように色で印をつけています。

◆プロセス

行っている施術の内容です。各ページ上部の「全体の流れ」と併せて確認してください。

◆施術している指

施術している指がモデルの左手か右手かわかるように、色分けしています。

右手　左手

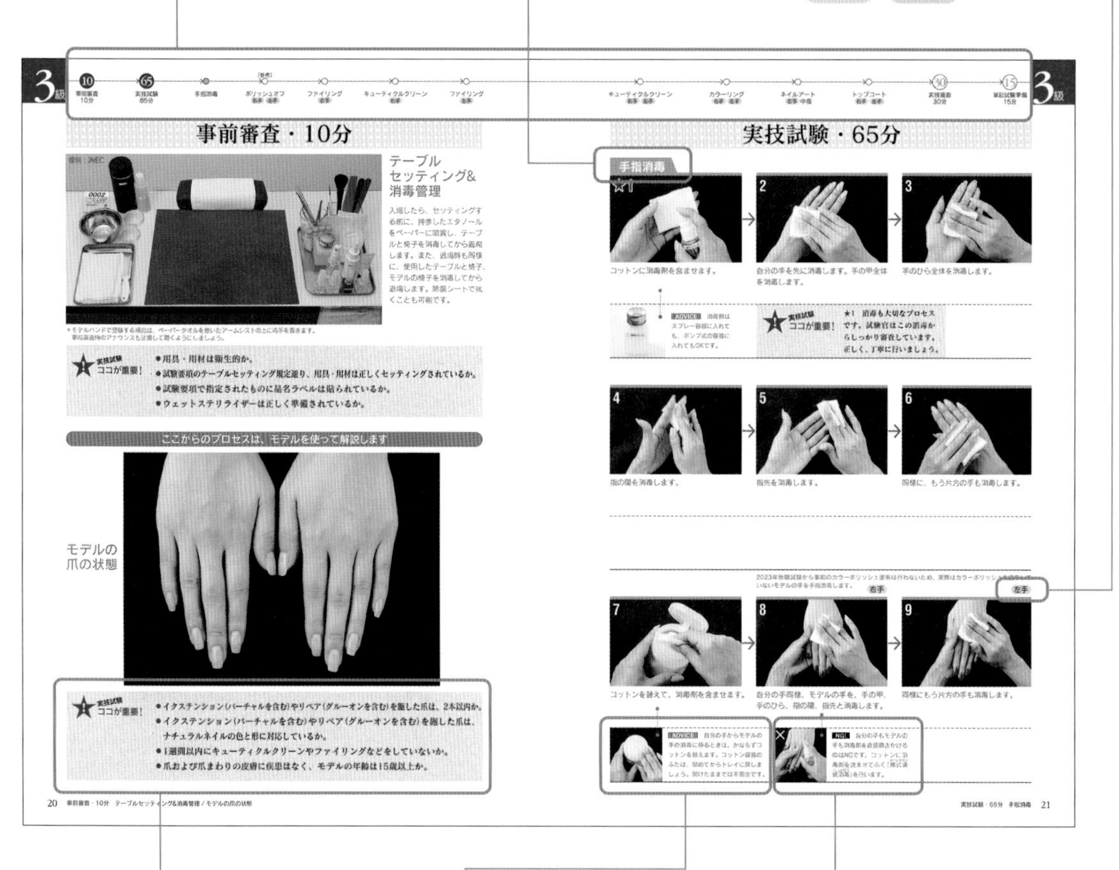

実技試験 ココが重要！

実技試験で、試験官が採点する際に重視するチェックポイントを説明しています(74～75ページ参照)。練習の中で、かならずクリアしておきましょう。

ADVICE

採点項目のチェックポイントではありませんが、注意しておきたいことを説明しています。そのほか、施術をよりスムーズに行い、美しく仕上げるためのポイントにも触れています。

NG!

採点で減点や失格の対象となることや、仕上がりのNGなどを説明しています。練習のときから注意するように心掛けましょう。

Chapter 1

ネイリスト技能検定試験の基礎知識と準備

BASIC LESSON

公益財団法人日本ネイリスト検定試験センター（JNEC）が主催するネイリスト技能検定試験。1997年のスタート以来、すでに約96万人もの受験者数実績があり、ネイリストの技術を客観的に証明する試験として、広く知られています。技術の解説に入る前に、実技試験の内容、受験の手順とアドバイス、試験までのスケジュールなど、基本の情報を紹介しましょう。

本書で掲載しているのは、2023年8月時点の情報です。最新の情報はJNECのホームページ（https://www.nail-kentei.or.jp）でかならず確認してください。

ネイリスト技能検定試験とは……

本書で紹介するネイリスト技能検定試験は長い歴史があり、
多くの合格者たちがプロのネイリストとして、さまざまな場で活躍しています。

＊この項の情報は2023年8月時点のものです。最新の情報はJNECのホームページで確認してください。

公益財団法人日本ネイリスト検定試験センター(以下、JNEC)が主催するネイリスト技能検定試験は、1997年にスタートしました。国際的に通用するネイリストの育成を目指し、正しい技術と知識の向上を目的とした、実践に役立つ検定試験として約96万人(2023年8月時点)の受験者数実績があります。

2023 年春期までの累計	受験者数	合格者数	合格率
1 級	154,721	60,340	39.00%
2 級	335,727	143,647	42.79%
3 級	475,813	403,460	84.79%
Total	966,261	607,447	62.87%

提供：JNEC

試験は3級から1級までの3段階に分かれており、いずれもサロンワークを行ううえでの一番大切な基本技術と知識が問われる内容となっています。合格は、プロのネイリストとして通用するかどうかの、大切な指標のひとつ。2級合格でプロとしてのスタートラインに立つことができ、1級でサロンワークの道が開けると考えましょう。そのため、多くのネイルサロンが、採用基準を2級合格以上としているようです。

プロのネイリストとして仕事を得て、お客様に信頼され、社会的にも認められるよう、技術を磨き、合格を目指しましょう。

ネイリスト技能検定試験を受ける意味

最近のサロンワークはジェルネイルが中心となっています。そのためか、「検定試験の課題とサロンで使う技術が違う」という声が聞かれることがあります。しかし、3級･2級の課題であるネイルケアは、健康で美しい爪を保つために、ネイルサロンにとって必要不可欠な技術。2級の課題であるチップ&ラップは、ジェルやアクリルを使えない方が爪を長く見せたい場合や、傷んだ爪を保護したい場合に必要な技術ですし、スカルプチュアネイルは、爪を造形する技術の基本です。このように、課題のすべてはお客様に必要な技術であり、「ネイルのプロ」であれば、修得すべき技術です。それを念頭に置いておきましょう。

＊試験日は異なりますが、2つの級を同時に受験することはできません。
＊各級とも、試験当日、実技試験のモデルまたはモデルハンドが必要となります。
＊受験料など試験の詳細に関しては、JNECのホームページでかならずご確認ください。

試験内容

ネイルケア、ネイルアートに関する基本的な技術および知識が課題です。

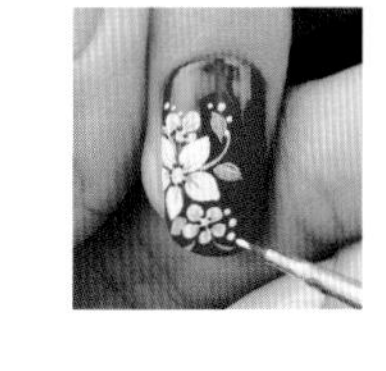

実技試験 事前審査（10分）テーブルセッティング&消毒管理、モデルの爪またはモデルハンドの状態
所要時間（65分）ネイルケア、カラーリング、ネイルアート

筆記試験 所要時間（30分）出題内容：衛生と消毒、爪の構造（皮膚科学）、爪の病気とトラブル（爪の生理解剖学）、ネイルケアの手順など

開催数 年4回（例年、1月・4月・7月・10月に開催されています）

開催場所 全国の12都市（夏期・冬期は11都市）と3級登録試験会場で開催

受験資格 受験時に義務教育を修了している方であれば、どなたでも受験可能

試験内容

サロンワークで通用するネイルケアやチップ&ラップ、ネイルアートに関する技術と知識が課題です。

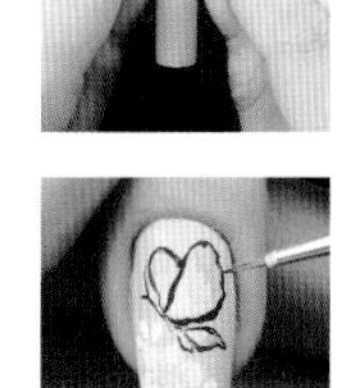

実技試験 事前審査（10分）テーブルセッティング&消毒管理、モデルの爪またはモデルハンドの状態
所要時間（前半30分）ネイルケア
（後半55分）チップ&ラップ、カラーリング、ネイルアート

筆記試験 所要時間（35分）出題内容：ネイルの歴史、衛生と消毒、爪の構造（皮膚科学）、爪の病気とトラブル（爪の生理解剖学）、ネイルケアの手順、リペアの種類およびチップ&ラップの手順、その他実践的施術全般、プロフェッショナリズムなど

開催数 年4回（例年、1月・4月・7月・10月に開催されています）

開催場所 全国の12都市（夏期・冬期は11都市）で開催

受験資格 ネイリスト技能検定試験3級取得者のみ

試験内容

スカルプチュアネイルを含めた、トップレベルのネイリストとして必要とされる総合的な技術および知識が課題です。

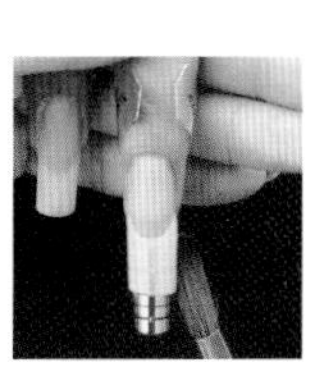

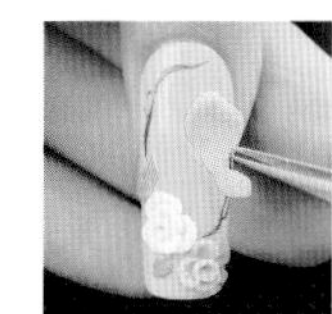

実技試験 事前審査（10分）テーブルセッティング&消毒管理、モデルの爪またはモデルハンドの状態
所要時間（150分） ネイルイクステンション（スカルプチュアネイル、チップ&オーバーレイ）、ネイルアート（ミックスメディアアート）

筆記試験 所要時間（40分）出題内容：ネイルの歴史、衛生と消毒、化粧品学（材料、内容成分、効果など）、爪の構造（皮膚科学）、爪の病気とトラブル（爪の生理解剖学）、ネイルケアの手順、イクステンションの手順、その他実践的施術全般、プロフェッショナリズムなど

開催数 年2回（例年、4月と10月に開催されています）

開催場所 全国の12都市で開催

受験資格 ネイリスト技能検定試験2級取得者のみ

＊上記は2023年8月時点の情報です。

合格に向けての6つのアドバイス

合格のためには、練習あるのみ。ここでは、どのようなことを心掛けて
日々の練習を重ねていけばよいか、そのポイントを紹介します。

ADVICE 1

試験要項の熟読は基本中の基本

試験の約2カ月半前になると、JNECのホームページで試験要項が発表されます。まずは、それをダウンロードして熟読しましょう。試験要項には、タイムスケジュール、実技試験の詳細と注意事項、テーブルセッティング規定、実技試験・筆記試験における減点対象と失格対象などが、細かく書かれています。受験生にとって必要な情報は、すべて試験要項に書いてあると認識して、隅々まで熟読しましょう。

ADVICE 2

実技採点基準を徹底分析

JNECのホームページでは、「実技採点基準」が公開されています（74～75ページ参照）。そこには、合格基準、採点方法、採点項目とチェックポイントが明記されているため、試験ではどのような点が審査対象となるかが、よくわかります。これを熟読し、練習もチェックポイントを意識しながら行いましょう。そのほか、JNECのホームページでは、試験にまつわるQ&Aなどのコーナーもあるので、参考にするとよいでしょう。

ADVICE 3

練習のときから本番モードで

「練習だから」「本番のときに注意すればいいから」そんな油断が、本番でのミスを招きます。例えば練習のときに、手指消毒を省いたり、用具・用材を直置きしたりしていると、つい本番の試験でも練習と同じことをしてミスをしてしまうことに。テーブルセッティングから、本番モードで行いましょう。また、モデルハンドも人の手と同様、大切に扱うように練習しましょう。

ADVICE 4

自分なりの時間配分の研究を

試験は、美しく仕上げることと、時間内にすべてのプロセスを終了することの両方が大切です。時間内に終わらせるための時間配分の目安を16ページ（3級）、34ページ（2級）、56ページ（1級）で紹介していますが、これはひとつの例です。練習を重ねながら、苦手なプロセスは多く時間をかけるなど、自分なりの時間配分をつかみましょう。

ADVICE 5

試験に必要な準備はぬかりなく

12～13ページで紹介しているように、受験の申し込みをしたあと、試験当日まで、練習以外にも準備することがいろいろとあります。使用する用具・用材を準備し、必要なものには品名ラベルを貼る、受験票に写真を貼る、試験会場までの交通機関を確認し、モデルとの待ち合わせ場所と時間を決めるなど、前日までにひとつひとつ確認してクリアしておくことで、当日は試験に集中できます。

ADVICE 6

練習も本番もモデルと二人三脚で

モデルは、あなたの大切なパートナーです。合格するためには、たくさんの時間を割いて練習に付き合ってもらう必要がありますし、試験当日に遅刻しないのはもちろんのこと、受験生だけでなく、モデルの態度も審査の対象となります。そのためには、互いに信頼関係を築けることが重要。右ページでモデル選びのポイントを紹介していますので、参考にしてください。

従来通りモデルを帯同して受験する場合の

モデル選びのポイント

受験にはモデルが必要です。合格するには、技術を磨くことはもちろんのこと、モデルのサポートが不可欠。信頼できる方にお願いしましょう。

＊2023年秋季試験からJNEC認定モデルハンドで受験が可能になりました。その場合の準備とポイントは126～129ページをご覧ください。

POINT 1

まずは、試験要項をチェック

試験要項に記してあるモデルの規定は、15歳以上であること、爪および爪まわりの疾患がないこと、となっており、男女は問いません。まずは、この条件を満たすことがモデル選びの第1条件です。また、受験生だけでなく、モデルの私語が多い場合やマナーが悪い場合は減点の対象となり、遅刻した場合は失格となります。それを理解して、協力してくれる方にお願いしましょう。

POINT 2

練習に協力していただける方を選びましょう

日々の練習と試験は同じモデルにお願いするのがベストです。いつも触れている手であれば、受験生であるあなたもモデルも慣れているため、プロセスの流れや所作もスムーズですし、試験の緊張も和らぎます。それに、定期的にネイルケアしている爪は、試験でのルースキューティクル除去もスムーズ。モデルには大切な時間を割いて練習に付き合ってもらうことに感謝し、協力をお願いしましょう。

POINT 3

モデルは複数の方にお願いを

ファイリングの練習には、ある程度のフリーエッジの長さが必要ですし、頻繁にサンディングすると爪が薄くなる場合があり、爪を休ませる時間も必要です。そのため、できれば練習モデルは2人以上の方にお願いするとよいでしょう。試験当日も、第1候補の方が急病などで来られなくなった場合に備えて、もう1人待機をお願いできる方がいれば安心です。

POINT 4

爪を大切にする心掛けを日々忘れずに

試験の課題はすべてナチュラルネイルからスタートします。3級、2級は2本までリペアが許可されていますが、健康なナチュラルネイルで試験に臨みたいもの。モデルには、キューティクルクリームやキューティクルオイルを渡しておき、1日数回塗ってもらうなど、日常生活の中でも、乾燥させない習慣、指先を大切に扱う所作などを心掛けてくれるようお願いしましょう。

POINT 5

互いに信頼がもてるような気遣いを

モデルには、あなたの受験のために時間を割いてもらうだけでなく、さまざまなお願いごとをすることになります。そのために必要なのは、互いの信頼関係。モデルには、あなたと一緒に受験するという心構えが必要ですし、あなたはモデルへの感謝の気持ちを忘れないようにしましょう。ともに練習を重ねて試験に挑み、合格したらともに喜べるような関係を築きましょう。

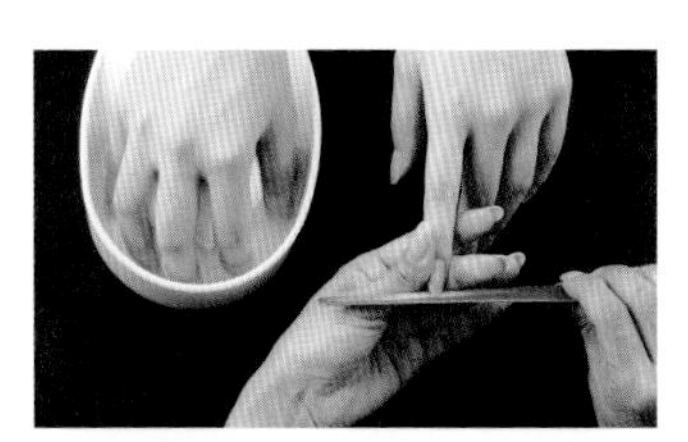

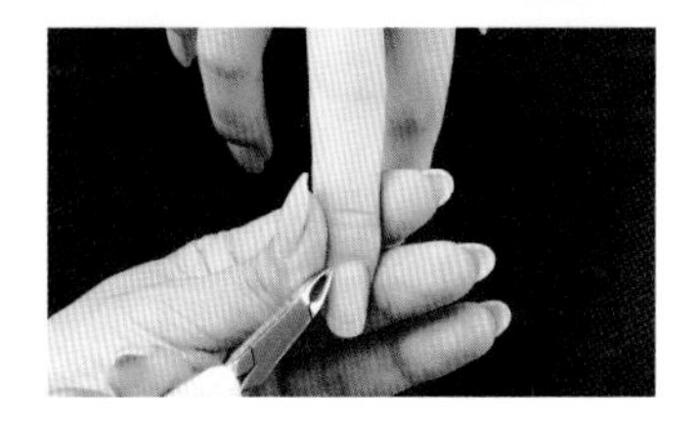

受験までのスケジュール

受験の申し込みから試験前日までの流れと、練習や準備のポイントです。
まずは、JNECのホームページを閲覧して必要な情報を得て、準備を始めましょう。

約2カ月半前

提供：JNEC

試験日時・試験要項の発表

JNECのホームページにて、試験日時・試験会場が発表されます。同時に試験要項も発表されますので、ダウンロードしましょう。

受験申し込み開始

試験の申し込みはインターネットからのみの受け付けです。JNECのホームページ (https://www.nail-kentei.or.jp) にアクセスし、申し込みと受験料の支払いを済ませてください。

受験票発送

受験の申し込み者には、JNECから受験票が送られます。受験票には、受験番号のほか、試験会場や当日のタイムスケジュールや注意事項などが記されているので、事前に確認を。また、受験票には、顔写真貼付が必要となるため準備しておきましょう。

＊受験票が届かない場合、住所・名前に誤りがある場合などのお問い合わせ期間が約1週間もうけられています。

練習のポイント

◆試験要項と実技採点基準をチェック

まずは、試験要項を熟読することから始めましょう。試験要項には試験内容、失格や減点の対象など、必要な情報がすべて記されています。同時に、JNECのホームページに掲載されている実技採点基準も確認を。試験官はどこを見て採点しているかが、詳しく記されているので、参考にしながら練習しましょう。

◆本番同様の練習を開始

この頃には、モデルで受験するかJNEC認定モデルハンドで受験するかを決め、試験と同じような設定で練習を始めましょう。練習だからといってプロセスを省略したりせず、時間配分にも注意しながら、技術を磨きましょう。

◆筆記試験の勉強も忘れずに

すべての級で実技試験と筆記試験が行われます。もちろん両方をクリアしないと合格できません。同時に勉強を進めましょう。

試験が終了して、約１カ月～１カ月半後に合否が発表され、封書で合否通知が届きます。合否結果は、JNEC のホームページでも確認できます。その後、合格者には合格証書（ディプロマ）が発行されます。

1週間前

試験前のファイリングとキューティクルクリーン

３級と２級はネイルケアが課題となるため、試験１週間前からはファイルおよびキューティクルクリーンなどのお手入れを行ってはいけません。試験前最後のファイリングとキューティクルクリーンは、１週間前までに行いましょう。

準備のポイント

◆持参する用具・用材を確認

試験に持参する用具・用材がすべて揃っているか確認しましょう。必要なものに品名ラベルが貼られているかどうかも確認し、衛生的なものを持参するようにしましょう。

◆試験会場までの交通機関と待ち合わせ場所を確認

受験生、モデルともに試験会場までの交通機関を確認し、必要であれば切符の手配などを済ませましょう。また、モデルとは会場内ではなく、会場外で待ち合わせをしたほうが安心です。相談して決めておきましょう。

前日

最終確認

試験に必要なものはすべて準備が整っているか、最終確認をしましょう。

準備のポイント

◆用具・用材をバッグに詰めながら再確認を

忘れ物がないか、品名ラベルの貼り忘れがないか、バッグに詰めながら再確認しましょう。筆記試験で使用する筆記用具、顔写真を貼った受験票も忘れないようにしましょう。

◆着ていく服の準備と爪のお手入れを済ませましょう

試験当日の朝、迷わないためにも、着ていく服を準備し、ネイリストらしく爪のお手入れを済ませましょう。ネイルアートを施すかどうかは自由ですが、実技試験の課題と同じアートを施していると、カンニングと見なされるので注意を。また、服装は、受験生・モデルともに室温によって調整できるものにするとよいでしょう。

試験当日の流れや注意事項は次ページをご覧ください。

試験当日、入場から実技試験開始までの流れ

いよいよ試験当日。会場はこのような様子になっています。
練習の成果がしっかり発揮できるように、落ち着いて試験開始の準備を整えましょう。

＊写真は2012年春に行われた東京会場の様子です。試験会場によって、表示方法や設備は異なります。

写真提供：JNEC

1 案内に従い、時間に余裕をもって会場に入ります。

開場時間は、受験票に書いてあります。会場によっては、エレベーターやエスカレーターが混雑するなど、会場入り口から自分の席にたどり着くまで、時間がかかる場合がありますので、十分、時間に余裕をもって行きましょう。

2 受験票に書いてある受験番号を見て、自分の席を探します。

受付はありませんので、会場に入ったら、受験番号を見て自分の席を探しましょう。

3 テーブルに貼ってある受験番号を確認し、テーブルセッティングを事前審査までに済ませます。

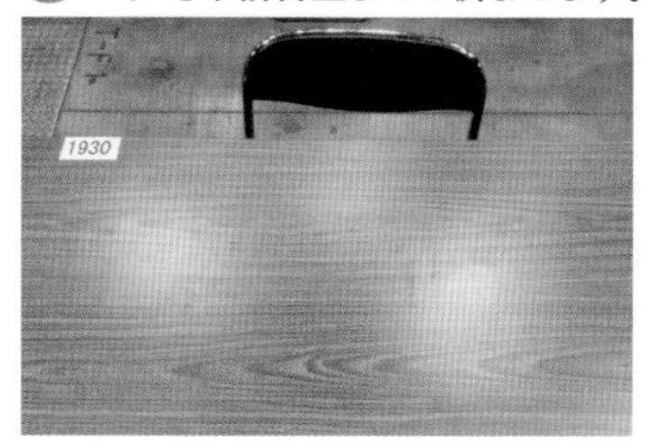

テーブルには受験番号が貼ってありますので、確認してテーブルセッティングを開始します。手際よく、かならず事前審査までに済ませましょう。

4 事前審査開始

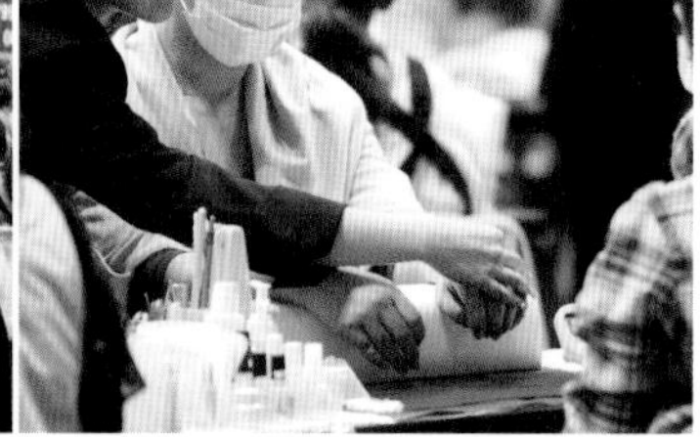

事前審査では、テーブルセッティングと消毒管理、モデルの爪の状態を確認します。

5 実技試験開始

ADVICE アナウンスを聞き逃さないように

試験の合図や時間の経過、注意事項など、すべてアナウンスで指示があります。落ち着いて、聞き逃さないようにしましょう。

ADVICE トイレは長蛇の列になることも

意外に混むのが、試験会場のトイレ。試験開始前は、長蛇の列になっていることも。時間には余裕をもちましょう。

ADVICE モデルにも受験番号を知らせましょう

モデルにも受験番号を知らせましょう。広い試験会場では、トイレに行ったモデルが迷って、席に戻れない場合があります。

注意！ 遅刻は厳禁です！

事前審査の開始までに、試験会場の入り口は閉められます。時間には十分余裕をもち、受験生・モデルともに絶対に遅刻しないようにしましょう。

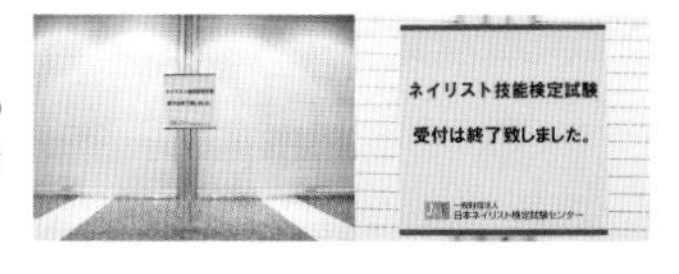

写真提供：JNEC

Chapter2
ネイリスト技能検定試験 実技対策

ネイリストベーシックのマスター、ネイルケア、ネイルアートに関する基本的な技術が3級の課題です。
基礎的な技術が課題ではありますが、3級はネイリストとしての第一歩を踏み出すための大切な試験。
すべてのネイル技術のベースであり、ネイリストなら誰もが修得すべき技術である、
ネイルケアの基礎をしっかりマスターしていることが合格の必須条件です。

本書で解説している技術内容は、2023年8月時点の情報がベースになっています。試験内容などの一部が変更になる場合もありますので、最新の情報はJNECのホームページ（https://www.nail-kentei.or.jp）でかならず確認してください。

3級の実技試験内容

10 事前審査・10分

テーブルセッティング&消毒管理、
モデルの爪またはモデルハンドの状態

65 所要時間・65分

ネイルケア、カラーリング、
ネイルアート

＊ネイルアートのテーマは毎試験違い、試験要項で発表されます。本書では「フラワー」をテーマに設定しています。

3級実技試験 時間配分の目安

下記の時間配分を目安に練習を重ね、すべてのプロセスを時間内に終わらせるようにしましょう。

約 **1** 分・自分の手とモデルまたはモデルハンドの手の手指消毒

↓

約 **5** 分・右手 のファイリング

↓

約 **5** 分・左手 のファイリング

↓

約 **10** 分・右手 のキューティクルクリーン

↓

約 **10** 分・左手 のキューティクルクリーン

↓

約 **20** 分・右手 左手 のカラーリング

↓

約 **13** 分・右手 中指のネイルアート(テーマ「フラワー」を設定)・トップコート塗布

↓

約 **1** 分・最終確認

↓

合計 **65** 分

◆◆◆◆◆◆◆◆◆ ここがポイント！ ◆◆◆◆◆◆◆◆◆

3級は、ネイルケアの意味と方法を理解し、用具を正しくスムーズに使用し、技術を施しているかがポイントです。また、受験生・モデルともに、受験するにふさわしい態度であるかも審査の対象となります。3級は、ネイリストとしての第一歩を踏み出すための大切な試験。技術の修得はもちろんのこと、試験に臨む姿勢も見られています。施術の邪魔にならないように髪はまとめられているか、ネイリストとしてふさわしい服装か、手のまわりは腕時計以外のアクセサリーをつけていないかなども、自分自身でチェックしましょう。

テーブルセッティング規定

会場に入ったら、テーブルや椅子などの消毒をし、事前審査開始までにテーブルセッティングを済ませます。衛生的に処理されている用具・用材を整理整頓して配置しましょう。用具・用材（フィンガーボール、ケア用水入れ、アート用水入れ、水、湯以外）はトレイの中に収まっていれば、使いやすく配置してOKです。

＊用具・用材は、写真と同じものを使用する必要はありません。衛生的でネイル用品及び美容用品であれば、使用可能です。
＊このテーブルセッティングは右利きの例です。利き手に合わせてセッティングしてください。
＊実技中も用具、用材はトレイ内に戻しましょう（一時的にペーパータオル（H）の上に置いてもOK）。

提供：JNEC

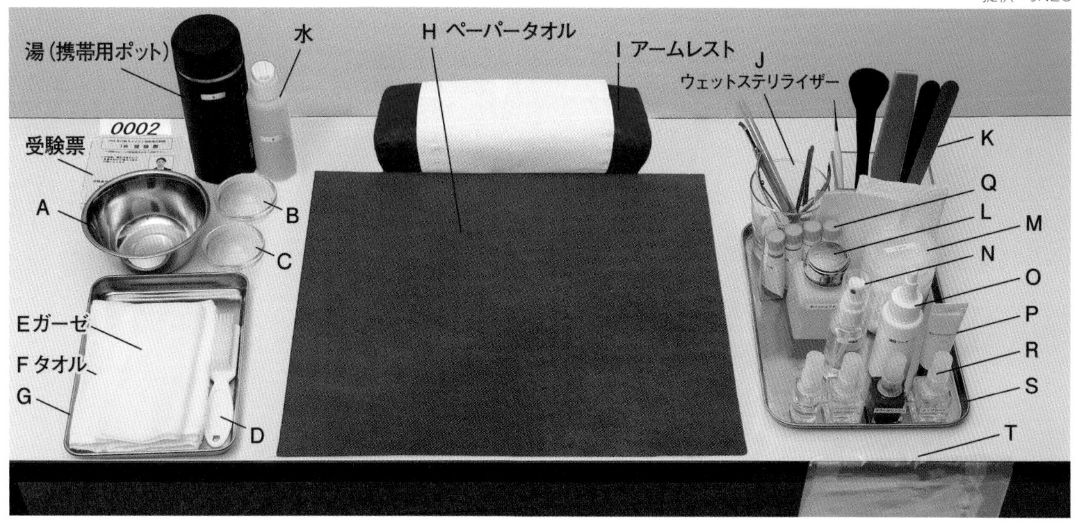

A：フィンガーボール
B：ケア用 水
C：アート用 水
D：ネイルブラシ
E：ガーゼ
F：タオル
G：トレイ（ガーゼ、タオル、ネイルブラシのみ配置）

※湯、水（セッティングは任意）

H：ペーパータオル
…アームレスト手前の施術スペースを覆うサイズをセットすること
I：アームレスト
…ペーパータオルで巻くこと

J：ウェットステリライザー（消毒剤で変質する容器は使用禁止）
K：ファイル類…ファイル立てに入れること
L：ポリッシュリムーバー
M：コットン類… 蓋付き容器を使用すること
N：消毒剤…消毒用エタノール、またはその他の消毒液。
O：液体ソープ
P：キューティクルリムーバー orキューティクルクリーム
Q：アート用品（絵の具、筆、パレット）
R：ポリッシュ類
S：トレイ（用具、用材のみ設置）
T：ゴミ袋

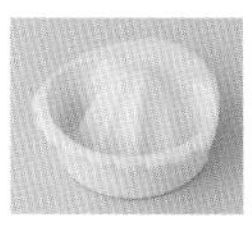
フィンガーボールは左の写真のタイプでもOKです。

【使用禁止の用具・用材】セッティングした場合は失格
・ネイルマシーン　・オイル類　・アート用シール
・ドットペン（マーブルツール）　・その他規定外の用具、用材

3級のウェットステリライザーには
かならず下記の用具を入れます

＊ウェットステリライザーの準備方法は19ページをご覧ください。

• キューティクルニッパー
• ウッドスティック
• メタルプッシャー
（爪に当たるほうを下にします）
• ピンセット

注意事項！

● 上記のA～Tまでの用具、用材は全てセッティングすること。
● A、B、C、湯、注ぎ足し用の水はトレイに入れなくてもよい。
● ネイル用品及び美容用品を使用すること。
● 用具、用材のメーカー、ブランド指定はありません。
● タオル（F）やペーパータオル（H）は無地のものを使用すること。
● トレイやフィンガーボール、その他容器はプラスチックやガラス、金属製等の消毒可能な無地のものを使用すること。木、紙、布製は使用不可。
● 底面が網目状のトレイは使用不可。
● ウッドスティックにコットンを巻いたものは使用不可。

テーブルセッティング攻略法

実技試験の最初のキーポイントがテーブルセッティングです。試験要項を熟読し、しっかり準備しましょう。練習のときから、試験同様のテーブルセッティングで行えば、試験当日のプロセスもスムーズですし、忘れ物防止にもなります。

攻略法 1

衛生的な用具・用材を準備しましょう

用具・用材は汚れやファイルダストなどがついていない、衛生的なものを準備しましょう。バッグに入れる前にひとつずつ確認し、汚れなどがある場合はふき取りましょう。

攻略法 2

時間に余裕をもって会場に入りましょう

試験会場の開場時間は、試験要項のタイムスケジュールの欄や、受験票に書いてありますので、まず確認しましょう。大きな会場などは、最寄り駅が混んだり、エレベーターやエスカレーターが混むなど、試験会場に入るまでに予想以上に時間がかかる場合があります。時間に十分余裕をもって行動し、かならず事前審査までにテーブルセッティングを終わらせましょう。

攻略法 3

水はペットボトルなどに入れましょう

ネイルケア用の水、ネイルアート用の水は、ペットボトルなどに入れて持参しましょう。フィンガーボールに入れたお湯の温度調節など、試験中に水を使用する場合は、テーブルの上に出しておいて OK です。

攻略法 4

品名ラベルを貼りましょう

内容物を明確にするために、品名ラベルを貼ります。品名ラベルを貼る品目は、試験要項に書いてありますので、かならず確認してください。容器に商品名が明記されている場合も、品名ラベルはすべて必要です。品名ラベルは、アルファベット表記不可なので注意しましょう。

攻略法 5

自分の受験番号が貼られたテーブルにセッティングしましょう

試験会場のテーブルには、受験番号が貼られています。会場に入ったら、自分のテーブルを見つけてセッティングを始め、事前審査が始まる前にすべて終わらせましょう。

写真提供：JNEC

攻略法 6

ウェットステリライザーを正しく準備しましょう

ウェットステリライザーとは、用具類を衛生的に管理する容器のこと。実技試験では必要不可欠です。ウェットステリライザーに入れる用具類は受験する級によって異なるので、試験要項で確認しましょう。

ウェットステリライザーの準備方法

アルコールで変質しないガラスやステンレスなどの容器を準備します。底にコットンをしき、キューティクルニッパーの刃先が浸る程度の量を目安に消毒剤を入れ、キューティクルニッパー、ウッドスティック、メタルプッシャー(爪に当たるほうを下にします)、ピンセットなどを浸します。

攻略法 7

セロハンテープを忘れないようにしましょう

テーブルセッティングではごみ袋を準備しますが、意外に多いのが、ごみ袋を留めるセロハンテープの忘れ物です。忘れずにバッグに入れましょう。

攻略法 8

タイマーを使用してもOKです

実技試験ではタイマーの使用が認められています。時間を細かく計りたい方などは、テーブルの上に置いておくことも可能です。

◆試験中に注意すること

用具・用材の直置きはNGです。使用中のものはペーパータオルの上に置き、使用が終わったものは、トレイの中に戻します。練習のときから、常に整理整頓しながら施術する習慣をつけましょう。

使用中のものはペーパータオルの上に置きます。

テーブルの上に直置きにするのはNGです。

◆試験後に注意すること

実技審査が終わったら、実技試験で使用した用具・用材を片付けて、筆記試験の準備をします。その際、ごみはかならず持って帰ります。放置して帰ると、減点の対象となります。

事前審査・10分

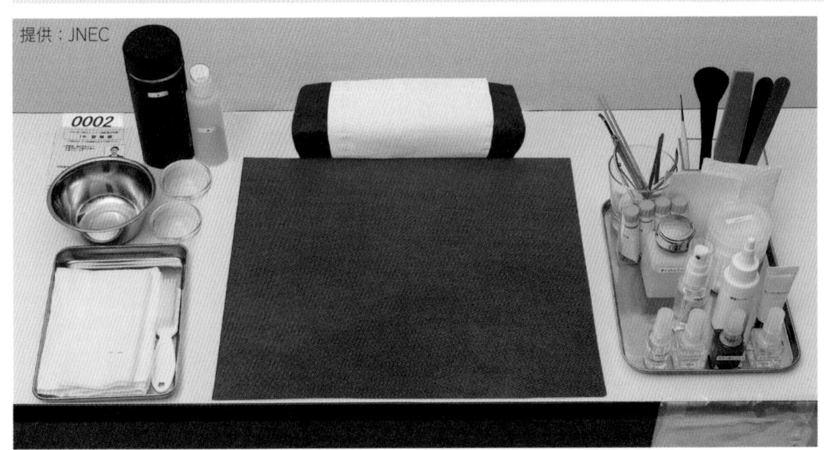

テーブルセッティング&消毒管理

入場したら、セッティングする前に、持参したエタノールをペーパーに噴霧し、テーブルと椅子を消毒してから着席します。また、退場時も同様に、使用したテーブルと椅子、モデルの椅子を消毒してから退場します。除菌シートで拭くことも可能です。

＊モデルハンドで受験する場合は、ペーパータオルを巻いたアームレストの上に両手を置きます。
　事前審査時のアナウンスも注意して聞くようにしましょう。

- 用具・用材は衛生的か。
- 試験要項のテーブルセッティング規定通り、用具・用材は正しくセッティングされているか。
- 試験要項で指定されたものに品名ラベルは貼られているか。
- ウェットステリライザーは正しく準備されているか。

ここからのプロセスは、モデルを使って解説します

モデルの爪の状態

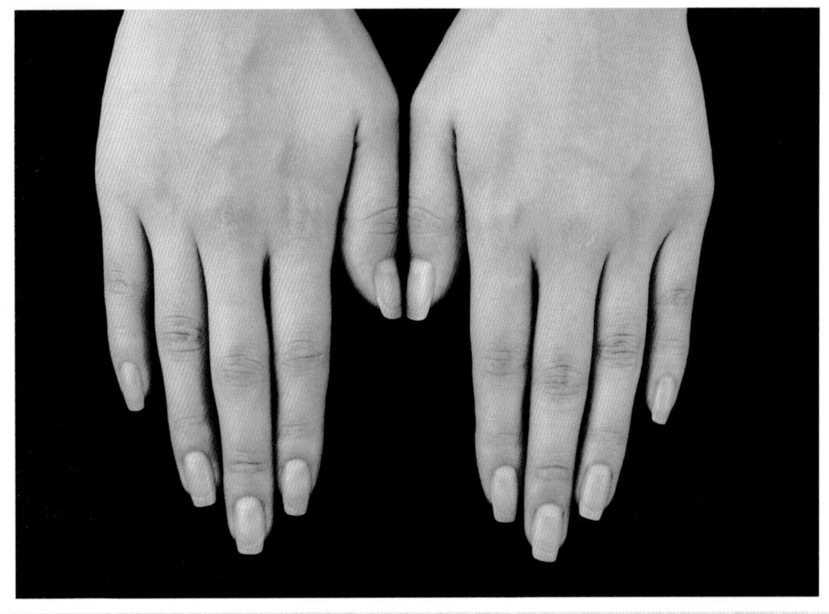

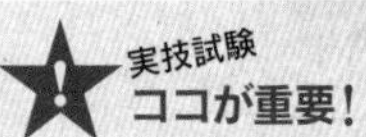

- イクステンション（バーチャルを含む）やリペア（グルーオンを含む）を施した爪は、2本以内か。
- イクステンション（バーチャルを含む）やリペア（グルーオンを含む）を施した爪は、ナチュラルネイルの色と形に対応しているか。
- 1週間以内にキューティクルクリーンやファイリングなどをしていないか。
- 爪および爪まわりの皮膚に疾患はなく、モデルの年齢は15歳以上か。

実技試験・65分

手指消毒

コットンに消毒剤を含ませます。

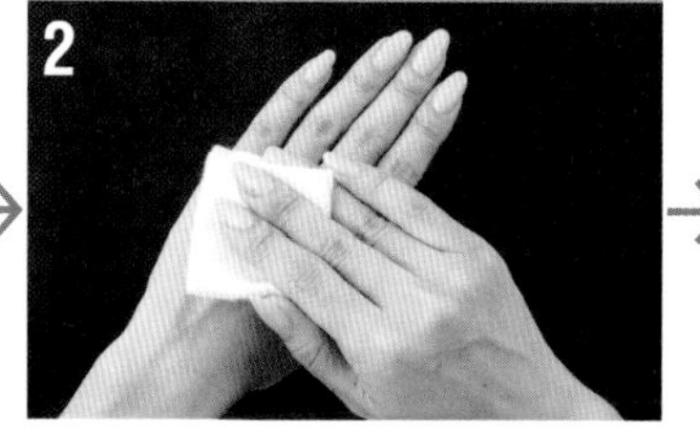

自分の手を先に消毒します。手の甲全体を消毒します。

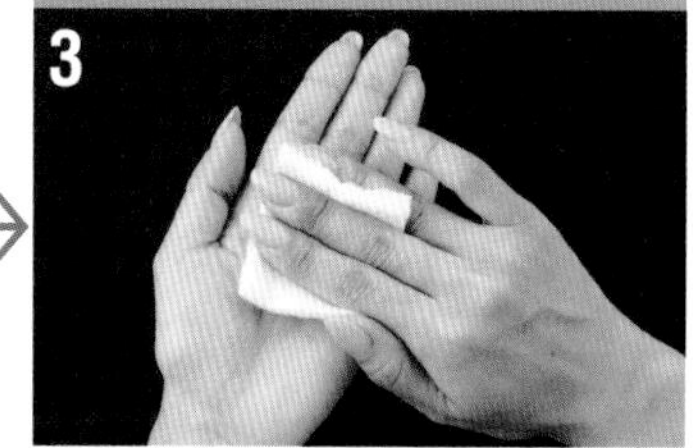

手のひら全体を消毒します。

ADVICE 消毒剤はスプレー容器に入れても、ポンプ式の容器に入れてもOKです。

★1 消毒も大切なプロセスです。試験官はこの消毒からしっかり審査しています。正しく、丁寧に行いましょう。

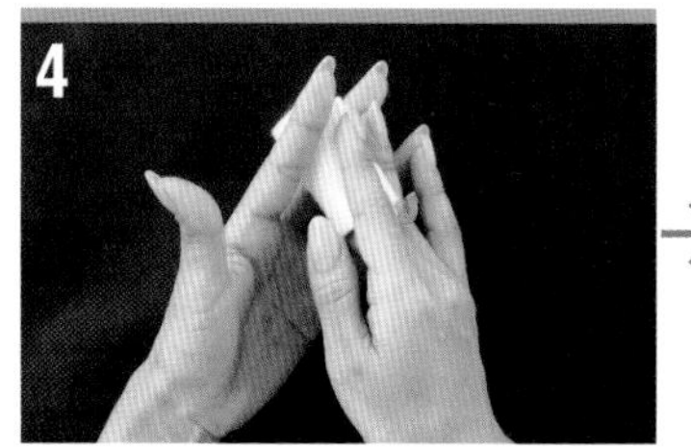

指の間を消毒します。

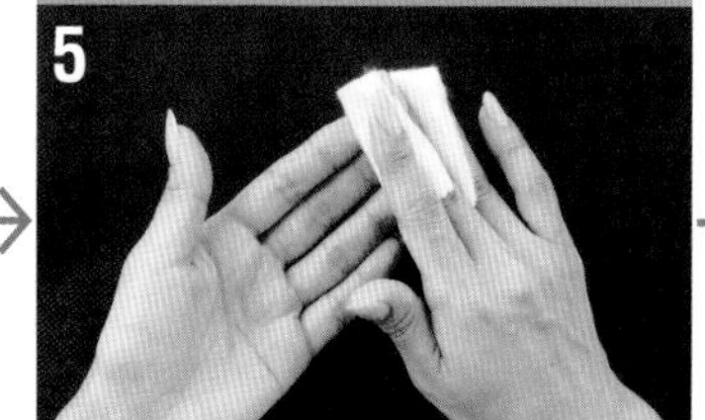

指先を消毒します。

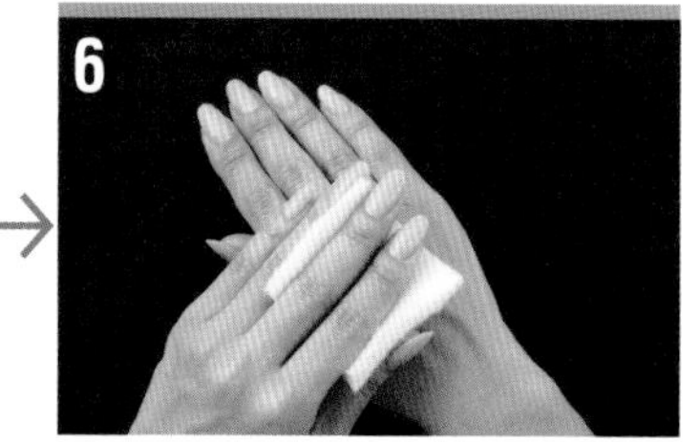

同様に、もう片方の手も消毒します。

2023年秋期試験から事前のカラーポリッシュ塗布は行わないため、実際はカラーポリッシュを塗布していないモデルの手を手指消毒します。

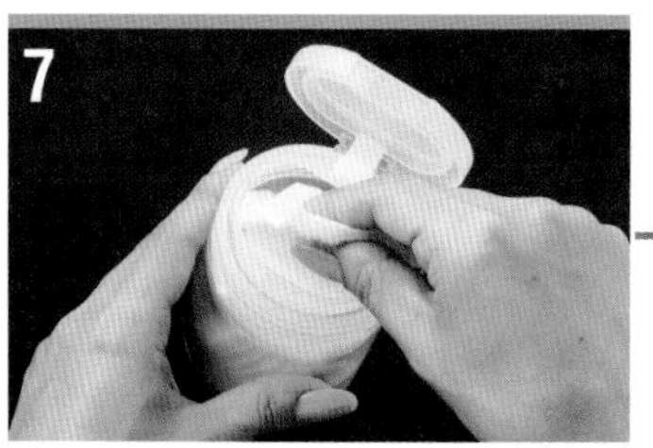

コットンを替えて、消毒剤を含ませます。

右手

自分の手同様、モデルの手を、手の甲、手のひら、指の間、指先と消毒します。

左手

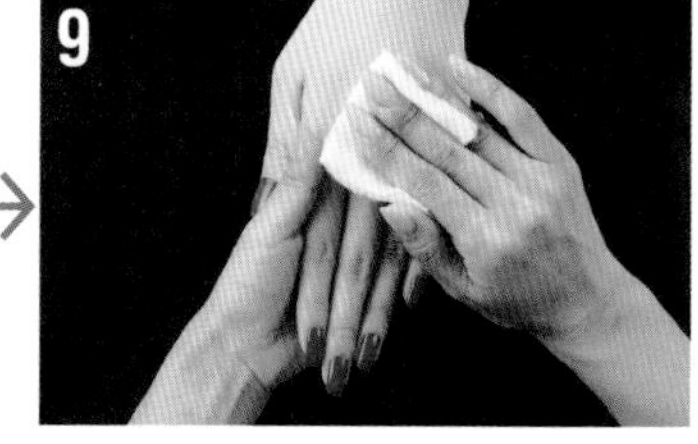

同様にもう片方の手も消毒します。

ADVICE 自分の手からモデルの手の消毒に移るときは、かならずコットンを替えます。コットン容器のふたは、閉めてからトレイに戻しましょう。開けたままでは不衛生です。

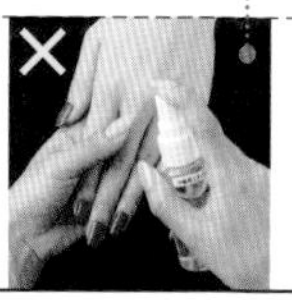

NG! 自分の手もモデルの手も消毒剤を直接噴きかけるのはNGです。コットンに消毒剤を含ませてふく「擦式清拭消毒（さっしきせいふしょうどく）」を行います。

参考　試験では行いません

ポリッシュオフ

2023年秋期試験から事前のカラーポリッシュ塗布、試験でのポリッシュオフは行いません。ただ、サロンワークでは必須のプロセスであるため、本書には技術の参考として入れています。

10

片手をポリッシュオフできる程度の、適当な大きさのコットンボールを準備します。

11

コットンボールに、ポリッシュリムーバーをたっぷり含ませます。

右手

12

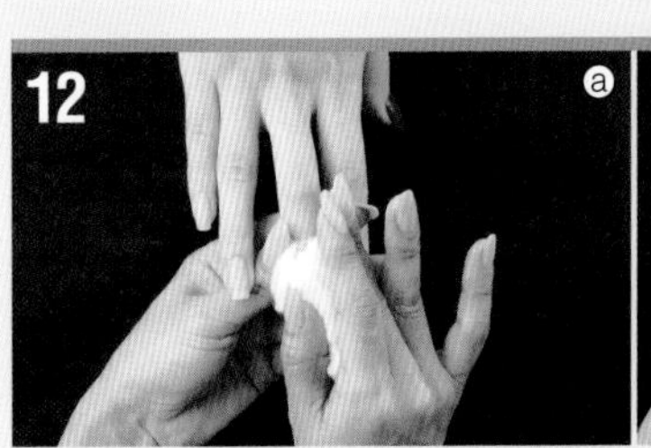

ポリッシュリムーバーを含ませたコットンボールを爪の上に置き（12-a）、ポリッシュを溶かしながらオフします（12-b）。

右手

13

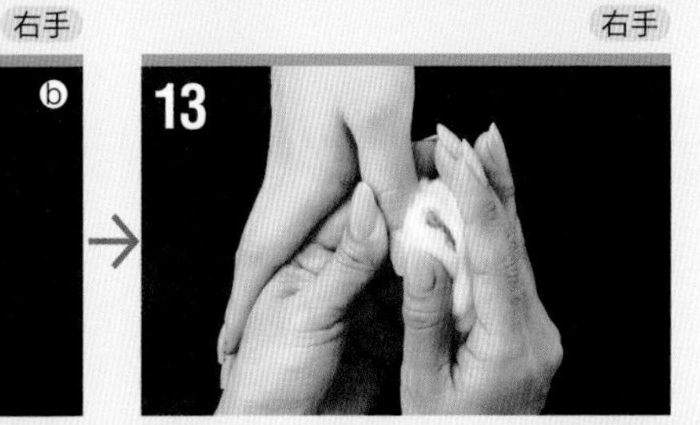

コットンボールを少しずつ回転させ、オフしたポリッシュがついていない部分を使いながら、ほかの指のポリッシュもオフします。

左手

14

もう片方の手も同様にオフします。

15

ウッドスティックの先をポリッシュリムーバーで湿らせ、コットンを巻いて（15-a）、コットンスティックを作ります（15-b）。先端にポリッシュリムーバーを含ませます。

右手 左手

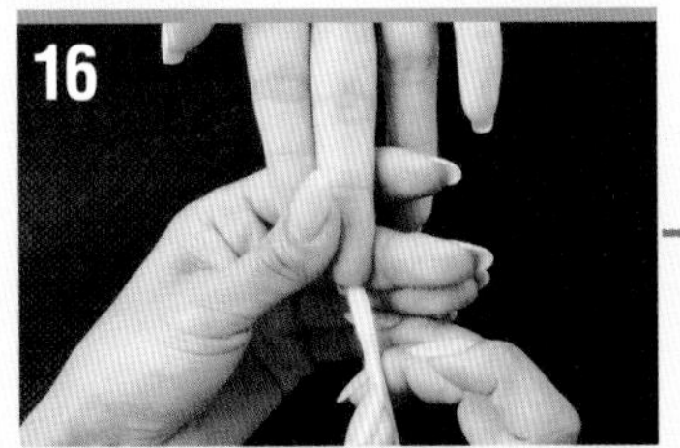

フリーエッジの裏に残っているポリッシュを丁寧にオフします。

右手 左手

17

爪のまわりの皮膚、サイドウォールに残っているポリッシュを丁寧にオフします。

ポリッシュオフ終了

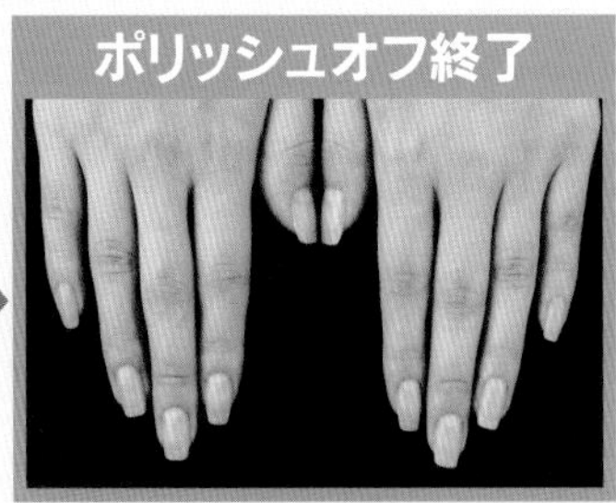

ポリッシュオフが終了しました。

ファイリング

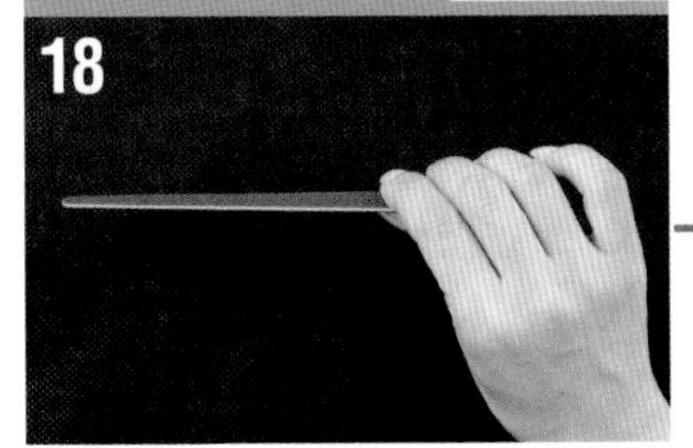

エメリーボードの端を持ちます。

右手

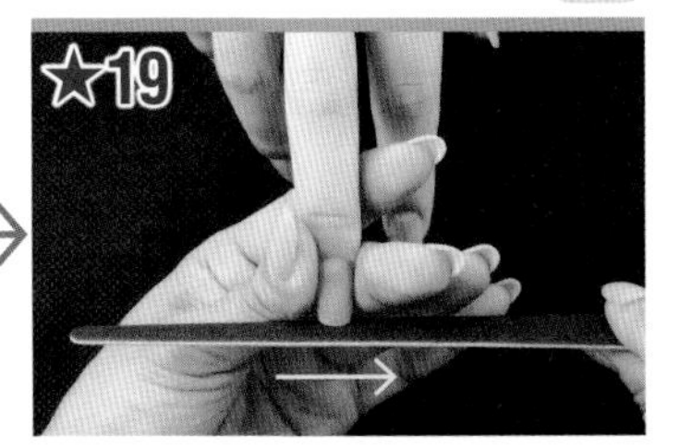

爪の先端にエメリーボードをぴったり当て、1方向に動かして、フリーエッジの先端までの長さを規定の5㎜以下に整えます。

実技試験
ココが重要!

★19　エメリーボードの持ち方、角度、ストロークの適正さ(エメリーボードの当て方、強さ)は大切なチェックポイント。エメリーボードの往復がけは爪を傷めるので厳禁です。

NG! この持ち方では、エメリーボードが安定せず、スムーズにファイルできません。

NG! この持ち方では、正しいストロークでファイルができません。

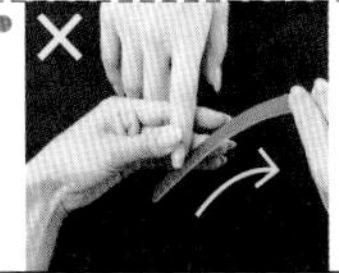

NG! エメリーボードを跳ね上げるようにファイルするのはNGです。爪を傷めると同時に、モデルに不快感を与えます。

右手

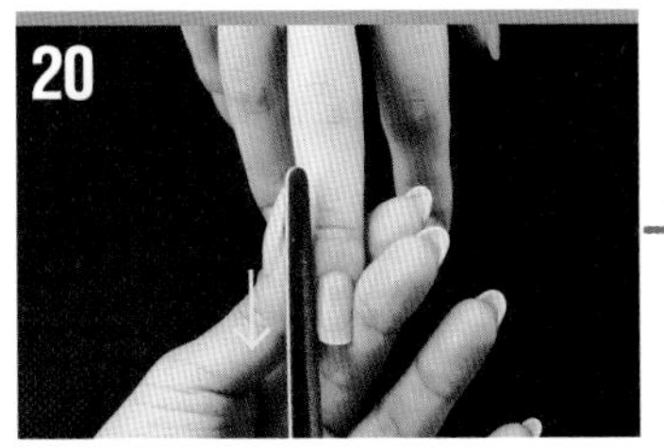

サイドストレートを真っすぐに整えます。

右手

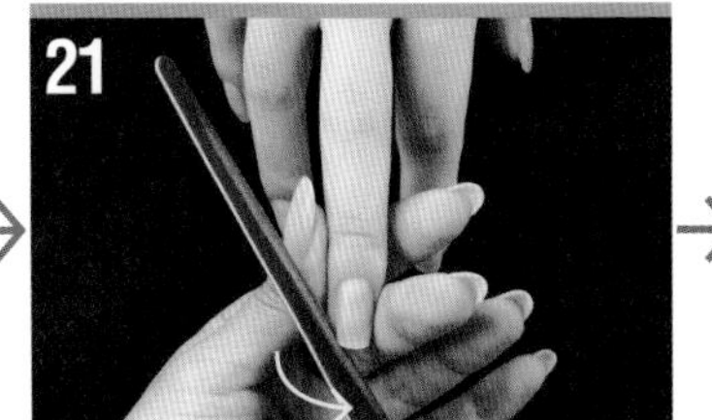

サイドストレートから先端に続く角を滑らかなカーブに整えます。

右手

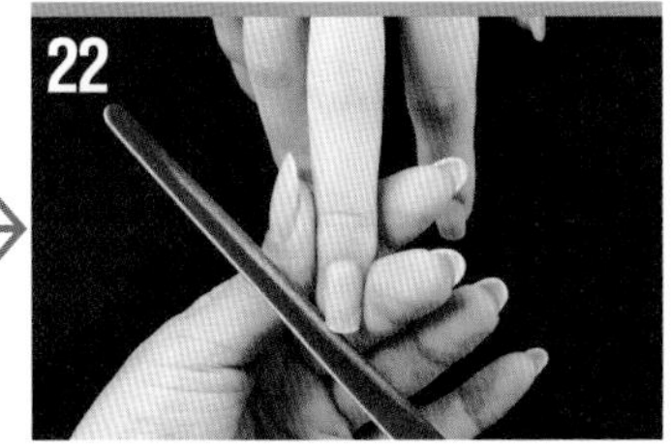

さらに先端に向かって滑らかなカーブに整えます。

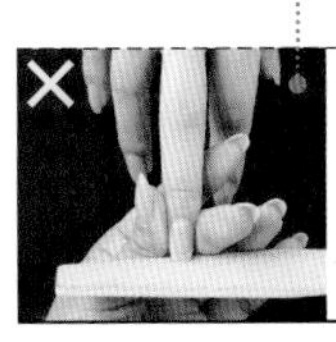

NG! ナチュラルネイルのファイリングはエメリーボードを使用します。ウォッシャブルファイルは使用できません。

▶ファイリング

右手

23 先端につなげます。

右手

24 爪の反対側もプロセス20〜23と同様にファイルし、左右対称のカーブを描いたラウンドのカットスタイルに仕上げます。

ファイリング終了

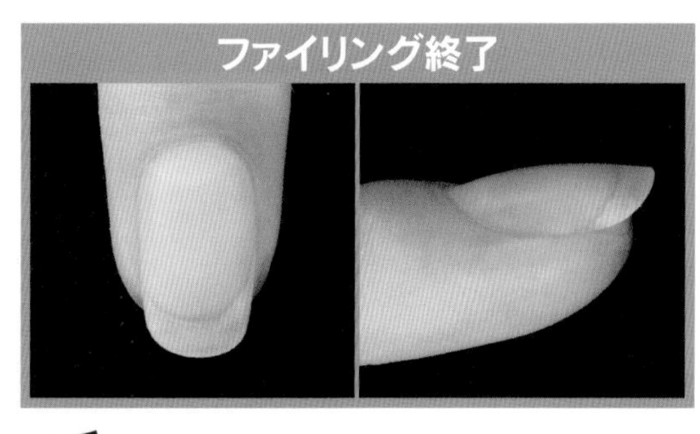

ファイリングが終了し、ラウンドのカットスタイルが完成しました。サイドから見ても角がありません。同様にほかの4本の指もラウンドのカットスタイルに仕上げます。

実技試験 ココが重要!

先端の両角に丸みをつけ、角がない状態になっているか、サイドストレートは真っすぐか、左右対称に仕上がっているか、フリーエッジの裏にバリが残っていないかを確認しましょう。

NG!

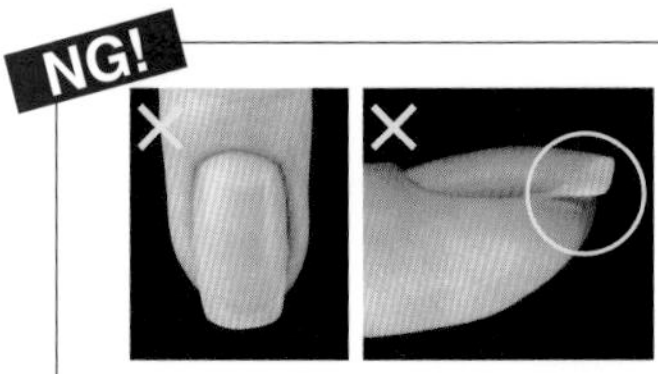

一見ラウンドに近いフォルムですが、サイドから見ると、角が残っています。

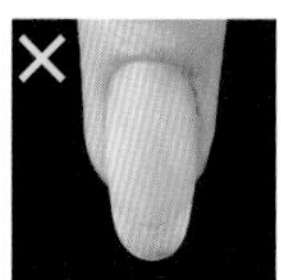

サイドストレートから先端をつなぐカーブが丸くなりすぎ、オーバルのカットスタイル(119ページ参照)になっています。

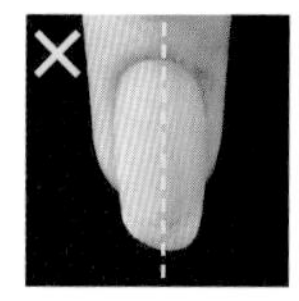

左右対称のカーブになっていません。

キューティクルクリーン 右手

25 キューティクルクリームをキューティクルまわりに塗布します。

ADVICE キューティクルクリームの代わりにキューティクルリムーバーを使用してもOKです。

右手

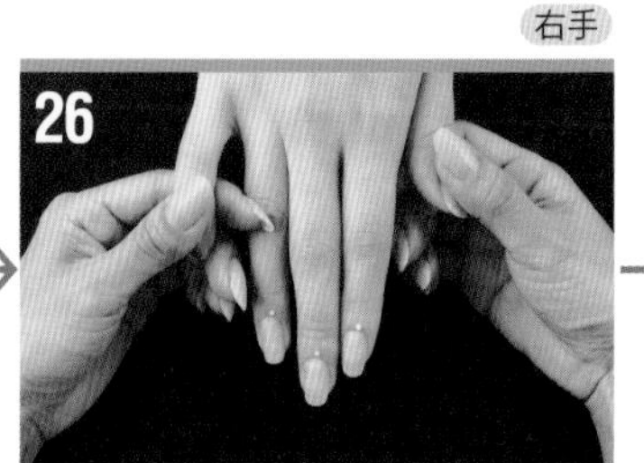

26 爪とその周辺をマッサージしながら、キューティクルクリームを伸ばします。

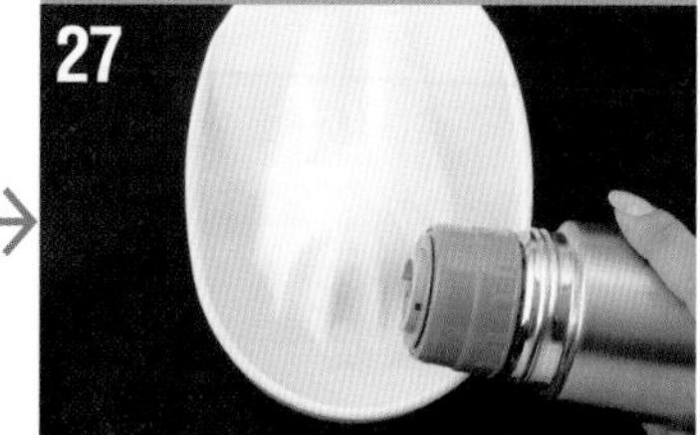

27 フィンガーボールにお湯を入れます。

ADVICE フィンガーボールのお湯と液体ソープはテーブルセッティングのときに準備してもOKです。熱い場合は、水を足して適温にしましょう。

右手

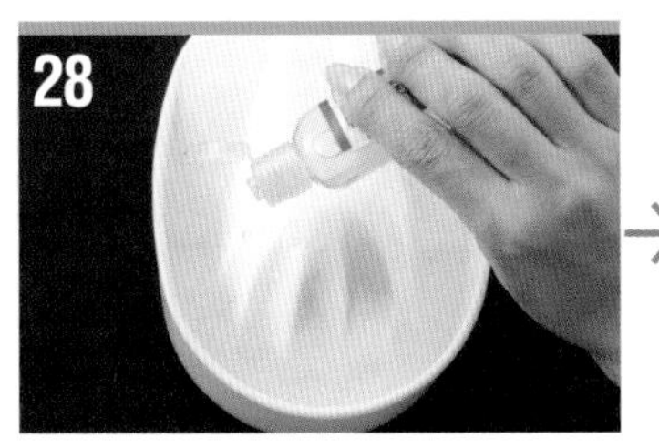

液体ソープを入れます。

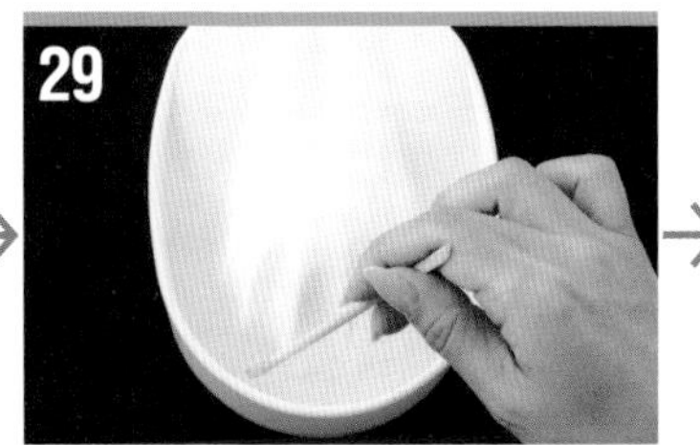

ウッドスティックで軽く混ぜます。

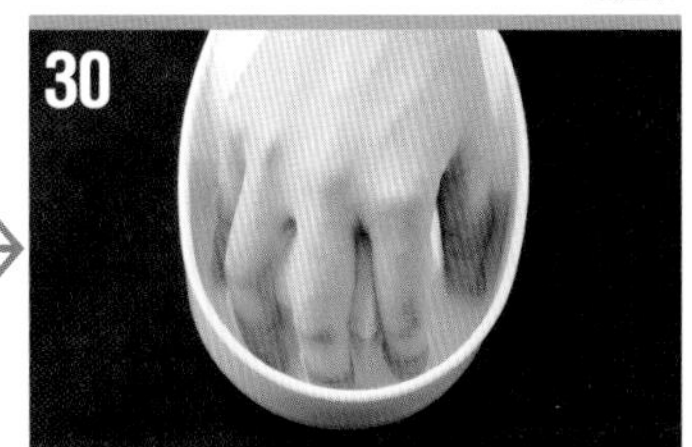

キューティクルクリームの塗布が済んだ手をフィンガーボールのお湯につけます。

ファイリング

左手

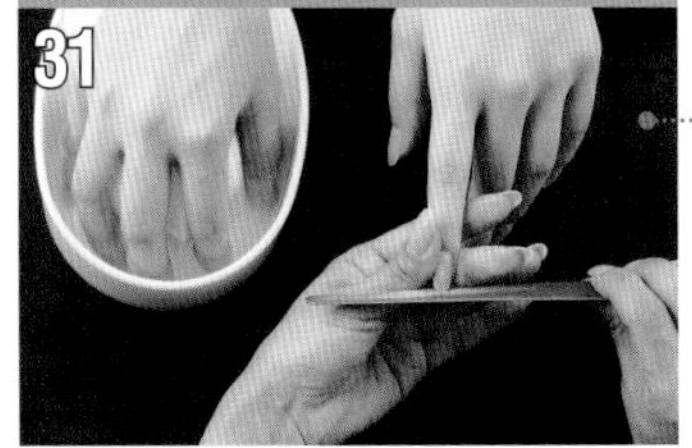

もう片方の手をプロセス19～24と同様にファイルし、ラウンドのカットスタイルに仕上げます。

NG! 10本の長さのバランスが整っていません。ファイリングは、左右10本の長さのバランスが整い、形が揃うように仕上げましょう。

左手

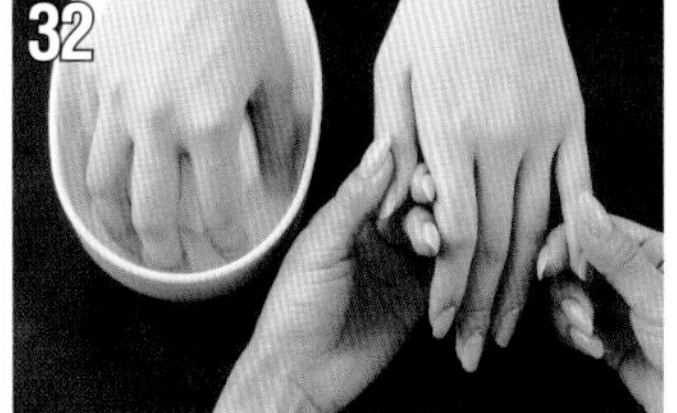

プロセス25～26と同様に、ファイリングが終了した手のキューティクルまわりにキューティクルクリームを塗布し、伸ばします。

キューティクルクリーン

右手

33

ネイルブラシをお湯につけます。

右手

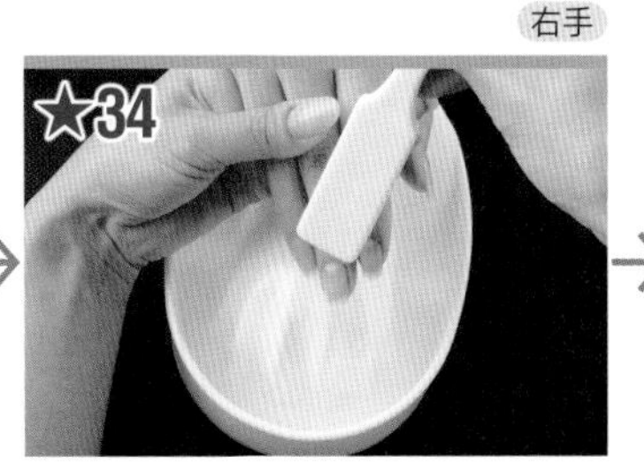

フィンガーボールのお湯につけていた爪の汚れを落とします。

右手

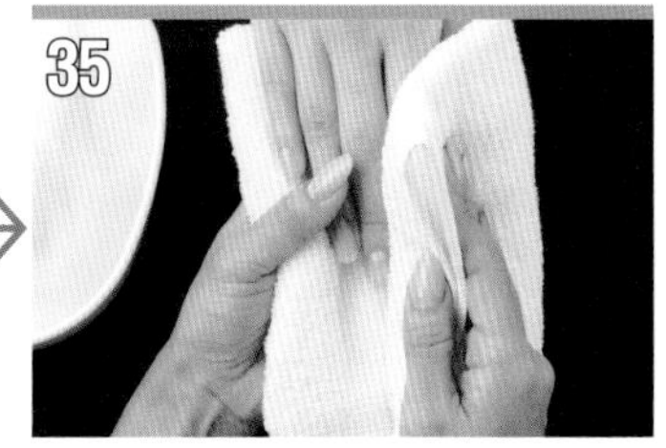

タオルで水分をふき取ります。

実技試験 ココが重要！ ★34 ブラシダウンは、1本ずつ丁寧に行いましょう。

▶キューティクルクリーン

左手

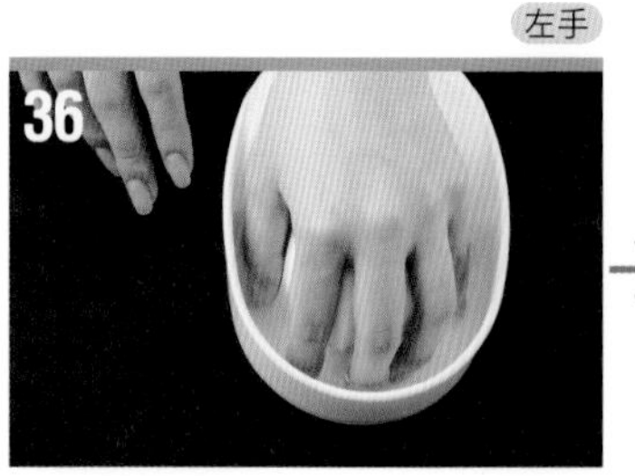

もう片方の手をフィンガーボールのお湯につけます。

メタルプッシャーの先端を、ケア用水で濡らします。

右手

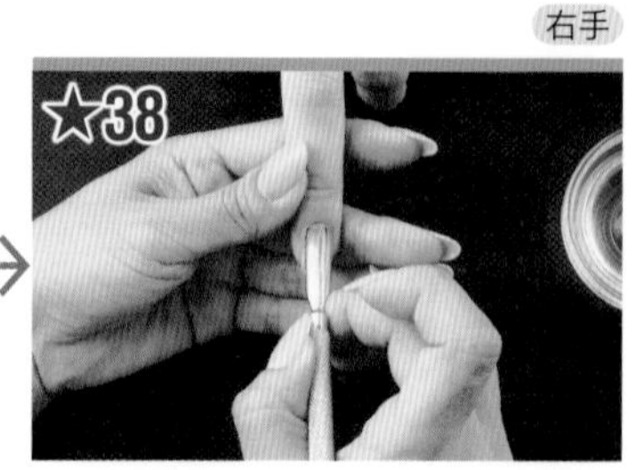

タオルで水分をふき取ったほうの手の爪の上を、メタルプッシャーでプッシュバックをしたあと、中央、コーナー、サイドと丁寧にプッシュアップします。

ADVICE キューティクルクリーンで使う水は、テーブルセッティングのときに入れておいてもOKです。

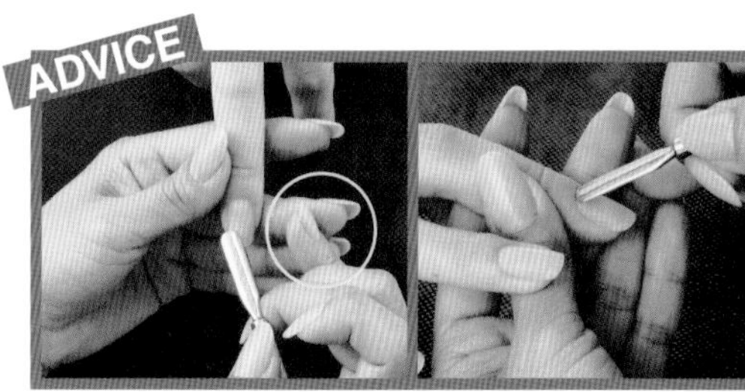

メタルプッシャーを扱うときは、持つ手を小指で支えます。

メタルプッシャーは爪に対し、少し立て気味に当てます。

右手

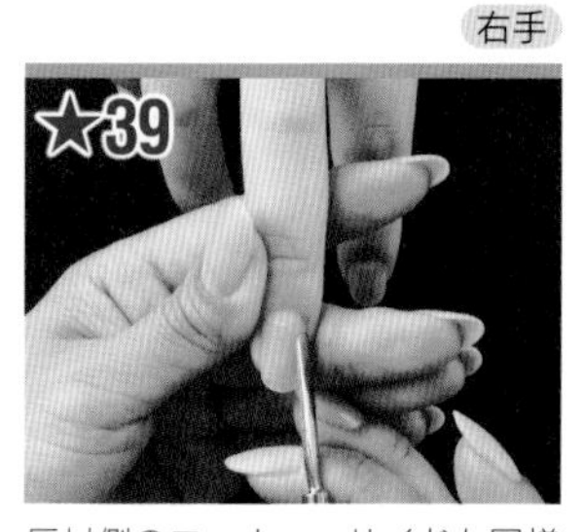

反対側のコーナー、サイドも同様にプッシュアップします。

実技試験 ココが重要!

★38・39 メタルプッシャーの角度、当て方が適正かどうかは大切なポイント。正しい方法をマスターしましょう。

NG!

支えがないと、メタルプッシャーが滑って、キューティクルを傷つけてしまう恐れがあります。

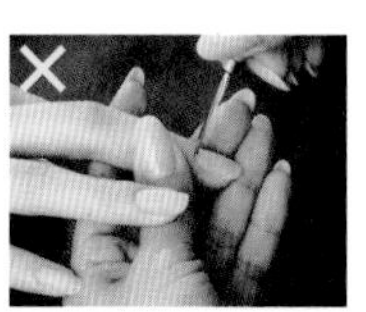

メタルプッシャーを立てすぎです。

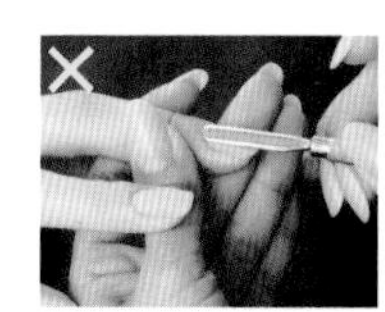

メタルプッシャーを寝かせすぎです。立てすぎも寝かせすぎも、キューティクルやネイルプレートを傷つけてしまう恐れがあります。

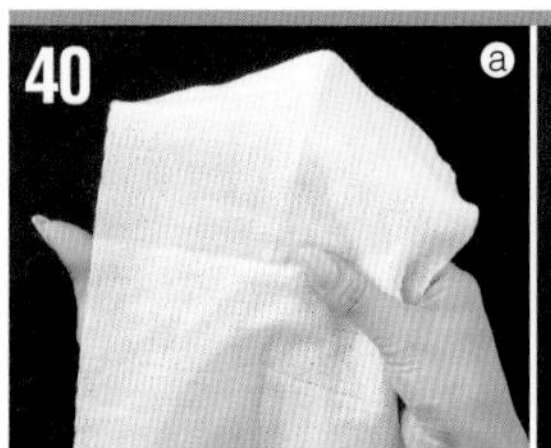

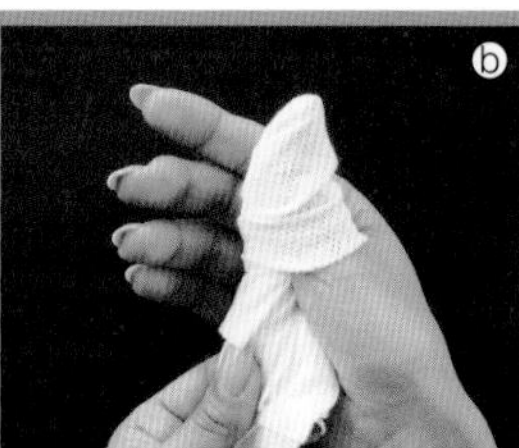

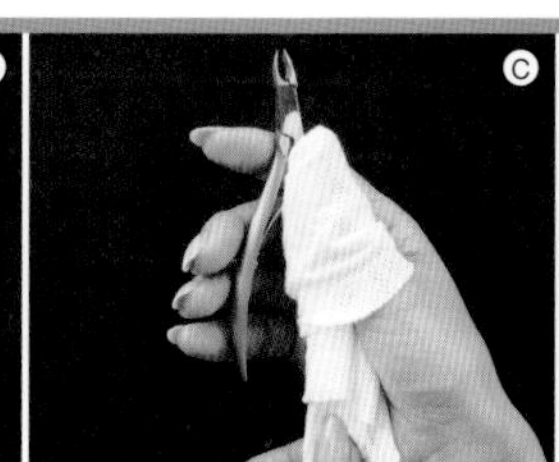

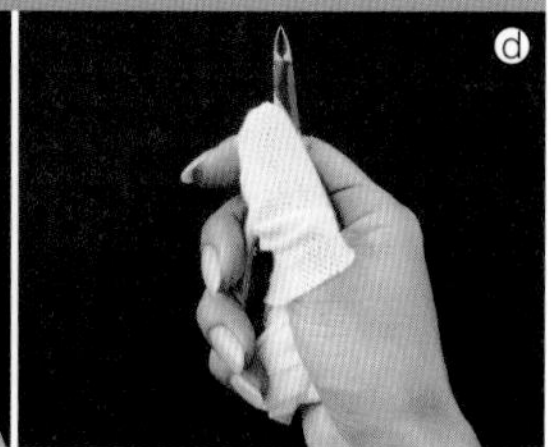

ガーゼを親指にしっかり巻き付け(40-a・b)、キューティクルニッパーを持ちます(40-c)。ガーゼの端を手の中にしっかり収めましょう(40-d)。

ADVICE キューティクルニッパーは、写真のように下から支えるアンダーハンドの持ち方を、JNAでは推奨しています。

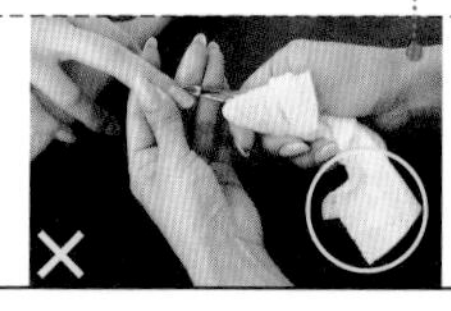

NG! ガーゼは手の中に収め、テーブルの上を引きずらないように、衛生的に扱いましょう。

右手

41

親指の先端にケア用水を含ませます。

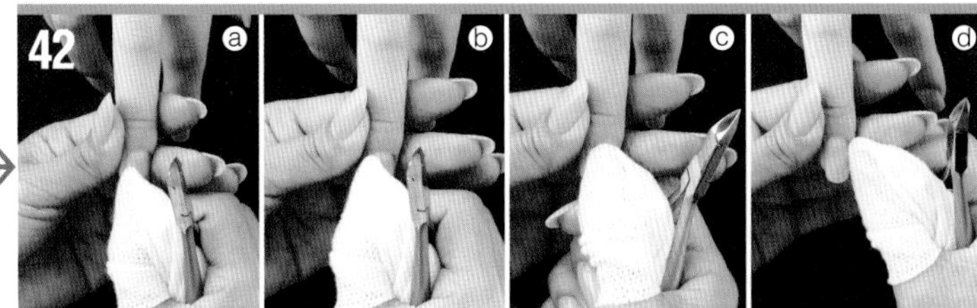

42

プロセス38～39でプッシュバック・プッシュアップした部分にガーゼで水分を与えます。左サイド(42-a)、コーナー(42-b)、キューティクルの際(42-c)、右のサイドからコーナー(42-d)、キューティクルの際としっかり水分を与えましょう。

右手

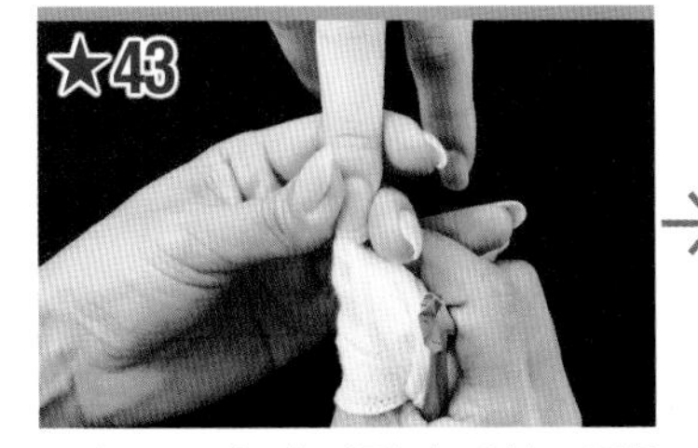

★43

フリーエッジの裏の汚れやバリも、丁寧に除去しましょう。

右手

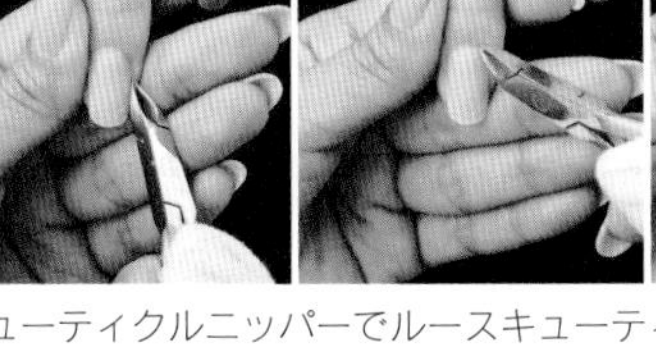

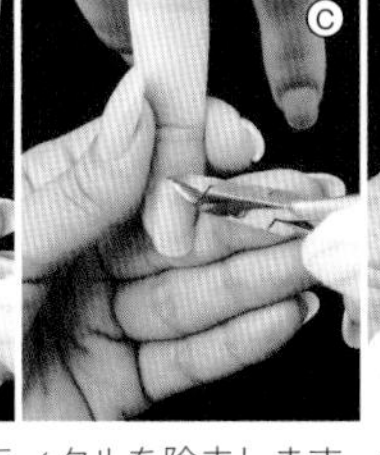

44

キューティクルニッパーでルースキューティクルを除去します。右サイド(44-a)、コーナー(44-b)、キューティクルの際(44-c)、左のサイド(44-d)からコーナー、キューティクルの際と丁寧に除去しましょう。

実技試験 ココが重要！

★43　ガーゼクリーンは表面だけでなく、爪の裏まで丁寧に行いましょう。

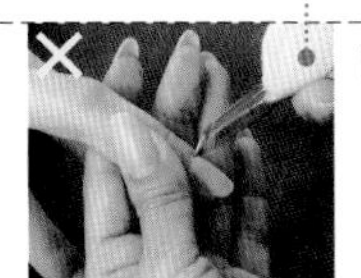

NG! キューティクルニッパーを持つ手の支えがなかったり、刃先を立てたり、押し付けたりしないようにしましょう。モデルの爪や指を傷つける恐れがあります。

これがルースキューティクル

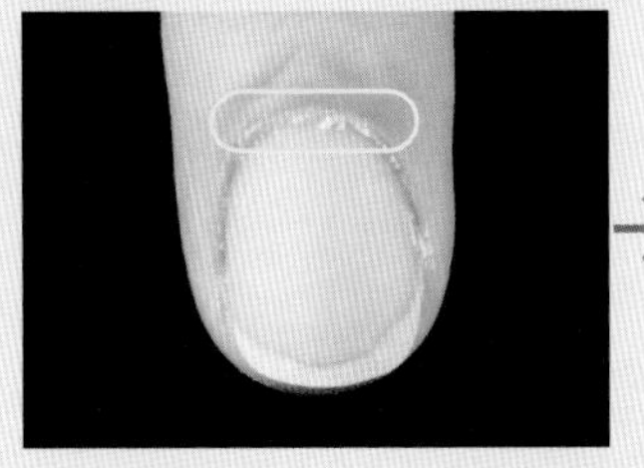

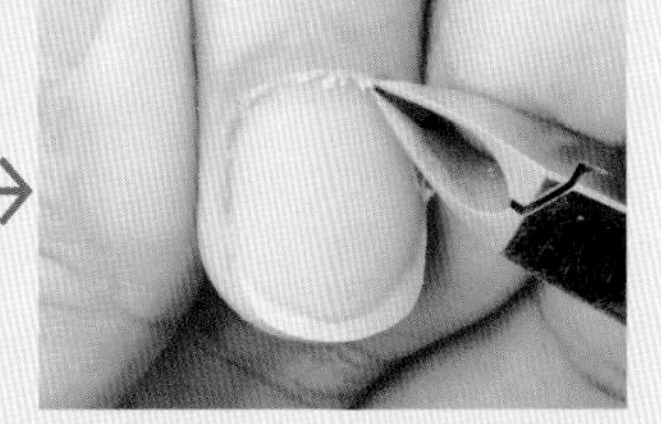

ルースキューティクルを処理しやすいようにプッシュバック・プッシュアップし、キューティクルニッパーで処理します。

実技試験 ココが重要！

除去するのはルースキューティクルやささくれのみです。キューティクルニッパーで皮膚を傷つけたり、キューティクルをカットしないように注意しましょう。モデル、受験生ともに手指の激しい損傷、出血などの傷を負った場合は失格の対象となります。

▶キューティクルクリーン

左手

45

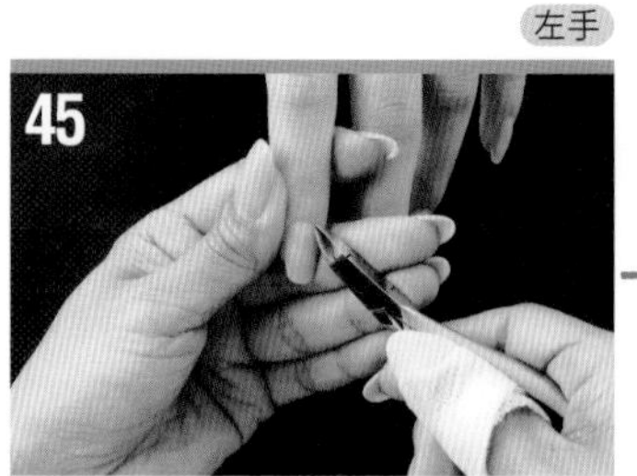

もう片方の手もプロセス33 ～ 44と同様に、ブラシダウンしてタオルで水分をふき取り、キューティクルのプッシュバック・プッシュアップ、ルースキューティクルの除去を行います。

右手 左手

★46

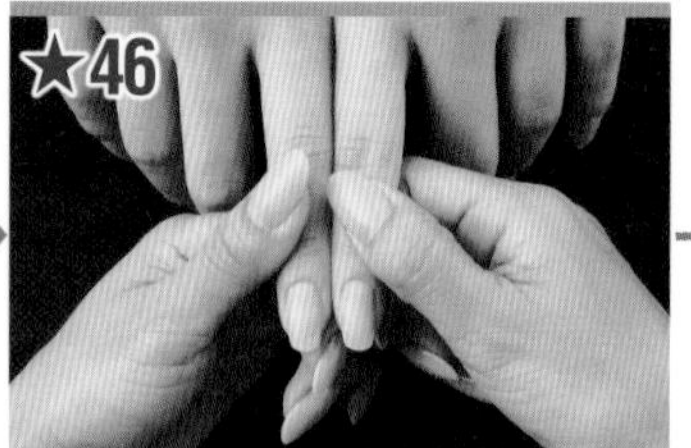

10本の爪の長さのバランスが整っているか、ラウンドのカーブが揃っているか、左右の手を並べて確認し、必要であればファイルして整えます。

キューティクルクリーン終了

左右の手のファイリングとキューティクルクリーンが終了しました。

★46　右手と左手を並べて確認しましょう。10本の長さのバランスが整い、形が揃ったラウンドであることが大切です。

実技試験 ココが重要！

3級のネイルケアでは、キューティクルニッパーをはじめ用具類を正しく扱っているかを審査されます。10本の指すべてに安全に正しくキューティクルニッパーを使用し、目立つささくれやルースキューティクルは、かならず除去します。

カラーリング

右手 左手

47

プレプライマーを塗布し、爪の表面の水分や油分を除去します。

右手

★48

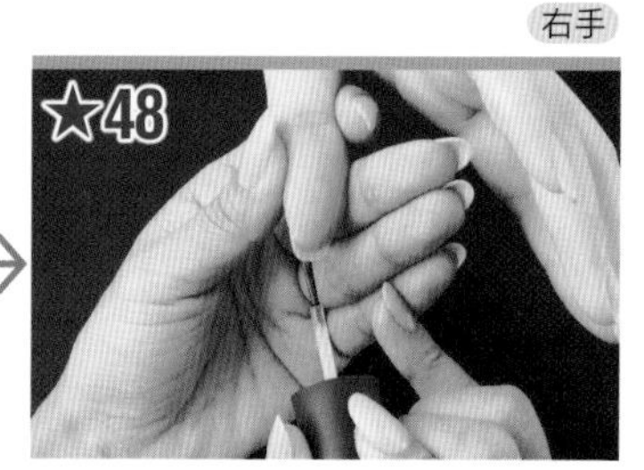

親指のエッジにベースコートを塗布します。

右手

★49

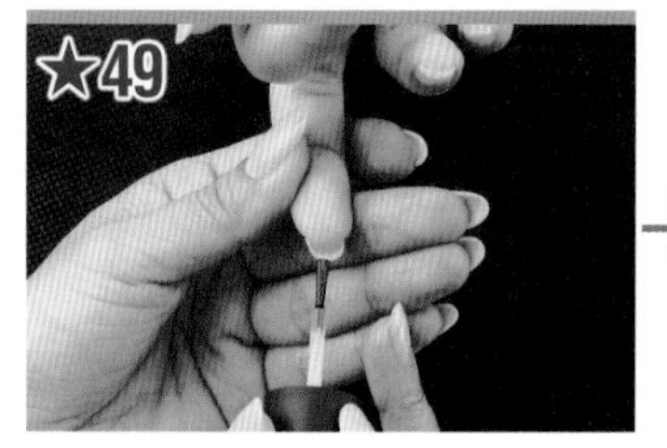

手を裏返し、ほかの4本のエッジにベースコートを塗布します。

右手

★50

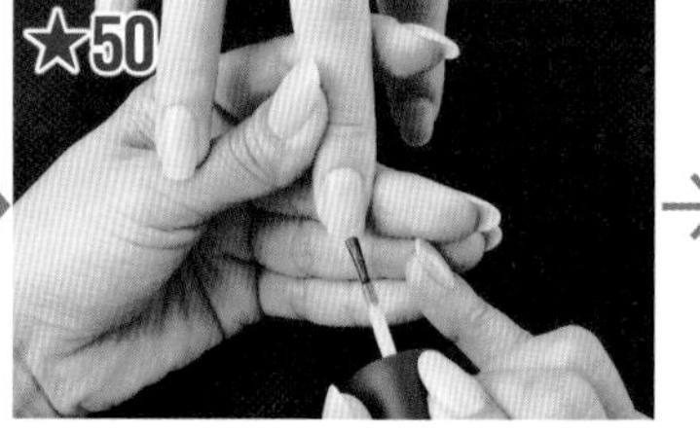

表面にベースコートを塗布します。

左手

★51

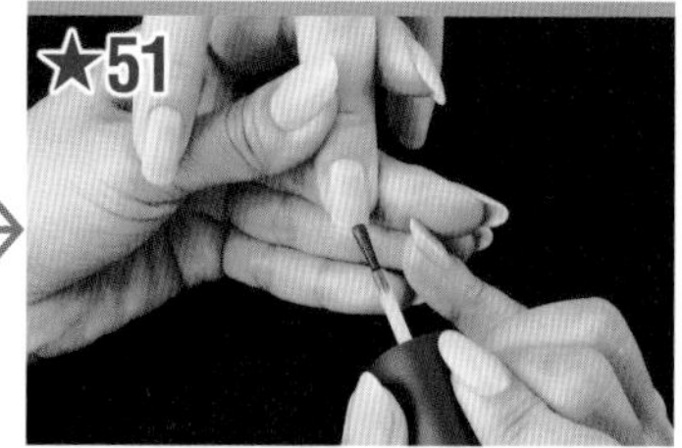

もう片方の手もプロセス48 ～ 50と同様に、エッジと表面にベースコートを塗布します。

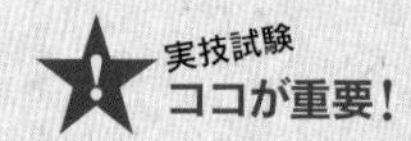

★48～51　ベースコート、トップコートともに、赤ポリッシュと同様エッジと表面に塗布します。時間がないからと省くのは厳禁です。

右手

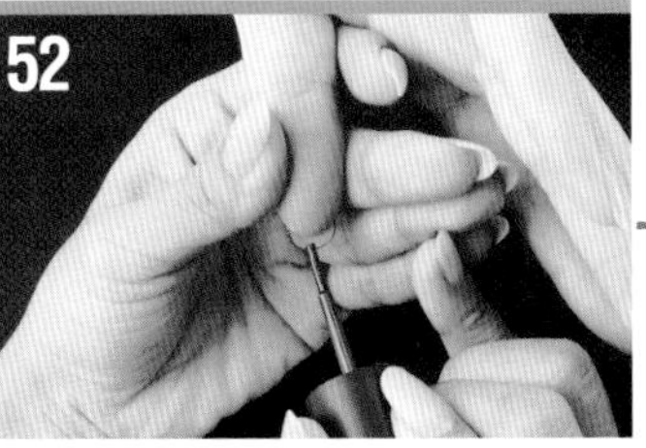

52 親指のエッジに赤ポリッシュを塗布します。

右手

53 手を裏返し、ほかの4本のエッジに赤ポリッシュを塗布します。

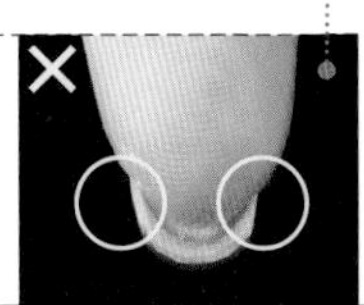

NG! エッジはストレスポイントから塗布します。写真のように、中央だけ塗布して終了しないようにしましょう。

右手

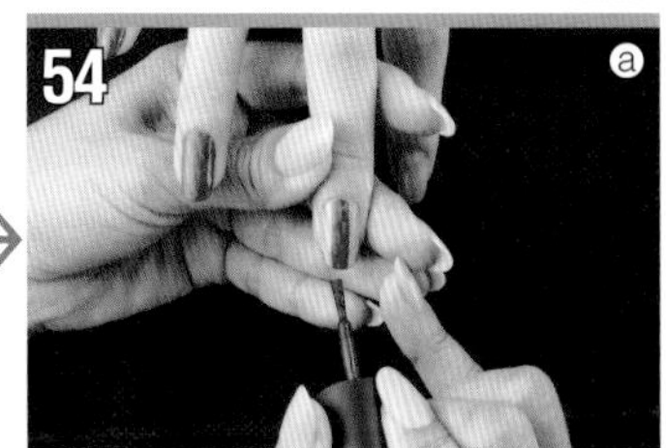

54 ⓐ 表面に赤ポリッシュを塗布します。

ADVICE ポリッシュが乾く速度は、室温によって変わります。試験会場の室温次第で、練習時と乾く速度が変わったり、バブルが入りやすくなる可能性があるので、注意しましょう。

右手

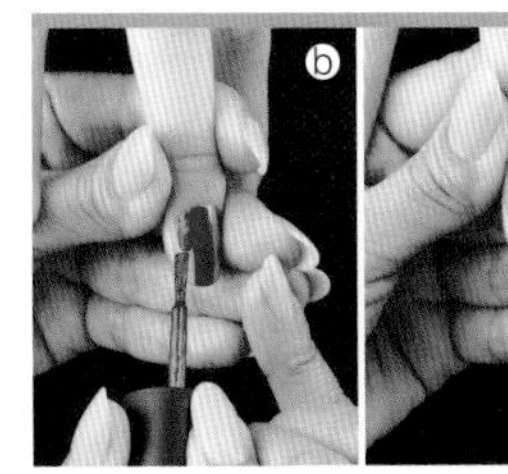

ⓑ ⓒ できるだけキューティクル際に隙間ができないようにギリギリまで塗布し、キューティクル際のラインをそろえましょう。

左手

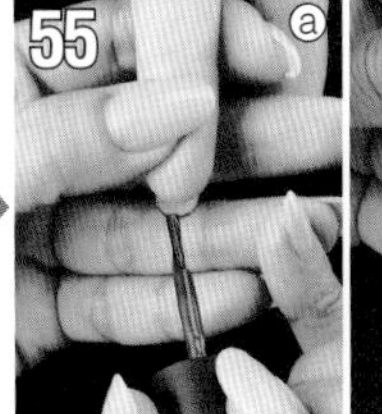

55 ⓐ ⓑ もう片方の手もプロセス52～54と同様に、エッジ(55-a)と表面(55-b)に赤ポリッシュを塗布します。

右手 左手

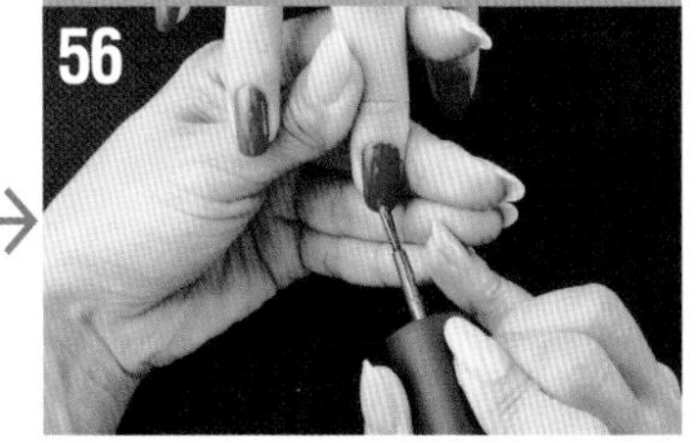

56 再度、表面に赤ポリッシュを塗布します。2度目は、エッジには塗布しなくてもOKです。

ADVICE ベースコートとトップコートは1度塗り、赤ポリッシュは2度塗りが基本です。

57 ⓐ ⓑ 先が鋭角になっているウッドスティックにコットンを薄く巻いて(57-a)、修正用コットンスティックを作ります(57-b)。

右手 左手

58 赤ポリッシュが皮膚についた場合は、修正用コットンスティックにポリッシュリムーバーを少量含ませ、修正します。

右手 左手

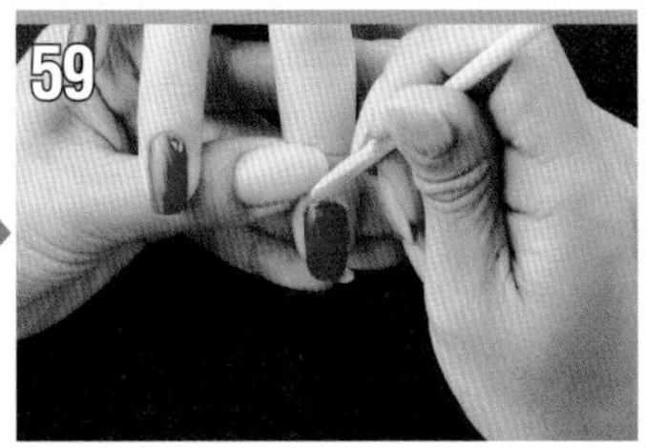

59 皮膚についた赤ポリッシュを除去するのと同時に、キューティクル際のラインが乱れている場合は修正します。

ADVICE とても細かい作業なので、せっかく美しく塗布した表面を傷つけたり、ポリッシュがにじんだりしないように、十分注意しましょう。

ポリッシュ塗布終了

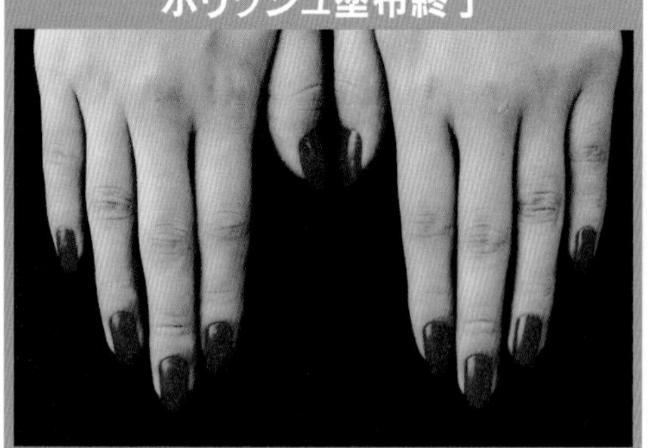

赤ポリッシュの塗布が終了しました。

実技試験 ココが重要！

ムラ、ハケ筋、バブルがないように、キューティクル際のラインが滑らかになるように、キューティクルやサイドウォールなどに赤ポリッシュがはみ出さないように仕上げましょう。

NG!

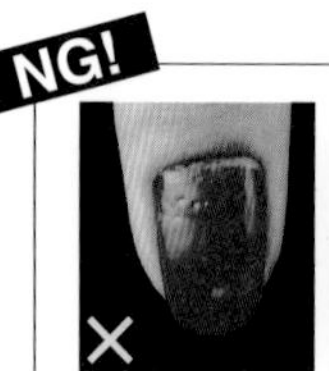

×ポリッシュがよれて、皮膚にもにじんでいます。

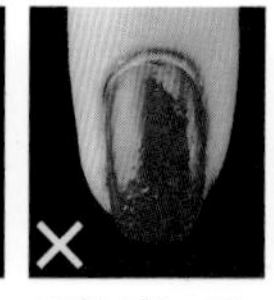

×バブルが入っています。

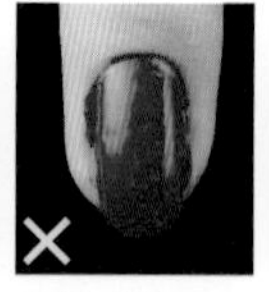

×皮膚にポリッシュがついています。

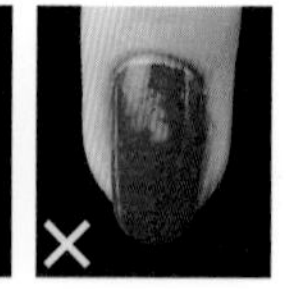

×ムラになっています。

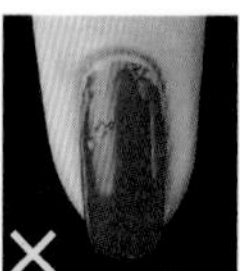

×キューティクルとポリッシュの塗り始めのラインとの間が空きすぎです。

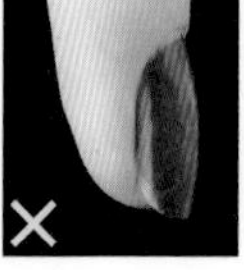

×サイドまで塗布されておらず、隙間が空いています。

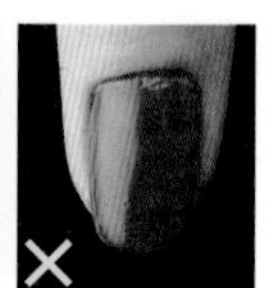

×キューティクル際の修正に失敗し、キューティクルのラインが乱れています。

ネイルアート テーマ「フラワー」

右手 中指

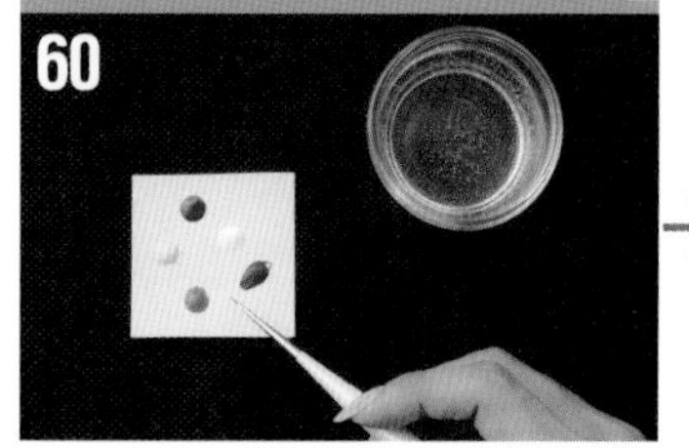

60 アクリル絵の具、パレット、アート用水入れ、筆を準備します。

★61 ⓐ ⓑ 花を描きます。テーマのモチーフは1個ではなく、2～3個描いてバランスよくまとめましょう。写真のように細かい部分まで描いて、遠近感や立体感を表現しているなら完璧です。

ADVICE
アート用水入れの水は、テーブルセッティングのときに入れておいてもOKです。

NG!

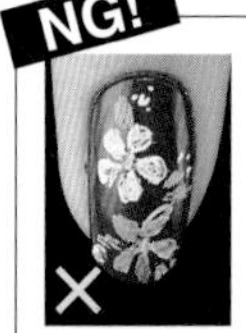

×アクリル絵の具に対して水が少ないため、イラストがかすれています。

×花びらの大きさが不揃いで、全体のバランスが整っていません。

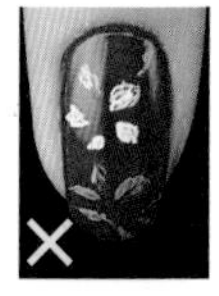

×雑で完成度が低く、きちんと花が描かれていません。

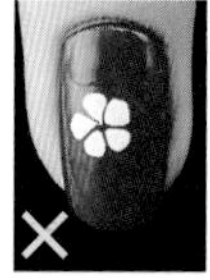

×花のバランスは整っていますが、1つしか描かれていないため、イラストとして完成されていません。

右手 中指

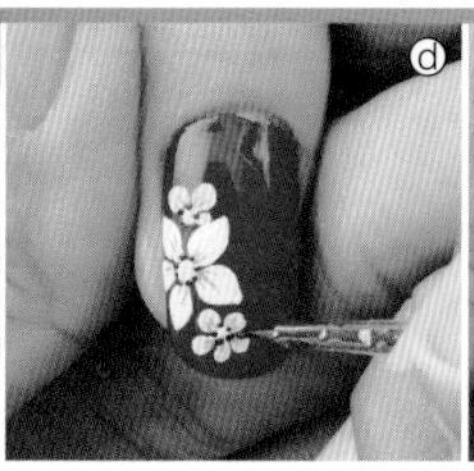

ⓒ ⓓ ⓔ

62 ラメのポリッシュを塗布します（ラメのポリッシュの使用は自由です）。

実技試験 ココが重要！

★61　イラストは、テーマにふさわしいデザインで、色彩が豊かで、バランスがとれ、細密度の高いアートに仕上げます。イラストにドットペンを使ったり、ネイルシールを用いたりするのはNGです。

NG!

×ドットペン

×ネイルシール

右手 中指

63

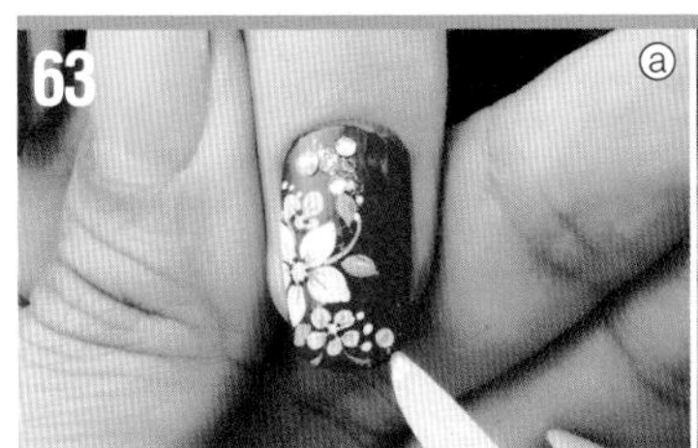

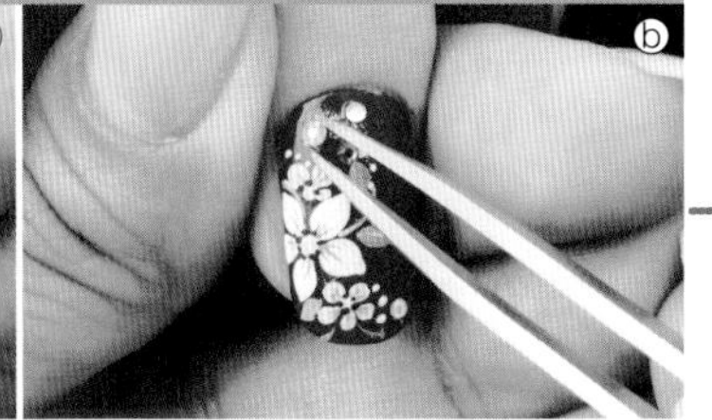

ラインストーンを置きます(ラインストーンの使用は自由です)。ラインストーンはウッドスティックで置いても(63-a)、ピンセットで置いても(63-b)OKです。

ADVICE 審査の対象はイラストなので、ラインストーンやホログラムなどはイラストを引き立たせる程度の量にしましょう。

右手

64

親指のエッジにトップコートを塗布します。

右手

65

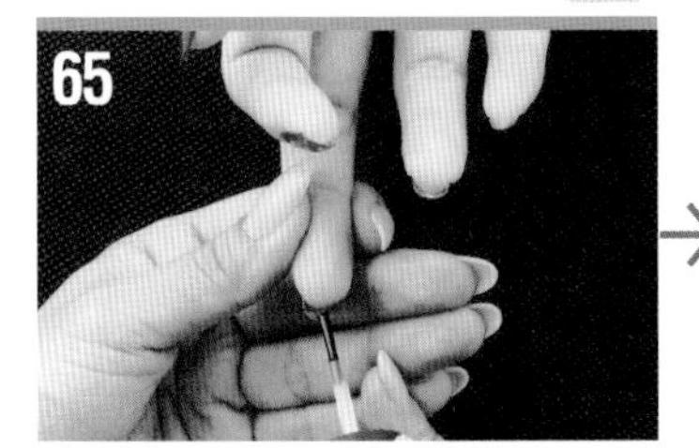

手を裏返し、ほかの4本の指のエッジにトップコートを塗布します。

右手

66

イラストを描いた指以外の表面にトップコートを塗布します。

左手

67

プロセス64〜66と同様に、もう片方の手のエッジと表面にトップコートを塗布します。

右手 左手

68

トップコートが皮膚についた場合は、コットンを巻いていない修正用ウッドスティックで、その都度修正します。

右手 中指

★69

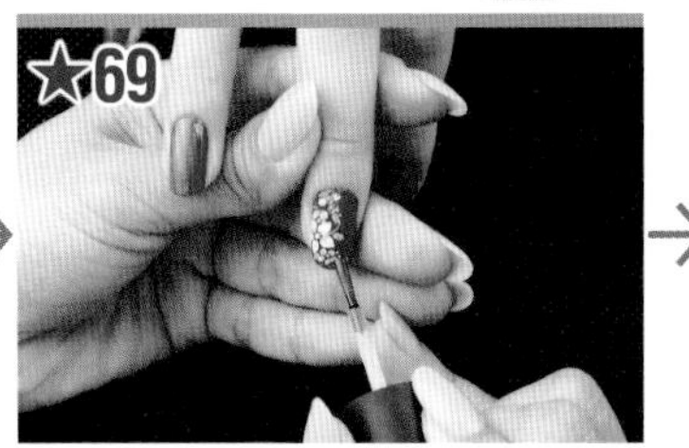

イラストを描いた爪の表面にトップコートを塗布します。

右手 左手

70

最後に全体をよく確認します。皮膚についたトップコートや赤のポリッシュが乾いてしまったあとは、修正用コットンスティックにポリッシュリムーバーを少量含ませて、修正します。

実技試験 ココが重要!

★69 アートを描いた爪にも、かならずトップコートを塗布します。時間がないからと省くのは厳禁です。

ADVICE イラストを描いた爪は、アクリル絵の具が完全に乾いてからがよいため、最後に塗布しましょう。

NG! アクリル絵の具が乾いていなかったり、トップコートを塗布する時のハケ圧が強かったりすると、左の写真のようにトップコートで絵の表面や赤のポリッシュを引きずってしまいます。

実技審査・30分

実技試験終了のアナウンスが流れたら、モデルの手には一切触れず、指示に従って行動しましょう。

これがパーフェクトな完成です

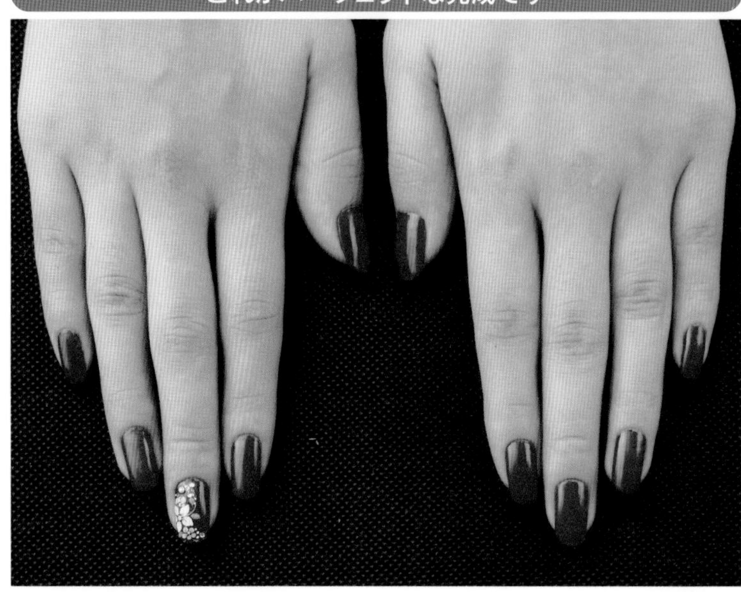

ネイルアートのデザインバリエーション（テーマ:フラワー）

合格ライン

上に比べ、キューティクルの際が少し空いていますが、ラインがきれいに揃っています。アートも高い完成度とはいえませんが、2つがバランスよく描かれているので、合格ラインです。

ギリギリ合格ライン

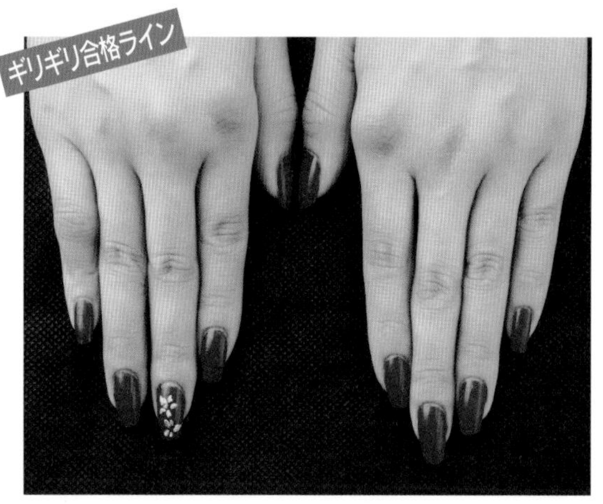

アートは完成度が低いため、これでは合格ラインに及びません。ただ、ほかの指の赤のポリッシュが丁寧に塗布されているため、総合点ではギリギリ合格ラインです。

＊上記は、手指消毒、ポリッシュオフ、ファイリング、キューティクルクリーンなどのプロセスが正しくできていることを前提に説明しています。

筆記試験準備・15分

実技審査終了のアナウンスが流れたら、会場に戻ってセッティングした用具・用材を片付けます。このとき、使用したお湯や水は回収されますが、ごみはかならず持ち帰ります。片付けが終わったら、テーブルの上に筆記用具を出して、筆記試験の準備をします。時間内にすべて終わるように、速やかに行いましょう。

写真提供：JNEC

Chapter3

ネイリスト技能検定試験 実技対策

サロンワークで通用するネイルケア、リペア、チップ&ラップ、アートに関する技術が2級の課題です。ネイルケアやアートなど、3級と共通の課題も含まれますが、2級はさらに高い「サロンワークで通用する」レベルが求められます。チップ&ラップも傷んだ爪の保護などに必要な大切な技術。しっかりと練習を重ね、確かな技術をマスターしましょう。

本書で解説している技術内容は、2023年8月時点の情報がベースになっています。試験内容などの一部が変更になる場合もありますので、最新の情報はJNECのホームページ（https://www.nail-kentei.or.jp）でかならず確認してください。

2級の実技試験内容

10 事前審査・10分

テーブルセッティング&消毒管理、モデルの爪またはモデルハンドの状態

30 所要時間・前半30分

ネイルケア

55 所要時間・後半55分

チップ&ラップ、カラーリング、ネイルアート

＊カラーリングのポリッシュの色、チップ&ラップとネイルアートを施す指のパターンは毎試験違い、試験要項で発表されます（36ページ参照）。
＊ネイルアートのテーマは毎試験違い、試験要項で発表されます。本書では「蝶」をテーマに設定しています。

2級実技試験 時間配分の目安

下記の時間配分を目安に練習を重ね、すべてのプロセスを時間内に終わらせるようにしましょう。

前半

約1分・自分の手とモデルまたはモデルハンドの手の手指消毒
↓
約5分・右手のファイリング
↓
約5分・左手のファイリング
↓
約9分・右手のキューティクルクリーン
↓
約9分・左手のキューティクルクリーン
↓
約1分・最終確認
↓
合計30分

後半

約1分・自分の手とモデルまたはモデルハンドの手の手指消毒
↓
約25分・右手中指のチップ&ラップ
↓
約15分・右手中指以外と左手のカラーリング
↓
約8分・左手中指のネイルアート（テーマ「蝶」を設定）
↓
約5分・右手中指以外と左手のトップコート塗布
↓
約1分・最終確認
↓
合計55分

◆◆◆◆◆◆◆◆◆ ここがポイント！ ◆◆◆◆◆◆◆◆◆

サロンワークにふさわしいレベルの技術を施せるか、試験に臨む姿勢・態度を含めてプロのネイリストとして適正かを判断するのが２級です。技術だけでなく、モデルの手またはモデルハンドの扱い方は丁寧か、用具類は正しくスムーズに使用されているか、さらに各プロセスはリズミカルかつスピーディで手際がよいかなども審査の対象となります。ネイルケアやポリッシュ塗布などは、３級と同じ試験内容ですが、さらに高いレベルの仕上がりが求められます。

テーブルセッティング規定

会場に入ったら、テーブルや椅子などの消毒をし、事前審査開始までにテーブルセッティングを済ませます。衛生的に処理されている用具・用材を整理整頓して配置しましょう。用具・用材（フィンガーボール、ケア用水入れ、アート用水入れ、水、湯以外）はトレイの中に収まっていれば、使いやすく配置してOKです。

＊用具・用材は、写真と同じものを使用する必要はありません。衛生的でネイル用品及び美容用品であれば、使用可能です。
＊このテーブルセッティングは右利きの例です。利き手に合わせてセッティングしてください。
＊実技中も用具、用材はトレイ内に戻しましょう（一時的にペーパータオル（H）の上に置いてもOK）。

提供：JNEC

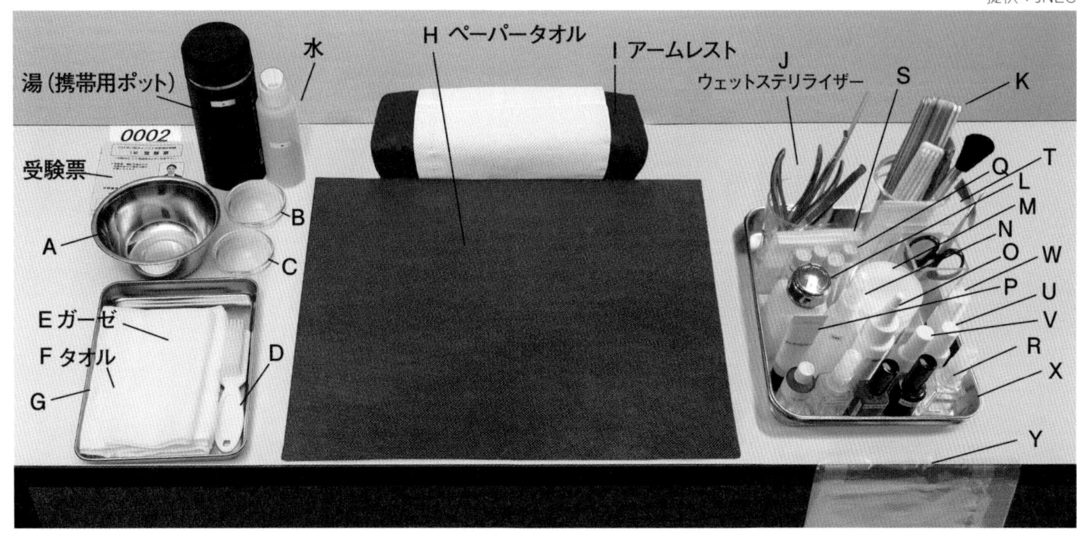

A：フィンガーボール
B：ケア用 水
C：アート用 水
D：ネイルブラシ
E：ガーゼ
F：タオル
G：トレイ（ガーゼ、タオル、ネイルブラシのみ配置）

※湯、水（セッティングは任意）

H：ペーパータオル
…アームレスト手前の施術スペースを覆うサイズをセットすること
I：アームレスト
…ペーパータオルで巻くこと

J：ウェットステリライザー（消毒剤で変質する容器は使用禁止）
K：ファイル類…ファイル立てに入れること
L：ポリッシュリムーバー
M：コットン類… 蓋付き容器を使用すること
N：消毒剤… 消毒用エタノール、またはその他の消毒液。
O：液体ソープ
P：キューティクルリムーバー or キューティクルクリーム
Q：アート用品（絵の具、筆、パレット）
R：ポリッシュ類
S：ネイルチップ（ナチュラル）
T：ラップ素材（シルクorグラスファイバー）
U：グルー
V：レジン
W：アクティベーター
X：トレイ（用具、用材のみ設置）
Y：ゴミ袋

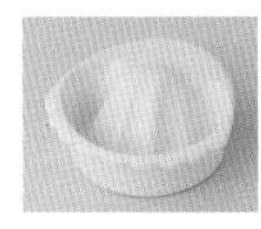

フィンガーボールは左の写真のタイプでもOKです。

【使用禁止の用具・用材】 セッティングした場合は失格

・ネイルマシーン　・研磨剤　・エア缶タイプのアクティベーター
・オイル類　・アート用シール　・ドットペン（マーブルツール）
・その他規定外の用具、用材

注意事項！

- 上記のA～Yまでの用具、用材は全てセッティングすること。
（T～Wは、使用する用具、用材の選択は自由。）
- A、B、C、湯、注ぎ足し用の水はトレイに入れなくてもよい。
- ネイル用品及び美容用品を使用すること。
- 用具、用材のメーカー、ブランド指定はありません。
- タオル（F）やペーパータオル（H）は無地のものを使用するすること。
- トレイやフィンガーボール、その他容器はプラスチックやガラス、金属製等の消毒可能な無地のものを使用すること。木、紙、布製は使用不可。
- 底面が網目状のトレイは使用不可。
- ウッドスティックにコットンを巻いたものは使用不可。

セッティングの解説は次ページに続く

2級のウェットステリライザーには
かならず下記の用具を入れます

＊ウェットステリライザーの準備については19ページをご覧ください。

- キューティクルニッパー
- ウッドスティック
- メタルプッシャー（爪に当たるほうを下にします）
- ピンセット
- ネイルニッパー（使用する場合のみ）

ネイルニッパーはウェットステリライザーに刃先を下にして入れます。ファイル立てなどに入れないように注意しましょう。

ネイルチップの準備

ネイルチップは、事前にモデルまたはモデルハンドの爪に合わせて、コンタクトゾーンやサイド、Cカーブなどの仕込みを済ませたものを持参してOKです。

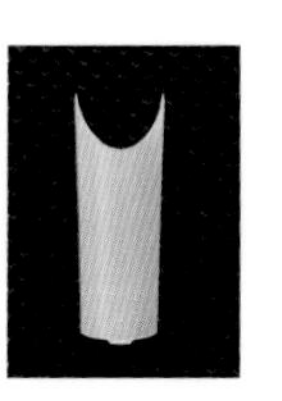

ラップ材の準備

ラップ材は、事前にモデルまたはモデルハンドの爪に合わせて、キューティクルラインなどをカットしたものを持参してもOKです。

カラーリングの色、チップ&ラップとネイルアートを施す指のパターン

2級はカラーリングのポリッシュの色、ネイルアートを施す指とチップ&ラップを施す指が下記のようにパターン化され、どのパターンになるかは、試験要項で発表されます。本書では、Bパターンで施術を説明し、ネイルアートのテーマは「蝶」を設定しています。

【2級】

提供：JNEC

	カラーリングの指定色＊	チップ＆ラップ	ネイルアート	図解
Aパターン	赤	左手中指	右手中指	ネイルアート / チップ＆ラップ
Bパターン（本書での施術パターン）	ピンク系	右手中指	左手中指	チップ＆ラップ / ネイルアート
Cパターン	ナチュラルスキンカラー	左手人差し指	右手人差し指	ネイルアート / チップ＆ラップ
Dパターン	パールホワイト	左手薬指	右手薬指	ネイルアート / チップ＆ラップ

＊カラーリングの指定色は、試験要項に掲載されていますので、かならず確認してください。
＊アートを施すカラーポリッシュのベースカラーは、「カラーリングの指定色」以外をかならず1色塗布します。

参考

参考資料

ここでは、2級のカラーリングの指定色を10本の指に塗布した仕上がりを紹介します。
サロンワークの参考にしてください。

赤

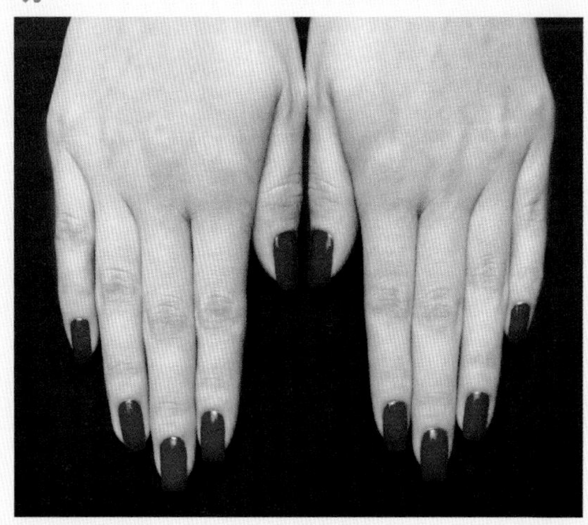

ピンク系

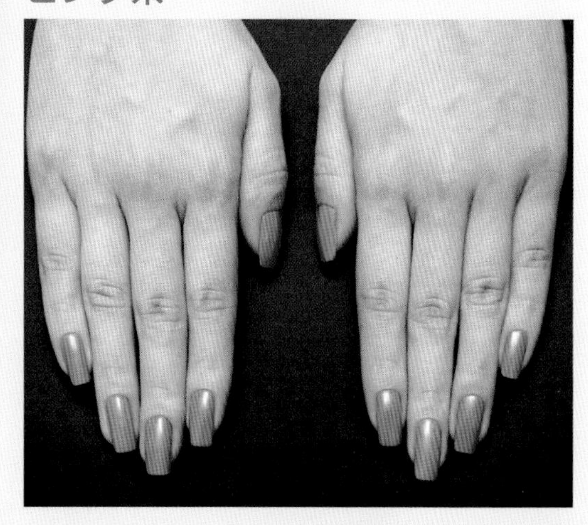

ナチュラルスキンカラー

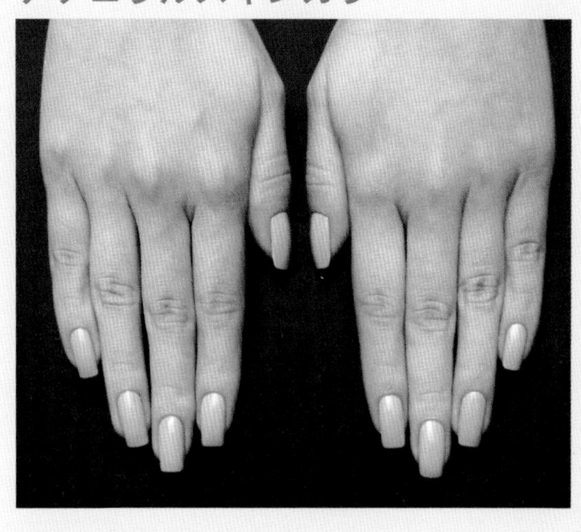

パールホワイト

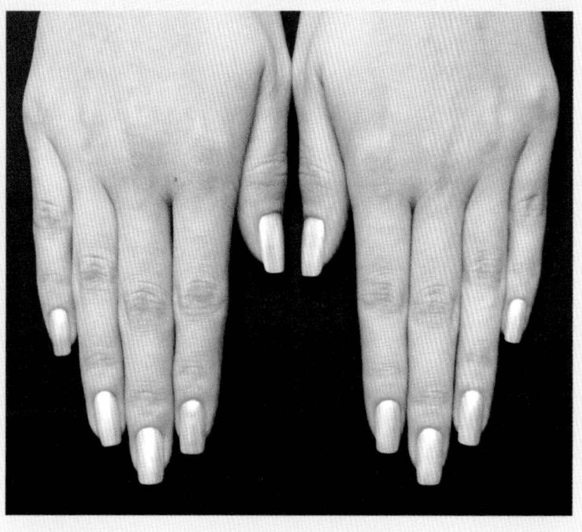

事前審査・10分

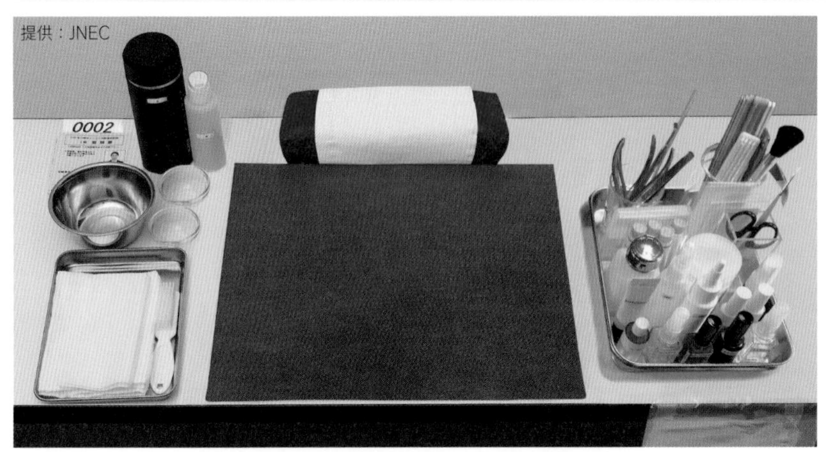

テーブルセッティング&消毒管理

入場したら、セッティングする前に、持参したエタノールをペーパーに噴霧し、テーブルと椅子を消毒してから着席します。また、退場時も同様に、使用したテーブルと椅子、モデルの椅子を消毒してから退場します。除菌シートで拭くことも可能です。

＊モデルハンドで受験する場合は、ペーパータオルを巻いたアームレストの上に両手を置きます。
事前審査時のアナウンスも注意して聞くようにしましょう。

- 用具・用材は衛生的か。
- 試験要項のテーブルセッティング規定通り、用具･用材は正しくセッティングされているか。
- 試験要項で指定されたものに品名ラベルは貼られているか。
- ウェットステリライザーは正しく準備されているか。

ここからのプロセスは、モデルを使って解説します

モデルの爪の状態

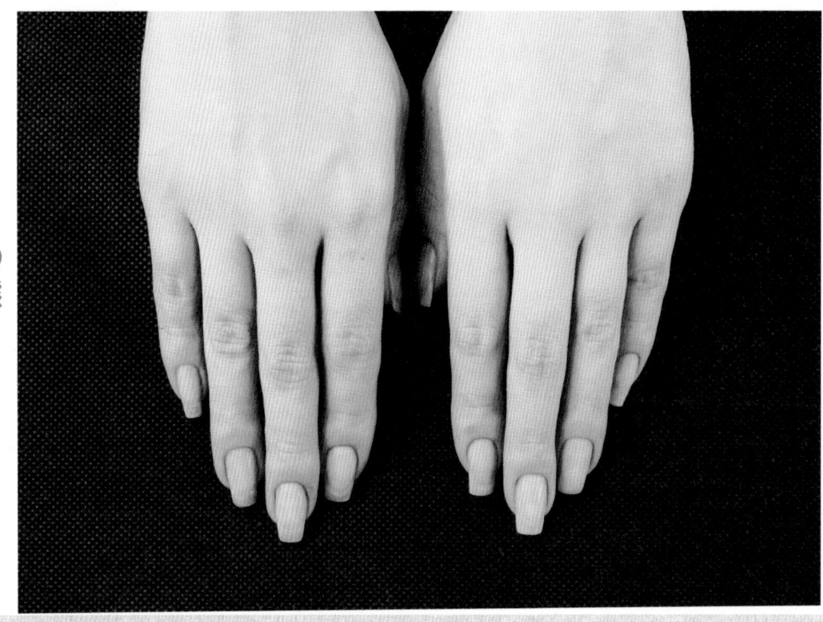

- イクステンション(バーチャルを含む)やリペア(グルーオンを含む)を施した爪は、2本以内か。
- イクステンション(バーチャルを含む)やリペア(グルーオンを含む)を施した爪は、ナチュラルネイルの色と形に対応しているか。
- 1週間以内にキューティクルクリーンやファイリングなどをしていないか。
- 爪および爪まわりの皮膚に疾患はなく、モデルの年齢は15歳以上か。

実技試験・前半30分

2023年秋期試験から事前のカラーポリッシュ塗布は行わないため、実際はカラーポリッシュを塗布していないモデルの手を手指消毒します。 右手 左手

手指消毒

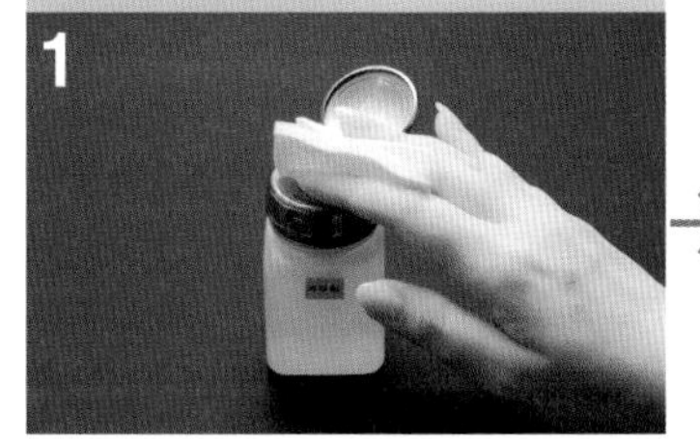
1
コットンに消毒剤を含ませます。

2
自分の手を先に消毒します。手の甲、手のひら、指の間、指先と丁寧に行います。

3
コットンを替えて、モデルの手を自分の手と同様に丁寧に手指消毒します。

参考 **試験では行いません**

ポリッシュオフ

右手

4
コットンボールに、ポリッシュリムーバーをたっぷり含ませ、ポリッシュを溶かしながらオフします。

左手

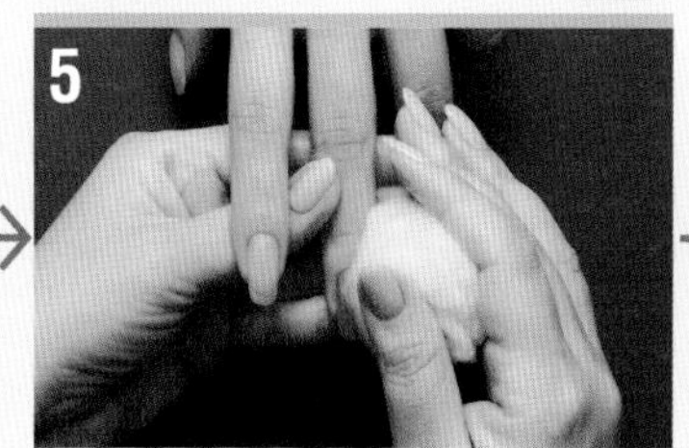
5
もう片方の手も同様にオフします。

右手 左手

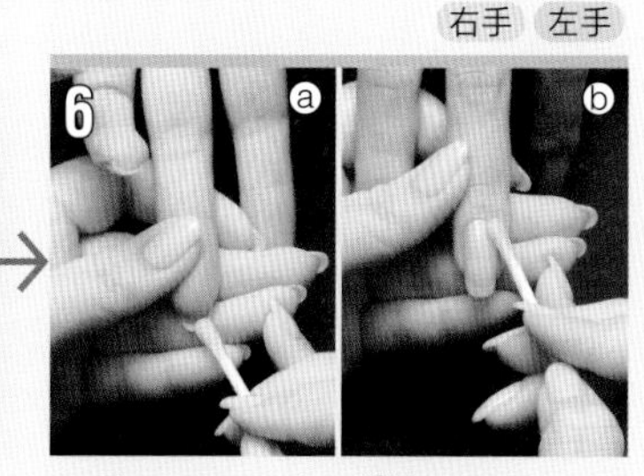
6 ⓐ ⓑ
コットンスティックにポリッシュリムーバーを含ませ、フリーエッジの裏(6-a)や爪のまわりの皮膚、サイドウォール(6-b)に残っているポリッシュを丁寧にオフします。

ポリッシュオフ終了

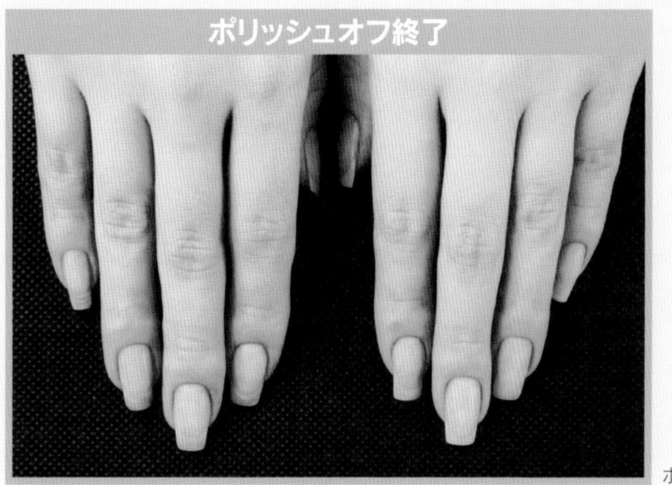

2023年秋期試験から事前のカラーポリッシュ塗布、試験でのポリッシュオフは行いません。ただ、サロンワークでは必須のプロセスであるため、本書には技術の参考として入れています。

ポリッシュオフが終了しました。

ファイリング

右手

爪の先端にエメリーボードをぴったり当て、1方向に動かして、フリーエッジの先端までの長さを規定の5㎜以下に整えます。

実技試験 ココが重要!

★7　エメリーボードの持ち方、角度、ストロークの適正さ（エメリーボードの当て方、強さ）は大切なチェックポイント。エメリーボードの往復がけは爪を傷めるので厳禁です。

右手

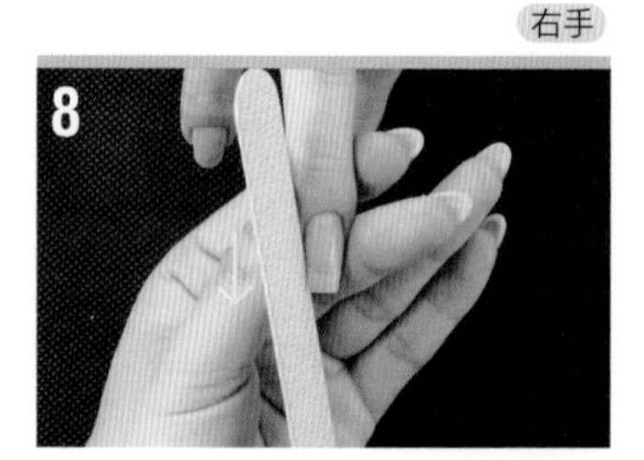

サイドストレートを真っすぐに整えます。

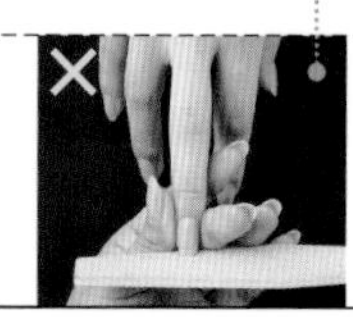

NG!　ナチュラルネイルのファイルはエメリーボードを使用します。ウォッシャブルファイルは使用できません。

右手

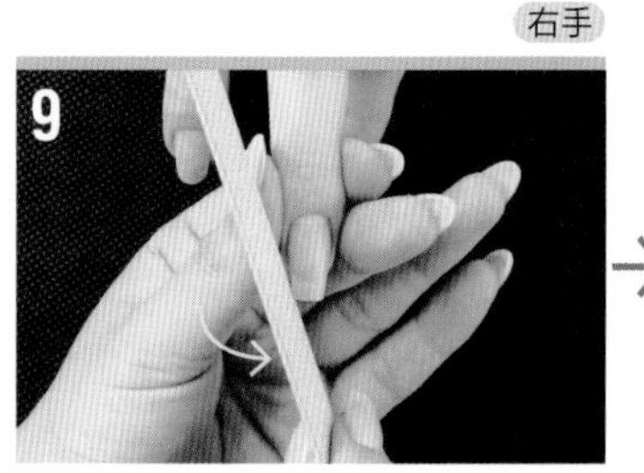

サイドストレートから先端に続く角を滑らかなカーブに整えます。

右手

さらに先端に向かって滑らかなカーブに整えます。

右手

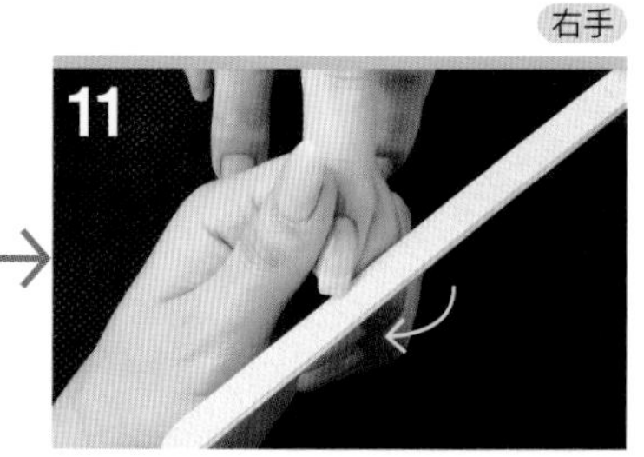

爪の反対側も同様にファイルし、左右対称のカーブを描いたラウンドのカットスタイルに仕上げます。

ファイリング終了

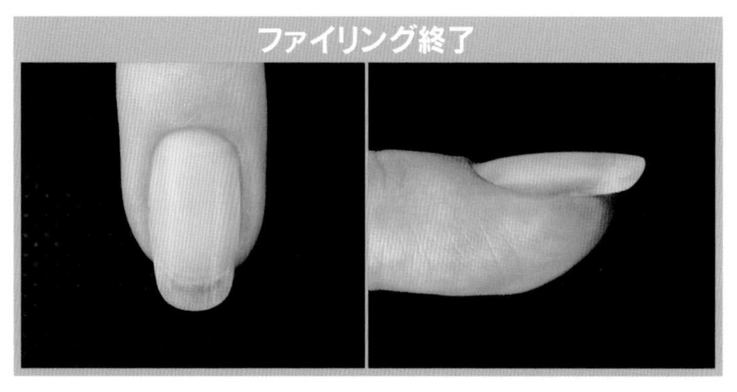

ファイリングが終了し、ラウンドのカットスタイルが完成しました。サイドから見ても角がありません。同様にほかの4本の指もラウンドのカットスタイルに仕上げます。

先端の両角に丸みをつけ、角がない状態になっているか、サイドストレートは真っすぐか、左右対称に仕上がっているか、フリーエッジの裏にバリが残っていないかを確認しましょう。

NG!　3級同様、角が残っていたり、カットスタイルがオーバルになっていたり、左右非対称のカーブはNGです（24ページ参照）。左右対称のカーブを描いた、ラウンドスタイルに仕上げましょう。

キューティクルクリーン 右手

右手

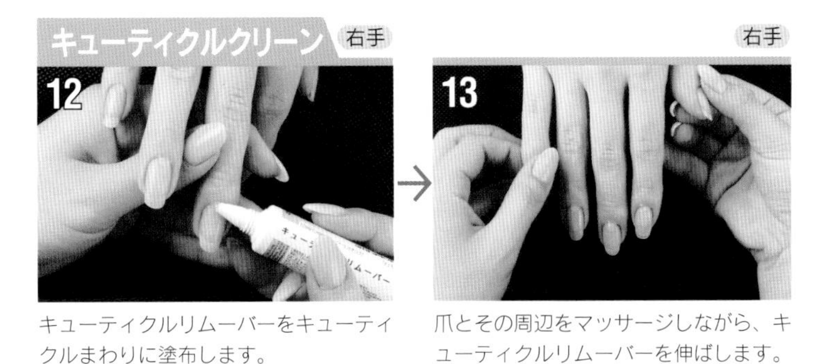

12 キューティクルリムーバーをキューティクルまわりに塗布します。

13 爪とその周辺をマッサージしながら、キューティクルリムーバーを伸ばします。

ADVICE キューティクルリムーバーの代わりにキューティクルクリームを使用してもOKです。

右手

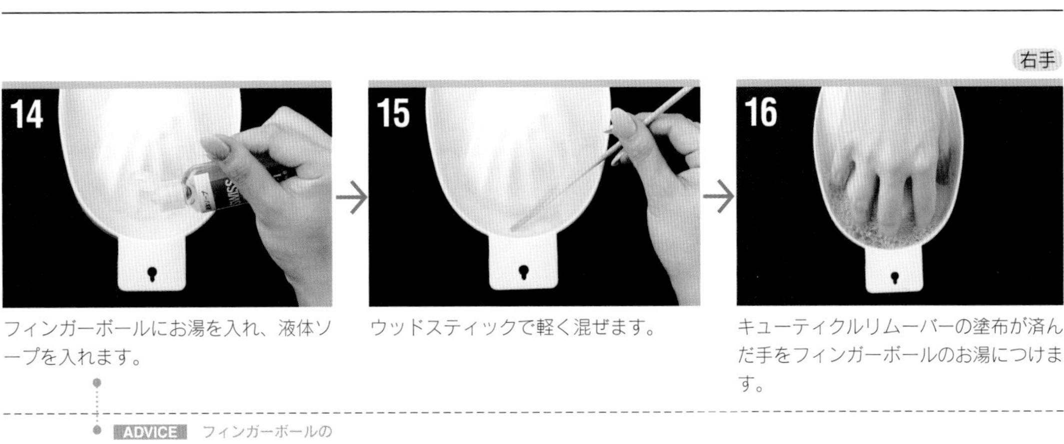

14 フィンガーボールにお湯を入れ、液体ソープを入れます。

15 ウッドスティックで軽く混ぜます。

16 キューティクルリムーバーの塗布が済んだ手をフィンガーボールのお湯につけます。

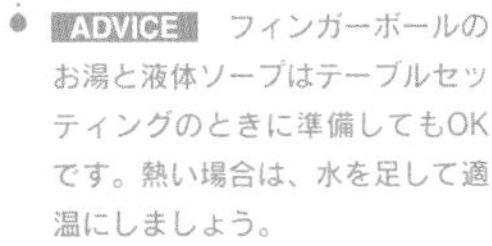

ADVICE フィンガーボールのお湯と液体ソープはテーブルセッティングのときに準備してもOKです。熱い場合は、水を足して適温にしましょう。

ファイリング 左手

左手

17 もう片方の手をプロセス7～11と同様にファイルし、ラウンドのカットスタイルに仕上げます。

18 プロセス12～13と同様に、ファイリングが終了した手のキューティクルまわりにキューティクルリムーバーを塗布し(18-a)、伸ばします(18-b)。

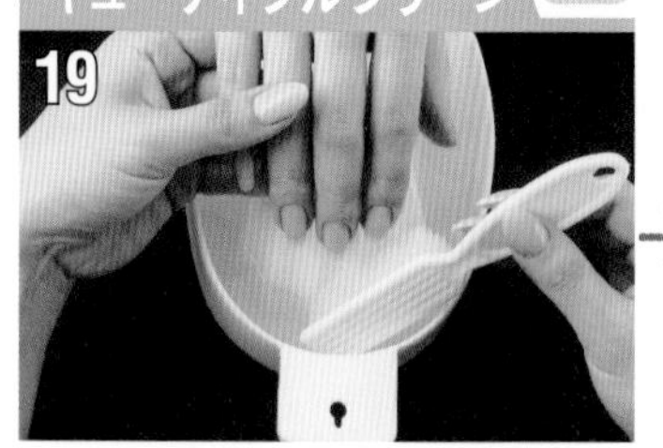

ネイルブラシをお湯につけます。

右手

フィンガーボールのお湯につけていた爪の汚れを落とします。

右手

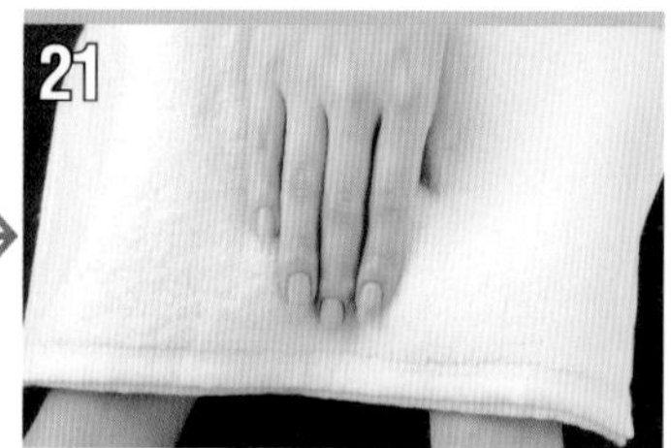

タオルで水分をふき取ります。

★20　ブラシダウンは、1本ずつ丁寧に行いましょう。

左手

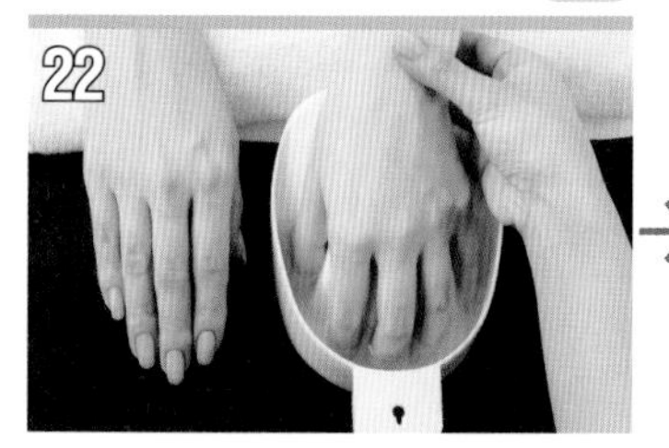

もう片方の手をフィンガーボールのお湯につけます。

メタルプッシャーの先端を、ケア用水で濡らします。

ADVICE　キューティクルクリーンで使う水は、テーブルセッティングのときに入れておいてもOKです。

右手

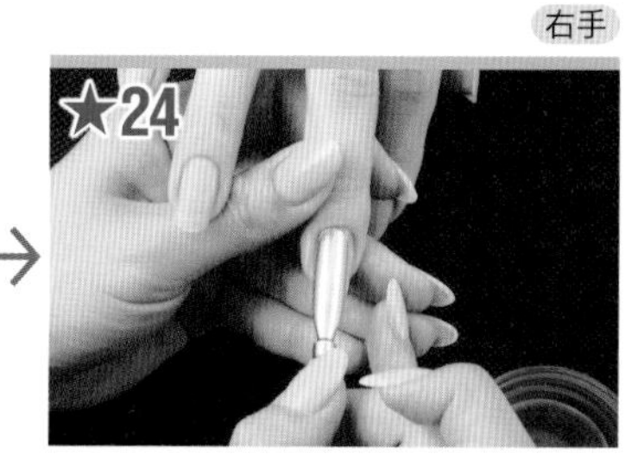

タオルで水分をふき取ったほうの手の爪の上を、メタルプッシャーでプッシュバックをしたあと、中央、コーナー、サイドと丁寧にプッシュアップします。

実技試験
ココが重要!

★24　メタルプッシャーの角度、当て方が適正かどうかは大切なポイント。メタルプッシャーを持つ手は小指で支え、少し立て気味に当てましょう。

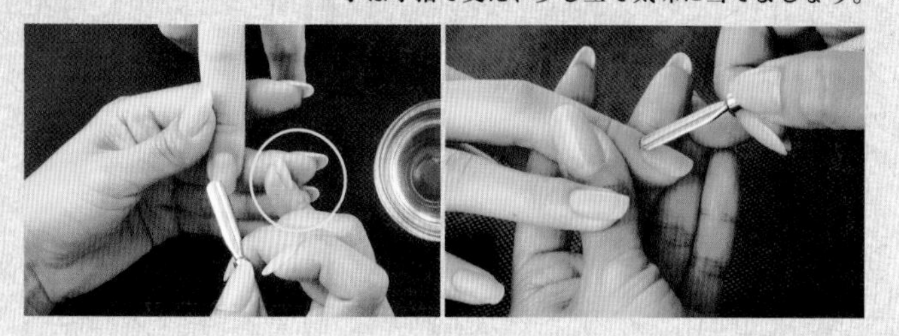

ガーゼを親指にしっかり巻き付け、キューティクルニッパーを持ちます。親指の先端にケア用水をつけます。

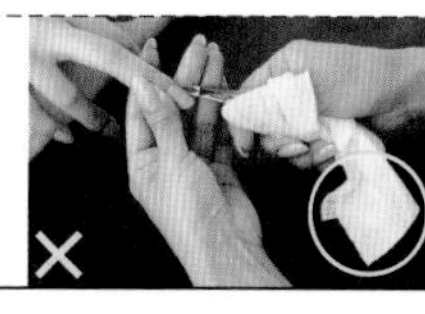

NG!　ガーゼは手の中に収め、テーブルの上を引きずらないように、衛生的に扱いましょう。

右手

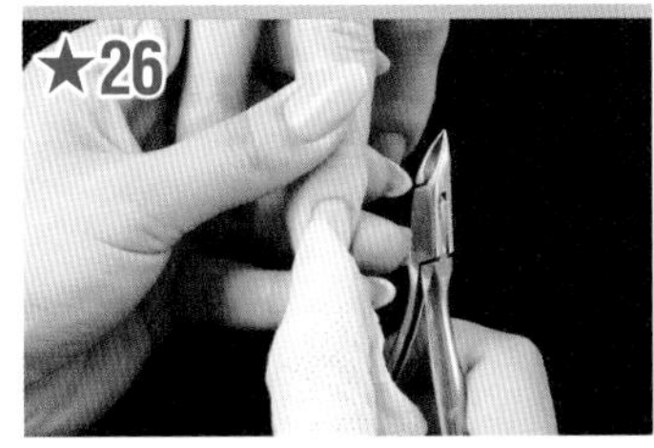

プロセス24でプッシュバック・プッシュアップした部分をガーゼでふき、汚れを除去します。コーナーからキューティクルの際と丁寧にふき、フリーエッジの裏の汚れやバリも除去しましょう。

右手

キューティクルニッパーでルースキューティクルを除去します。右サイド、コーナー、キューティクルの際、左のサイドからコーナー、キューティクルの際と丁寧に除去しましょう。

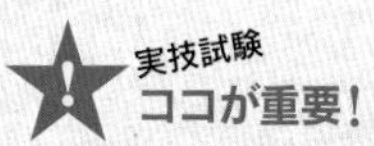

実技試験 ココが重要!

★26　ガーゼクリーンは、爪の裏の汚れをきれいにし、水分を爪まわりに含ませるようにします。

★27　キューティクルニッパーは10本の指すべてに使用します。使用しているふりをするのは厳禁です。

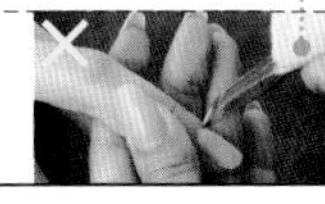

NG!　キューティクルニッパーの刃先を立てたり、押しつけたりしないようにしましょう。モデルの指を傷つける恐れがあります。

実技試験 ココが重要!

★26～28　除去するのはルースキューティクルやささくれのみです。キューティクルニッパーで皮膚を傷つけたり、キューティクルをカットしないように注意しましょう。モデル、受験生ともに手指の激しい損傷、出血などの傷を負った場合は失格の対象となります。

左手

もう片方の手もプロセス19～27と同様に、ブラシダウンしてタオルで水分をふき取り、キューティクルのプッシュバック・プッシュアップ、ルースキューティクルの除去を行います。

実技試験 ココが重要!

右手と左手を並べて確認しましょう。10本の長さ（最終的にはチップ&ラップを施す指以外の9本）のバランスが整い、形が揃ったラウンドであることが大切です。必要であればファイルして整えましょう。

キューティクルクリーン終了

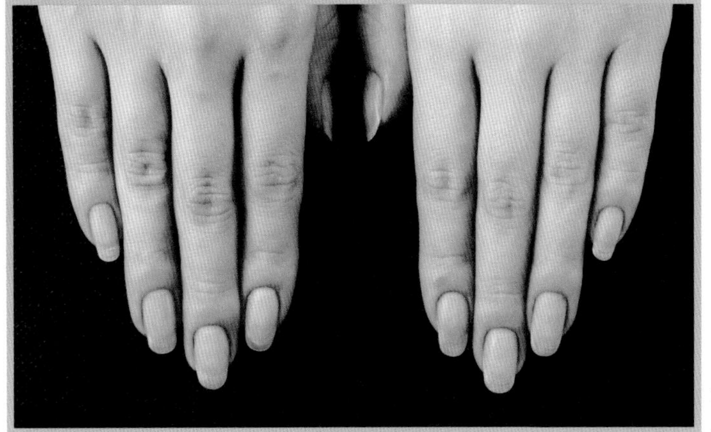

左右の手のファイリングとキューティクルクリーンが終了しました。

実技試験 ココが重要!

ネイルケアは3級と同じ課題ですが、2級では、プロとしてサロンワークに通用する、スムーズなプロセスと仕上がりが求められます。ルースキューティクルが残らないように、丁寧に行いましょう。

インターバル・1分

ここでインターバルが入ります。このあと、実技試験の後半が始まりますが、ネイルケアはここで終了します。

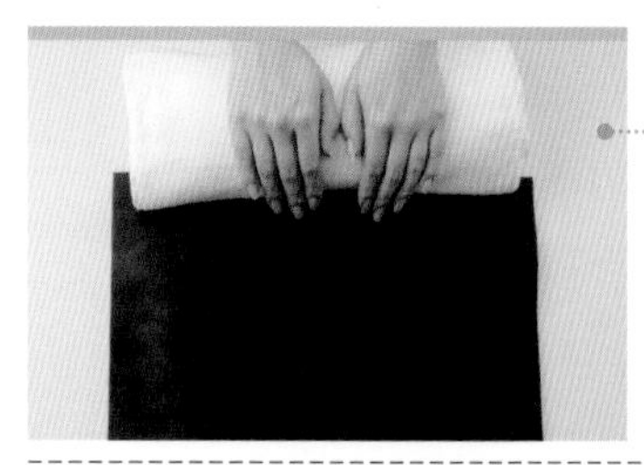

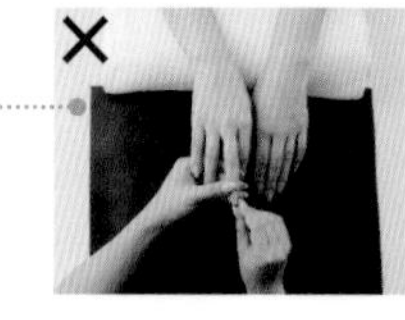

NG! インターバルの間は、一切、モデルの手に触れてはいけません。モデルも自分の手を触らないようにしましょう。

実技試験・後半55分

手指消毒

右手 左手

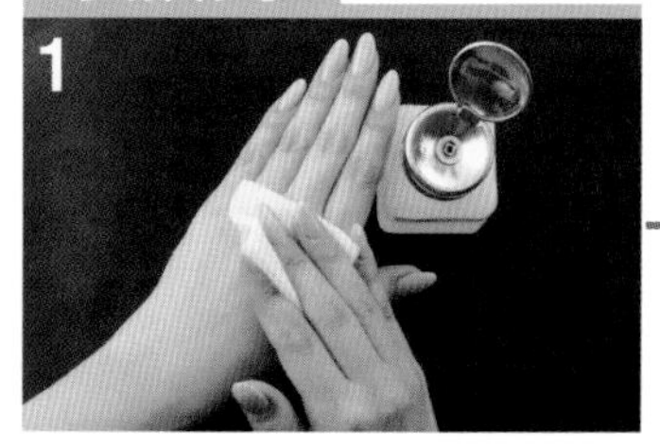

1 コットンに消毒剤を含ませ、自分の手を消毒します。

2 モデルの手を手指消毒します。

ADVICE 後半も前半同様、かならず手指消毒からスタートします。

ADVICE ネイルケアのプロセスは、すべて前半で終了します。万が一、後半の施術中に残っているルースキューティクルやバリに気づいたら、後半の時間内に除去してもOK。ただし、前半の続きを行うのはNGです。

チップ&ラップ

右手 中指

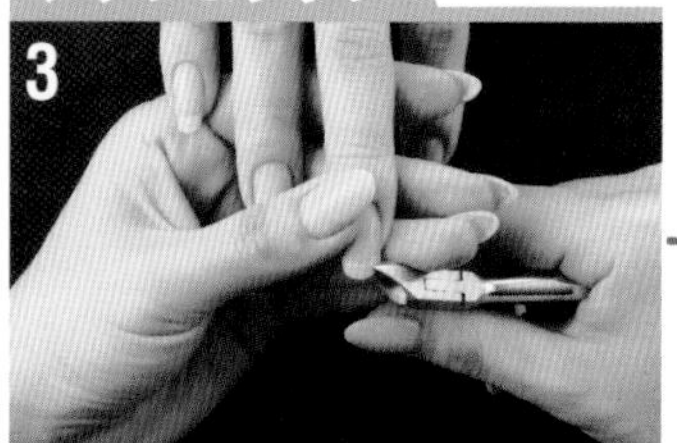

3 フリーエッジが長い場合は、ネイルニッパーで1㎜程度に短く整えます。

右手 中指

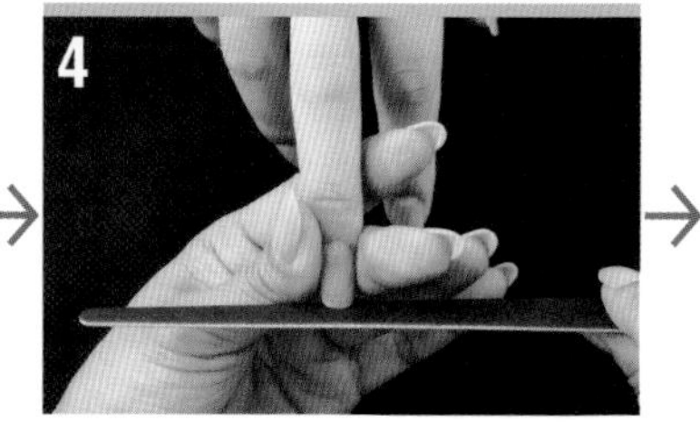

4 チップ&ラップを施す指を、ファイルでフリーエッジを短く削ります。

中指のファイリング終了

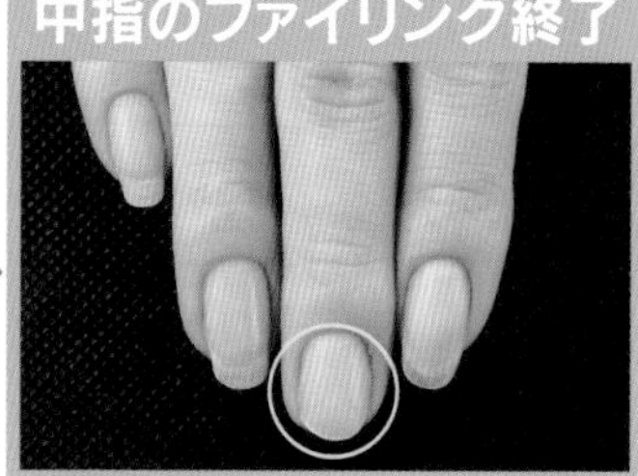

ADVICE チップ&ラップとカラーリングはどちらを先に行ってもOK。一般的にチップ&ラップで出るファイルダストがカラーリングした指につかないように、チップ&ラップを先に行ったほうがスムーズでしょう。

右手 中指

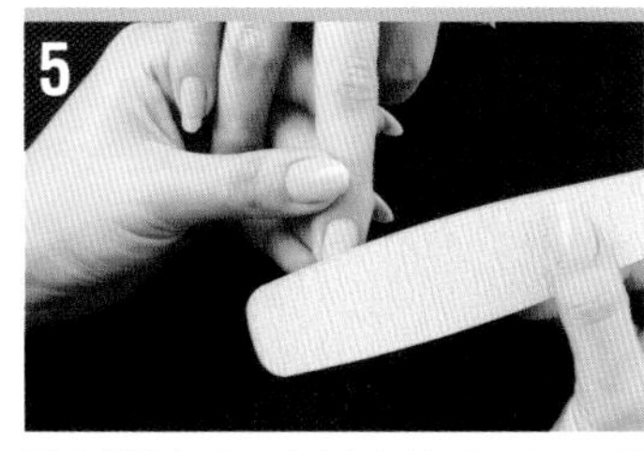

爪の表面をファイルまたはバッファーでサンディングします。

右手 中指

ネイルブラシでファイルダストを丁寧に取り除きます。

ADVICE ファイルダストが残っていると、ネイルチップやシルクの接着が悪くなるので、丁寧に取り除きましょう。

右手 中指

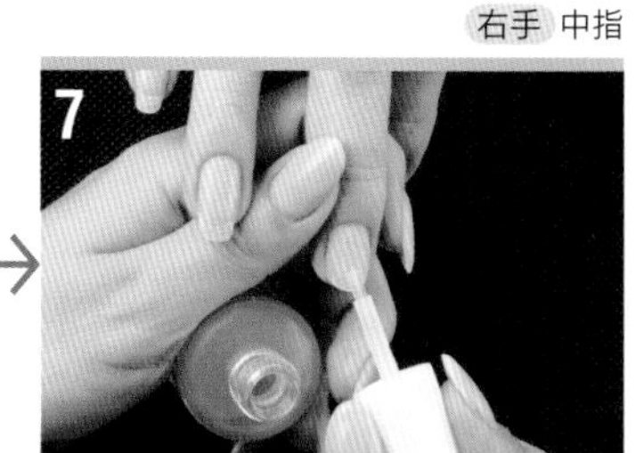

プレプライマーを塗布して、爪の表面の水分や油分を取り除きます。

右手 中指

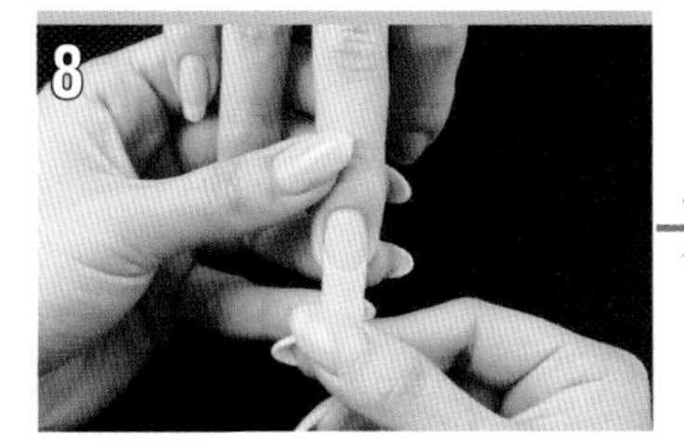

ネイルチップを当てて、大きさを確認します。

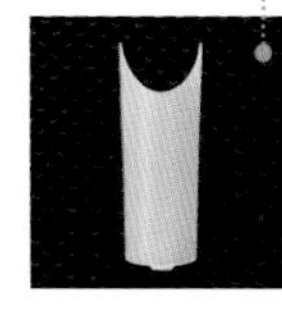

ADVICE ネイルチップは、モデルまたはモデルハンドの爪に合わせて仕込みを済ませて持参してOK。念のため、予備を準備していったほうが安心です。

必要であれば、ネイルチップのコンタクトゾーンやサイドをファイルして形を整えます。

NG! ネイルチップはナチュラルのみ使用可です。クリアやホワイト、その他カラーチップなどは使用禁止です。

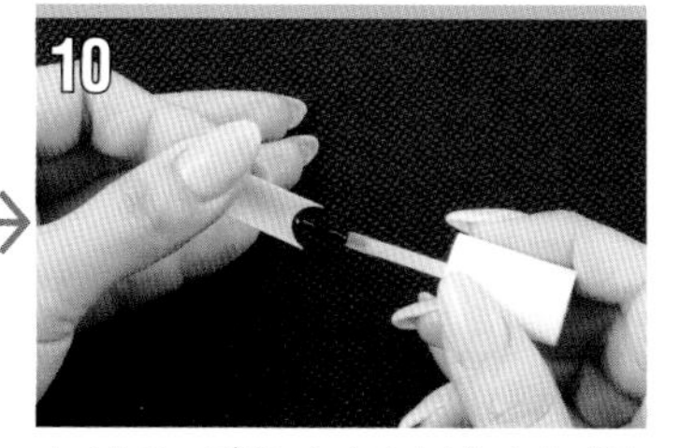

ネイルチップのコンタクトゾーンにグルーを塗布します。

ADVICE 塗布する量には十分注意し、キューティクルやサイドウォールにはみ出さないようにしましょう。

右手 中指

ナチュラルネイルにネイルチップを装着します。上から見ても(11-a)、横から見ても(11-b)、真っすぐのラインになるように接着しましょう。

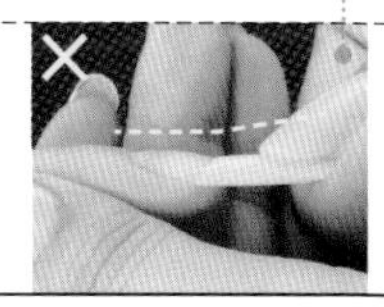

NG! ネイルチップが上がっています。

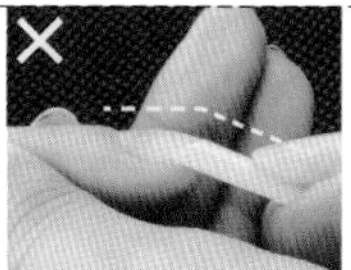

NG! ネイルチップが下がっています。

右手 中指

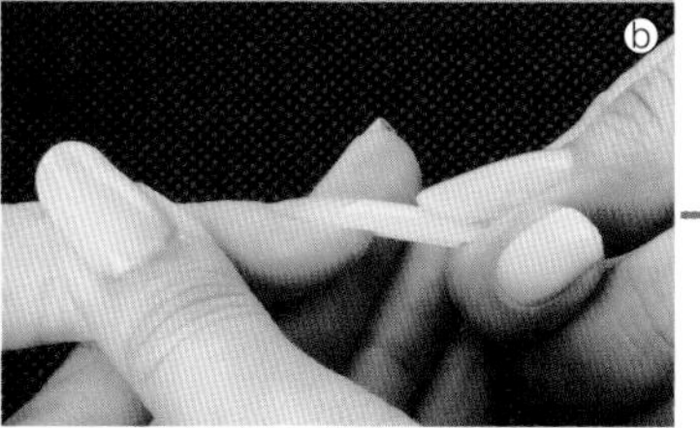

ストレスポイント部分を押さえ、ネイルチップをしっかり接着します。

▶チップ&ラップ

ネイルチップの装着終了

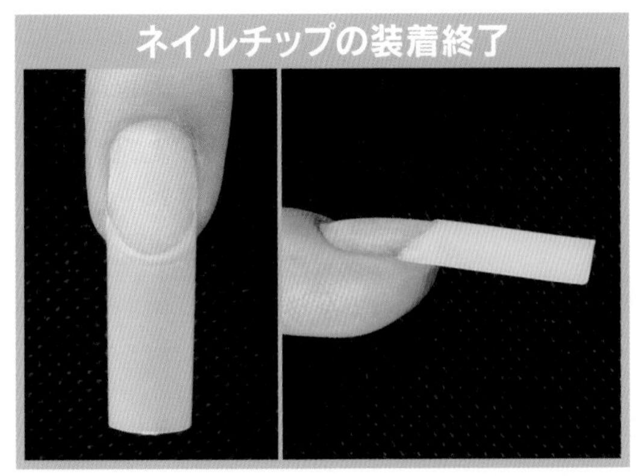

真っすぐに貼られています。サイドもストレスポイントまでしっかり覆われています。

ネイルチップのサイズはナチュラルネイルに合っているか、曲がっていないかなど、適正に装着されていることを、よく確認しましょう。

NG!

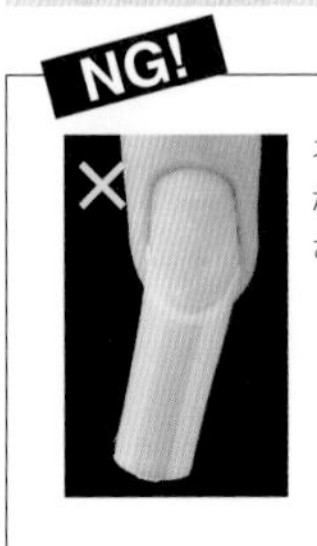

ネイルチップが斜めに装着されています。

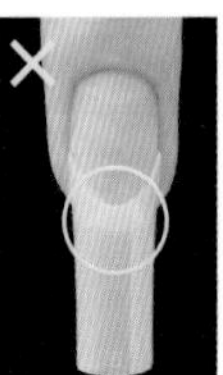

ネイルチップの中心が浮いています。

右手 中指

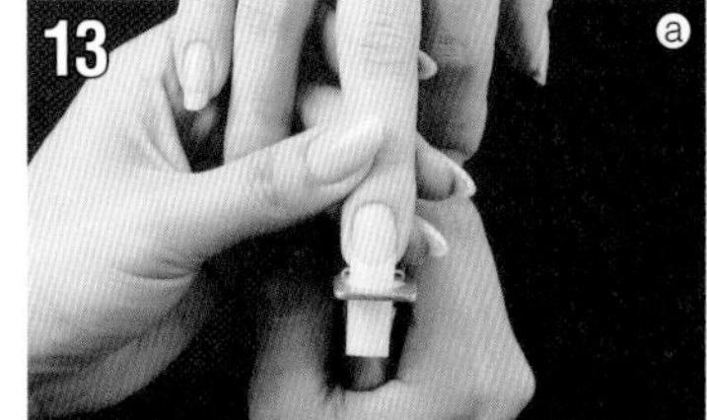

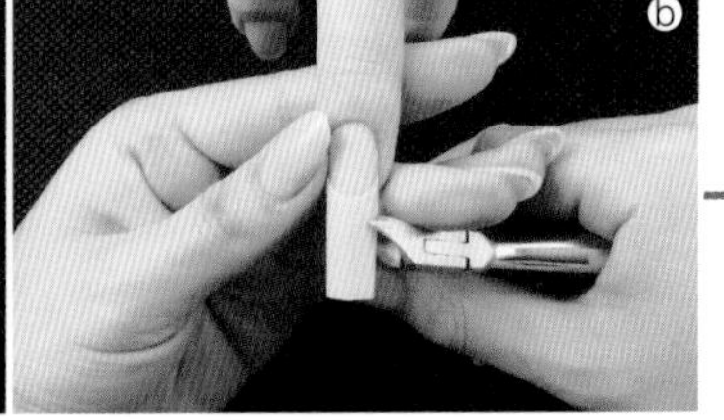

完成の長さよりやや長めに、チップカッターでカットします(13-a)。ネイルニッパーでカットしてもOKです(13-b)。

ADVICE 仕上がりの規定は、フリーエッジの長さが5㎜程度です。

ネイルチップのカット終了

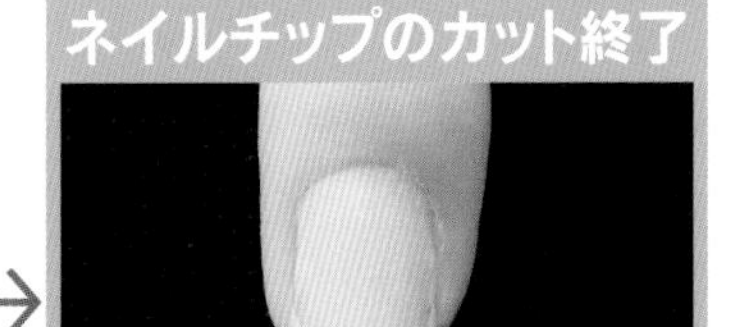

ネイルチップがナチュラルネイルにしっかり装着されています。

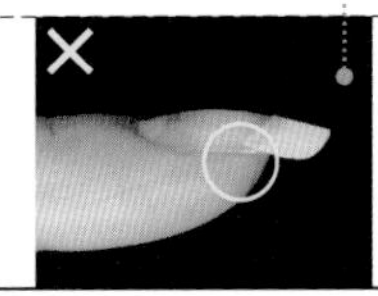

NG! ネイルチップが小さく、ストレスポイントまで覆われていません。

右手 中指

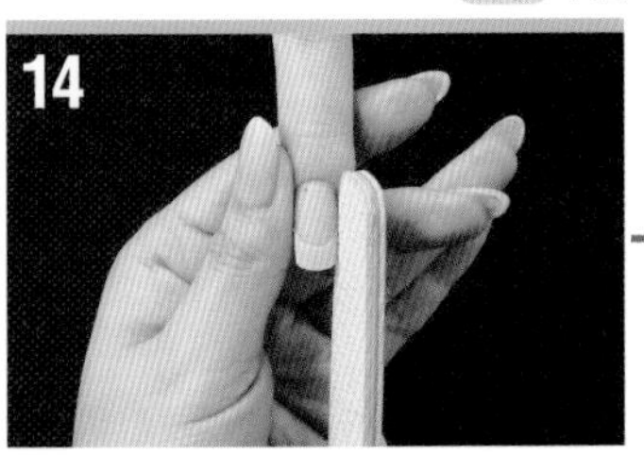

アウトラインをファイルし、ラウンドのカットスタイルに整えます。

右手 中指

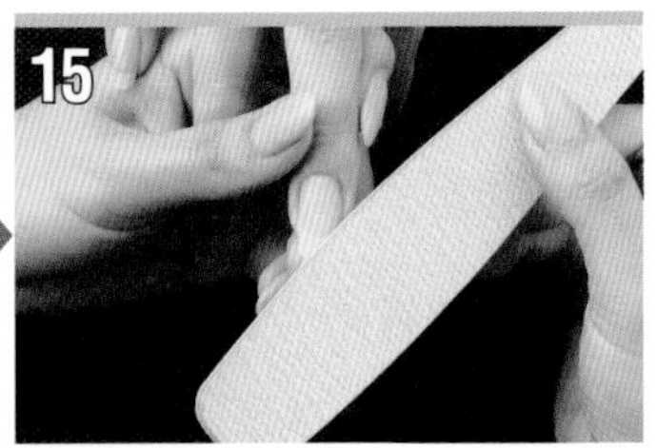

必要であればファイルでナチュラルネイルとネイルチップの段差を取りながら、ネイルチップの表面をサンディングし、ファイルダストを取り除きます。

ラウンドと段差のファイル終了

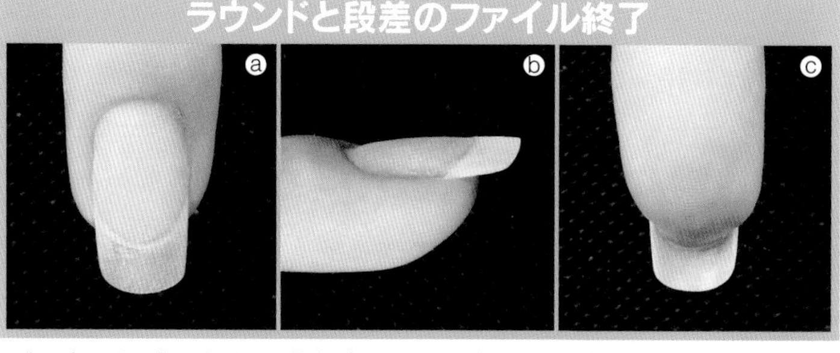

ラウンドのカットスタイルに仕上がっています(a)。段差がなくなり、滑らかなアーチに仕上がっています(b)。フリーエッジの長さは5㎜程度です(c)。

右手 中指

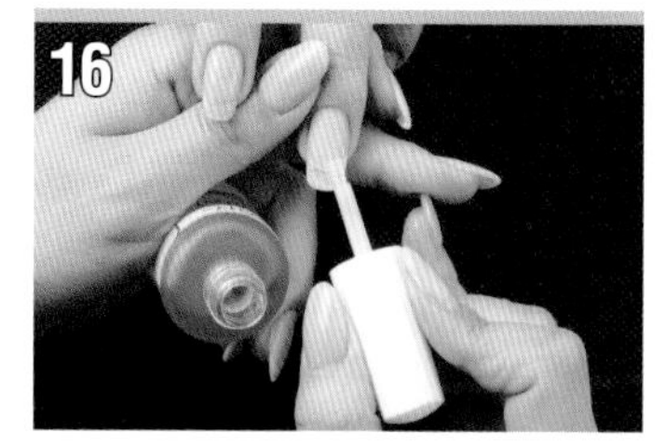

16 ナチュラルネイルにプレプライマーを塗布し、水分や油分を除去します。

実技試験 ココが重要!

カットスタイルはラウンドで、フリーエッジの長さは5㎜程度に仕上げます。サイドストレートは真っすぐか、左右対称のカーブを描いているか、角はないか、よく確認しましょう。

17 シルクを準備します。シルクを手で触ると油分がつくため、手で直接触るのではなく、ピンセットを使いましょう。

右手 中指

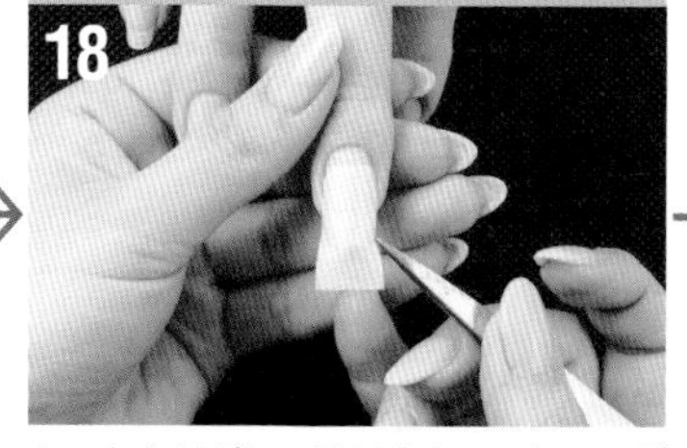

18 シートをはがして貼ります。ストレスポイントをしっかり覆い、真っすぐに貼りましょう。

右手 中指

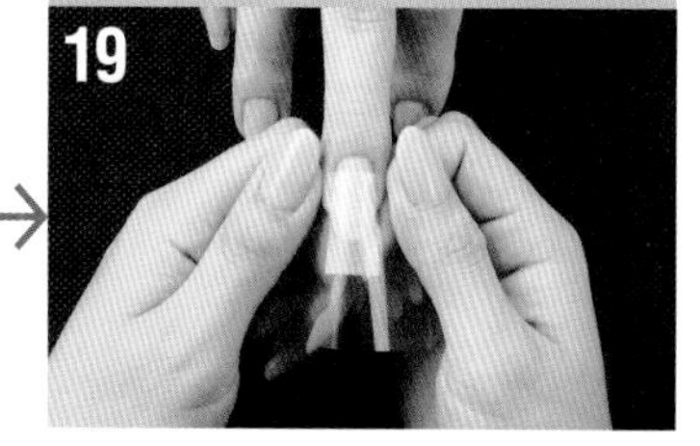

19 ビニールシートで押さえ、シルクをナチュラルネイルにしっかり密着させます。

ADVICE シルクはモデルの爪に合わせてカットしたものを持参してOKです。使いやすいようにカットしておきましょう。

ADVICE ラップ材は爪の2/3程度を覆う大きさが目安です。

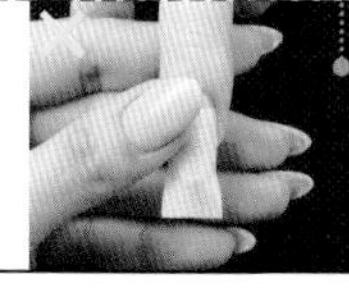

NG! 指で押さえると油分がつくので、かならずビニールシートで押さえましょう。

シルクの貼付終了

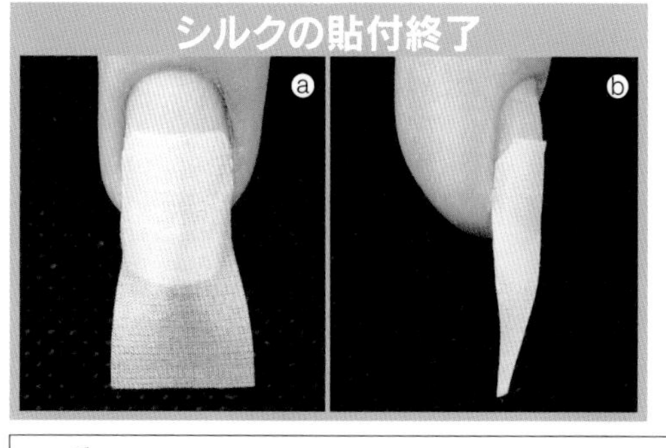

爪の幅にぴったり合っています(a)。ストレスポイントをしっかり覆っています(b)。

実技試験 ココが重要!

仕上がりだけでなく、ラップ材が適正に扱われ、サイズが合ったものを装着しているかも大切なポイント。適切に行いましょう。

NG!

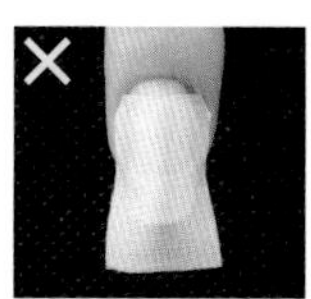

シルクが大きすぎで、サイドもはみ出し、爪を覆いすぎています。

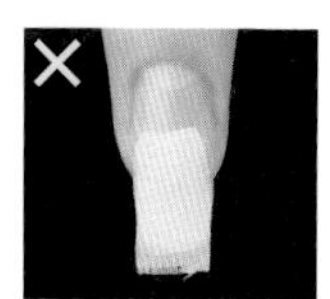

シルクが小さすぎで、サイドも足りず、爪が覆われていません。

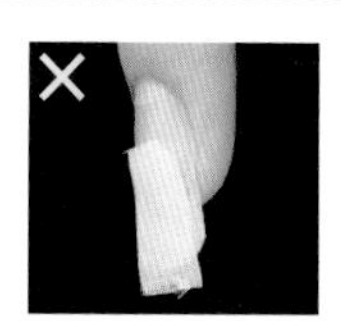

シルクの幅がせまく、サイドが足りていません。

▶チップ&ラップ

右手 中指

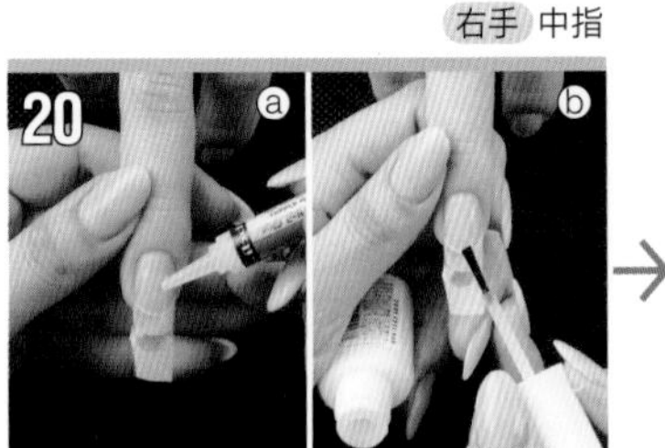

シルクの上にグルーを塗布して、接着します。グルーはチューブタイプ(20-a)を使用しても、ハケタイプ(20-b)を使用してもOKです。

右手 中指

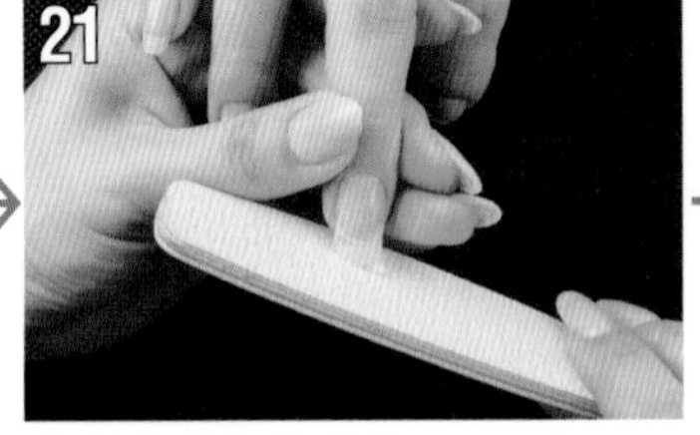

ファイルで余分なシルクを取り除きます。

右手 中指

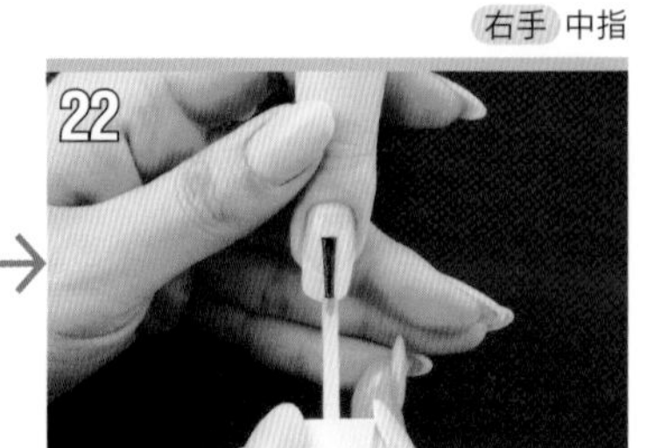

シルクを覆う範囲に、グルーを塗布します。

右手 中指

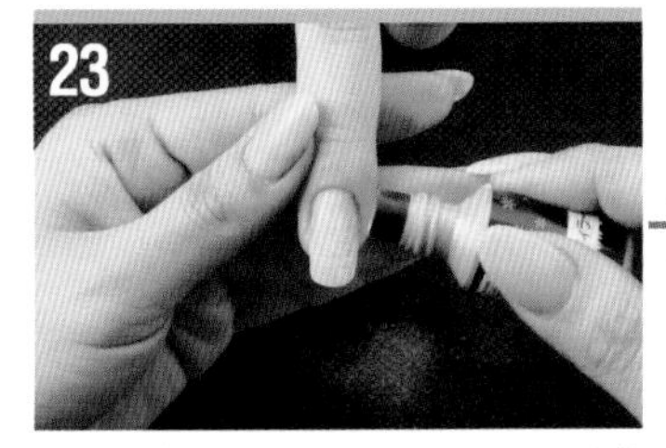

グルーが乾く前に、素早くフィラーを薄く均一にかけます。

右手 中指

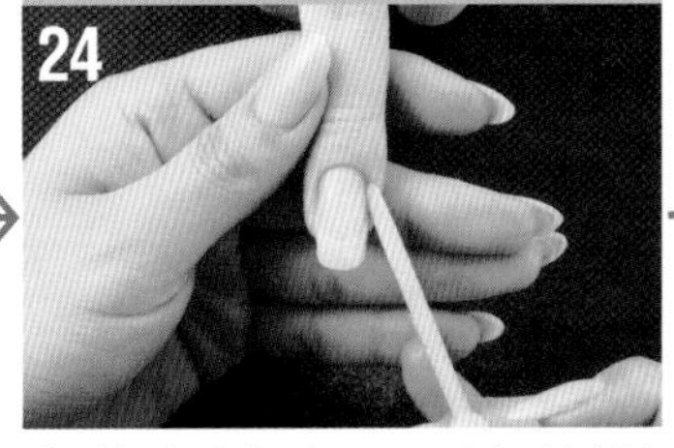

爪のまわりの皮膚、キューティクル、サイドウォールについたフィラーを、修正用ウッドスティックで除去します。グルーを塗布し、フィラーをかけるプロセスを2～3回繰り返します。

このあとは右ページのプロセス25に進んでください。

ADVICE フィラーは薄く均一にかけましょう。フィラーの量が多いと厚く不均一になり、仕上がりが美しくありません。

ADVICE グルーはチューブタイプとハケタイプのどちらを使ってもOKですが、シルクを貼ったあとは、チューブタイプのほうが扱いやすいでしょう。ただし、爪の表面にグルーの先を当てないように注意しましょう。表面に傷がついてしまいます。

グラスファイバーとレジンを使ってもOKです

グラスファイバーとレジンを使う場合は、プロセス16のあとに、下記の17～23を行ってください。

右手 中指

17

モデルの爪の大きさに合わせて準備したグラスファイバーを、ピンセットを使ってナチュラルネイルに貼ります。

右手 中指

18

ビニールシートで押さえ、グラスファイバーをナチュラルネイルにしっかり密着させます。

右手 中指

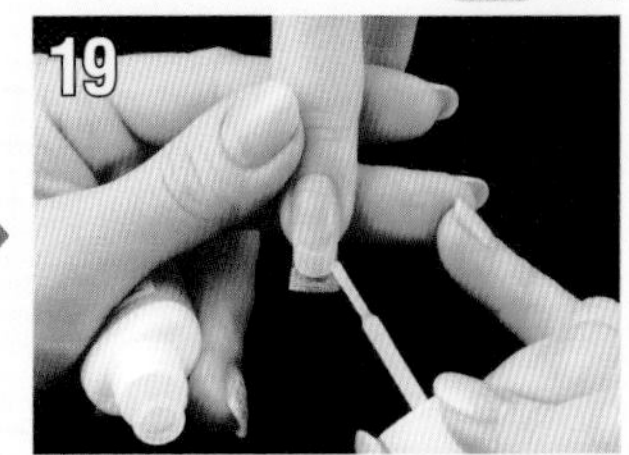

グラスファイバーの上にグルーを塗布して、接着します。

右手 中指

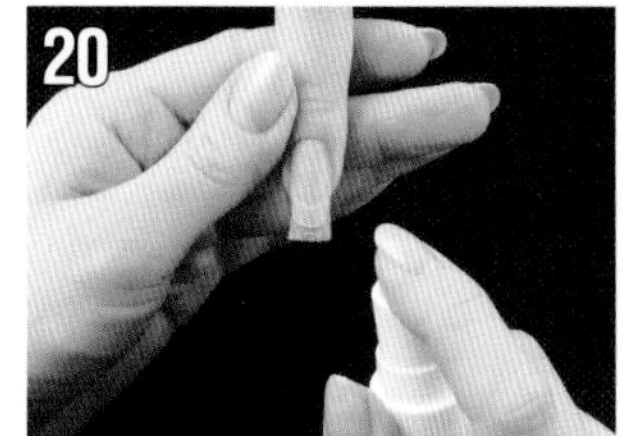

20 早く乾かしたい場合は、アクティベーターを爪全体に噴きます。

右手 中指

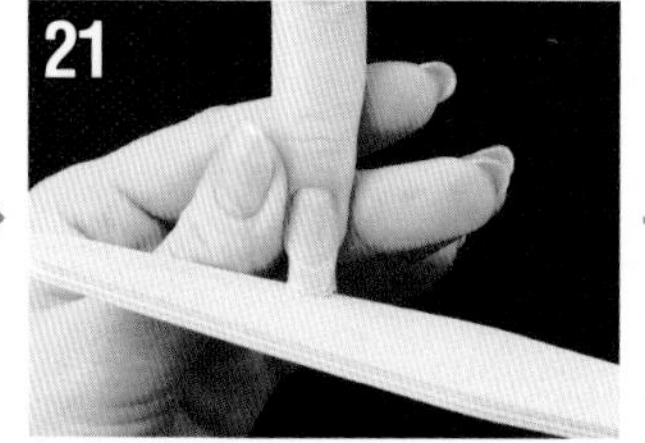

21 ファイルで余分なグラスファイバーを取り除きます。

右手 中指

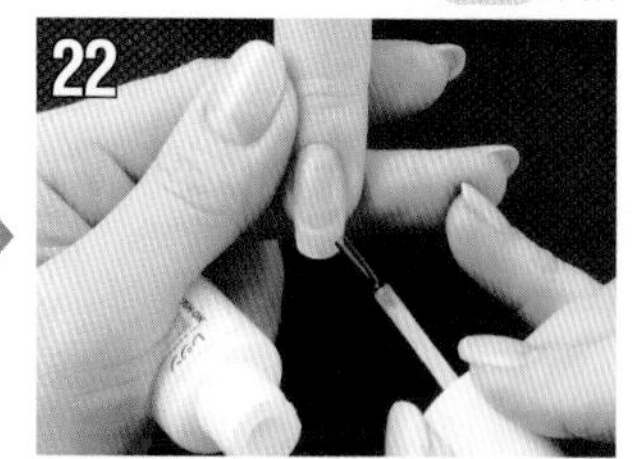

22 グラスファイバーを覆う範囲に、レジンを塗布します。

右手 中指

23 アクティベーターを爪全体に噴きます。レジンの塗布とアクティベーターを噴くプロセスを2～3回繰り返します。

このあとはプロセス25に進んでください。

右手 中指

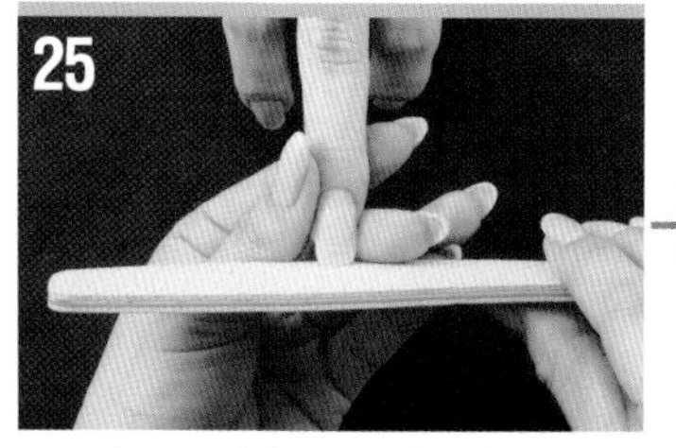

25 ファイルでアウトラインをラウンドに整えます。

右手 中指

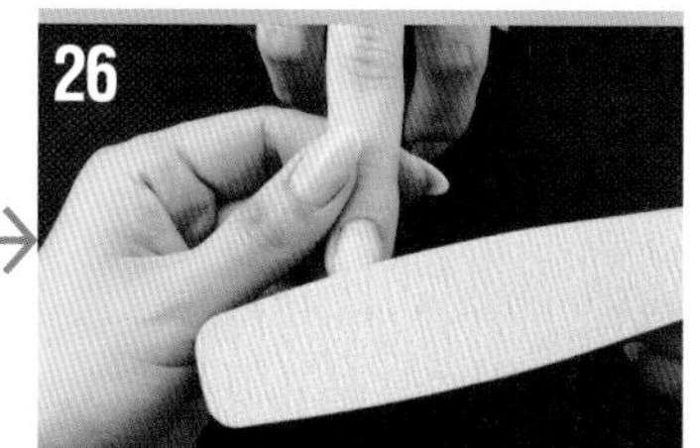

26 表面がスムーズになるようにファイルし、バッファーで表面を滑らかに整え、シャイナーで磨いてつやを出します。

ADVICE ファイルが終わったら、ガーゼなどで爪の表面とフリーエッジの裏についているファイルダストを丁寧に取り除きましょう。

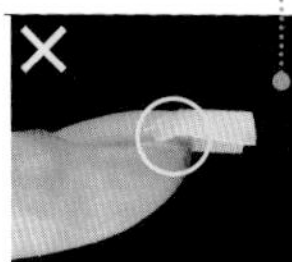

NG! サイドストレートをファイルする際、ファイルを当てる角度が間違っていると、ストレスポイント部分が欠けるので注意しましょう。

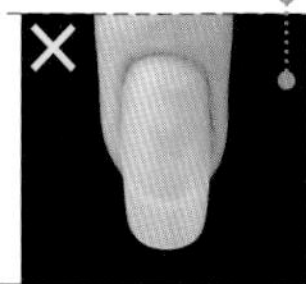

NG! 表面の磨きが足りず、つやがありません。つやが出るまで磨きましょう。

チップ&ラップ完成（シルクとフィラーを使用したもの）

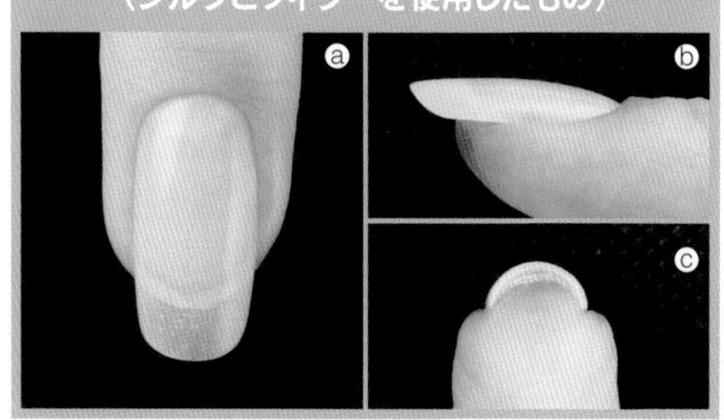

表面がスムーズでつやがあります(a)。滑らかなフォルムです(b)。厚さが均一で左右対称、10%程度のCカーブです(c)。

チップ&ラップ完成（グラスファイバーとレジンを使用したもの）

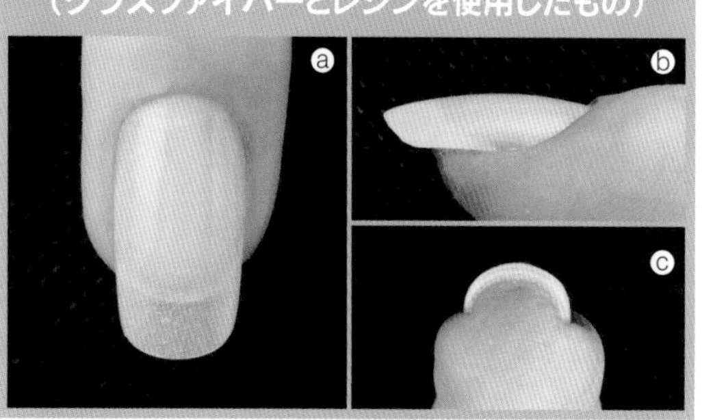

表面がスムーズでつやがあります(a)。滑らかなフォルムです(b)。厚さが均一で左右対称、10%程度のCカーブです(c)。

NG! シルクとフィラー、グラスファイバーとレジン共通

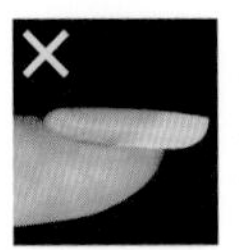

レジンやフィラーを重ねすぎて、キューティクル付近がかなり厚くなっています。

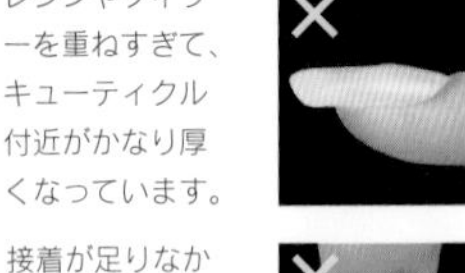

表面に凹凸があります。

接着が足りなかったり、ファイルで削りすぎて、シルクが浮いています。

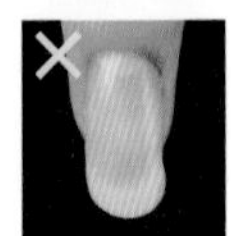

チップが先太りで、全体のバランスがとれていません。

厚さとCカーブが不均一です。

実技試験 ココが重要！

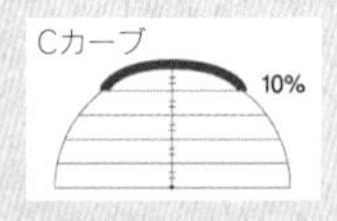

表面はスムーズか、Cカーブは10%程度か（上記イラスト参照）、キューティクルおよびサイドウォールにグルーなどがはみ出していないか、バブルはないか、つやはあるかなど、総合的に仕上がりをチェックされます。ひとつひとつのプロセスを丁寧に行うことが、美しく仕上げるポイントです。

カラーリング

右手 中指以外 左手

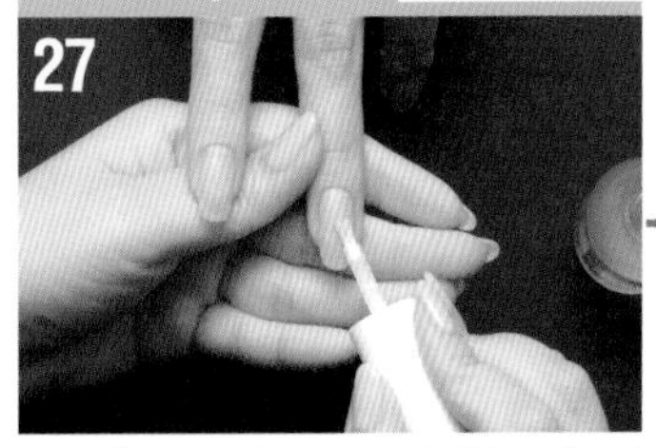

チップ&ラップを施した爪以外にプレプライマーを塗布し、爪の表面の水分や油分を除去します。

右手 中指以外 左手

チップ&ラップを施した爪以外のエッジにベースコートを塗布します。

右手 中指以外 左手

チップ&ラップを施した爪以外の表面にベースコートを塗布します。

実技試験 ココが重要！

★28・29 ベースコート・トップコートともに、ポリッシュと同様エッジと表面に塗布します。時間がないからと省くのは厳禁です。

右手 中指以外

30

チップ&ラップを施した爪以外のエッジにポリッシュを塗布します。

右手 中指以外 左手 中指以外

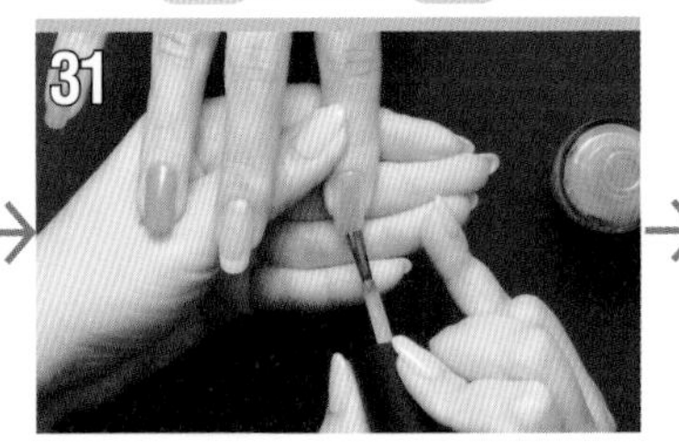

表面にポリッシュを塗布します。同様に、もう片方の手の、アートを施す爪以外のエッジと表面にポリッシュを塗布します。

左手 中指

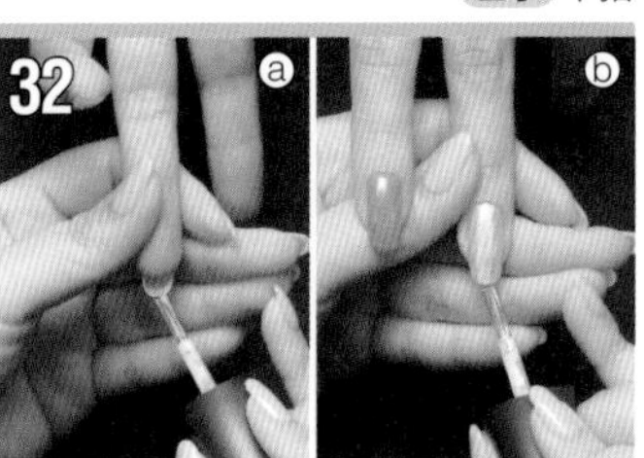

アートを施す爪のエッジ（32-a）と表面（32-b）に、カラーリングに使用する色以外でアートベース（ここでは水色を使用）を塗布します。

NG! ネイルアートを施す爪には、かならずカラーリングで使用する色以外のポリッシュを塗布します。イラストの完成度が高くても、ベースカラーにカラーリングと同じ色を使用した場合はNGです。

右手 中指以外 左手 中指以外

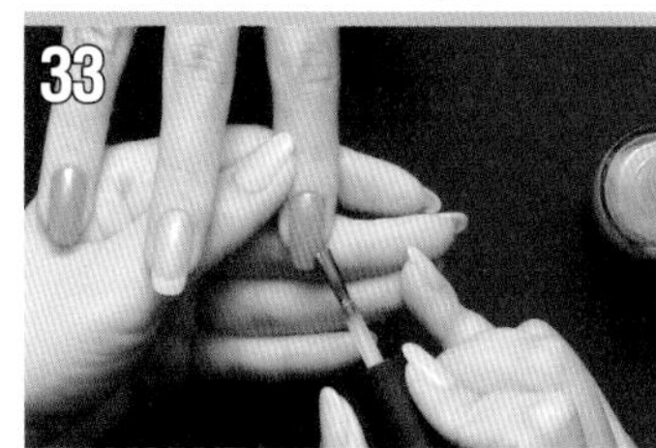

再度、表面にポリッシュを塗布します。2度目は、エッジには塗布しなくてもOKです。

左手 中指

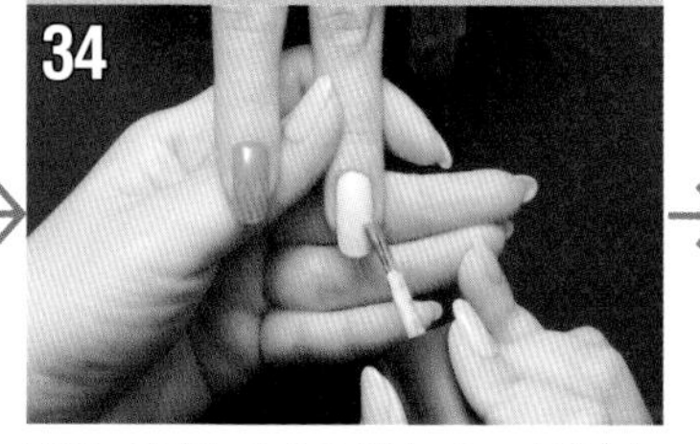

再度、表面に水色のポリッシュを塗布します。

右手 中指以外 左手

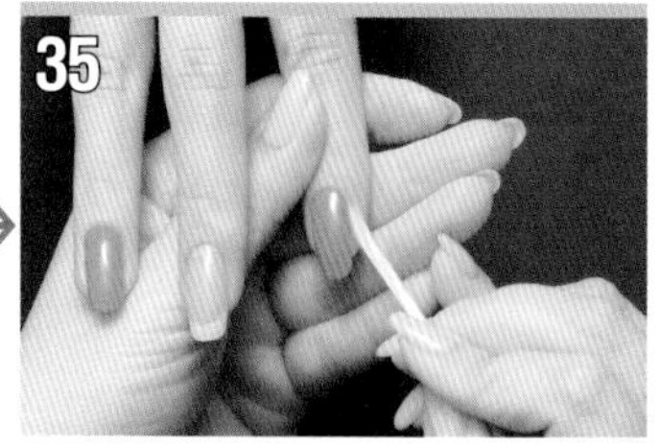

ポリッシュが皮膚についた場合は、修正用コットンスティックにポリッシュリムーバーを少量含ませ、除去します。キューティクル際のラインが乱れている場合は修正します。

ポリッシュ塗布終了

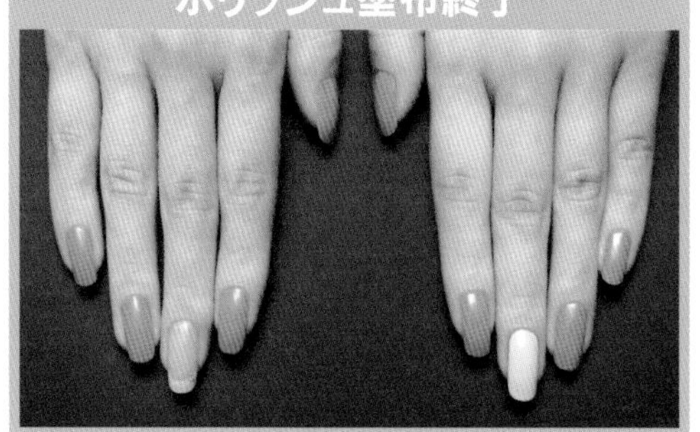

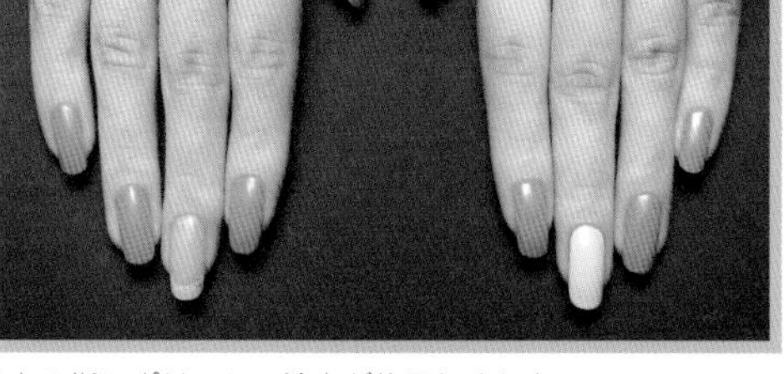

9本の指にポリッシュ塗布が終了しました。

実技試験 ココが重要！ ムラ、ハケ筋、バブルがないように、キューティクル際のラインが滑らかになるように、キューティクルやサイドウォールなどにポリッシュがはみ出さないように仕上げましょう。2級は3級より、さらに高いレベルの仕上がりが求められます。

NGは失敗がわかりやすい赤のポリッシュで解説します。

NG!

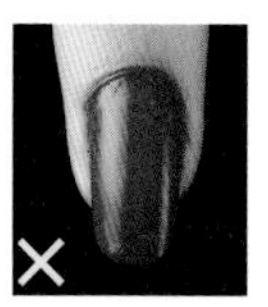

キューティクル際のラインは滑らかですが、キューティクルとの間に隙間が空きすぎです。

キューティクルにポリッシュがついていて、皮膚にもにじんでいます。

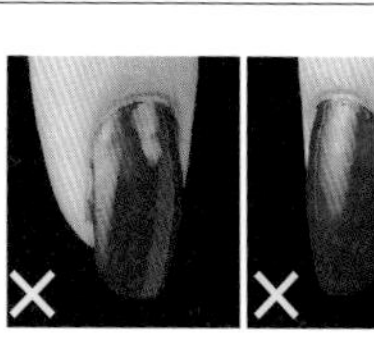

サイドの皮膚にポリッシュがついています。

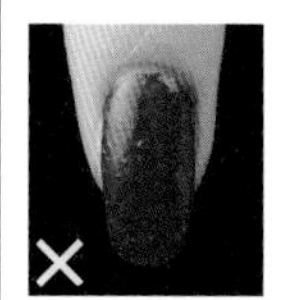

ポリッシュにバブルが入っています。

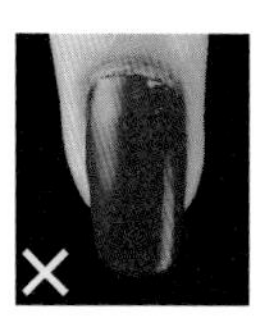

キューティクル際のラインが乱れています。

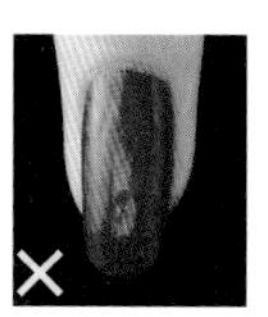

ムラになっています。

ネイルアート テーマ「蝶」

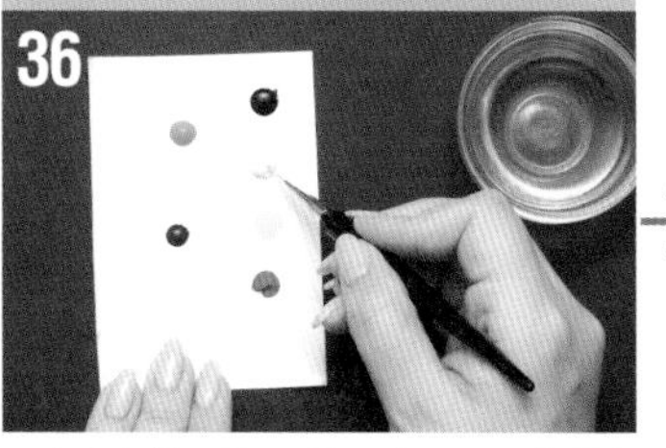

アクリル絵の具、パレット、アート用水入れ、筆を準備します。

ADVICE アート用水入れの水は、テーブルセッティングのときに入れておいてもOKです。

左手 中指

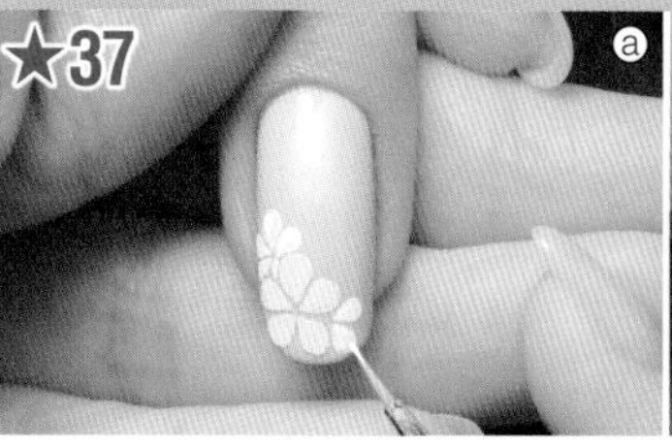

イラストをテーマに沿って描きます。テーマのモチーフを1個だけ描くのではなく、まわりの風景や関連するモチーフなどを描いてバランスよくまとめましょう。写真のように細かい部分まで描いて、遠近感や立体感を表現できれば完璧です。

NG!

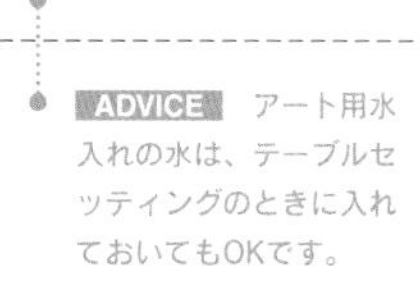

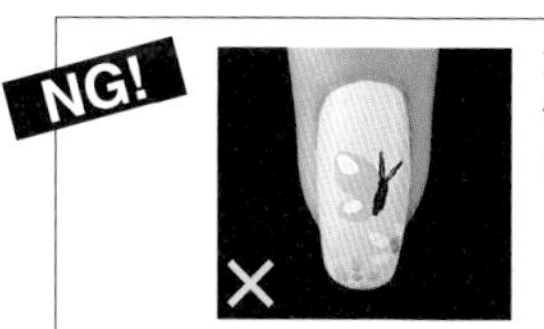

アートの完成度が低く、細密度が足りません。

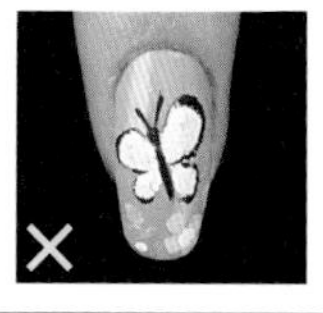

アクリル絵の具に対して水が少ないため、イラストがかすれています。

▶ネイルアート

左手 中指

★37 ⓒ

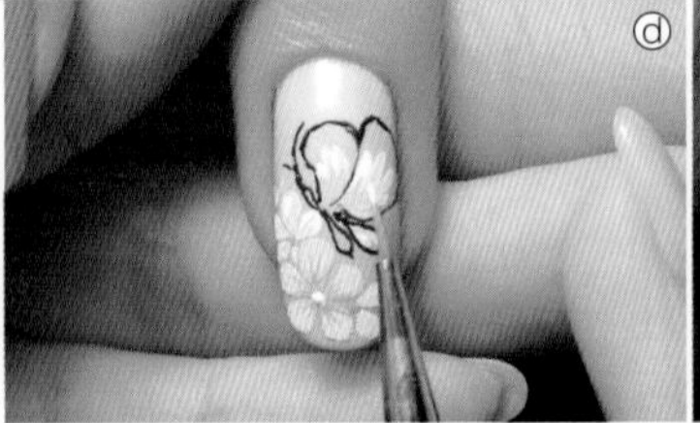
ⓓ

ⓔ

★37 イラストは、テーマにふさわしいデザインで、色彩が豊かで、バランスがとれ、細密度の高いアートに仕上げます。イラストにドットペンを使ったり、ネイルシールを用いたりするのはNG。また、エンボスや3Dを行った場合は失格の対象となります。

NG!

ドットペン

ネイルシール

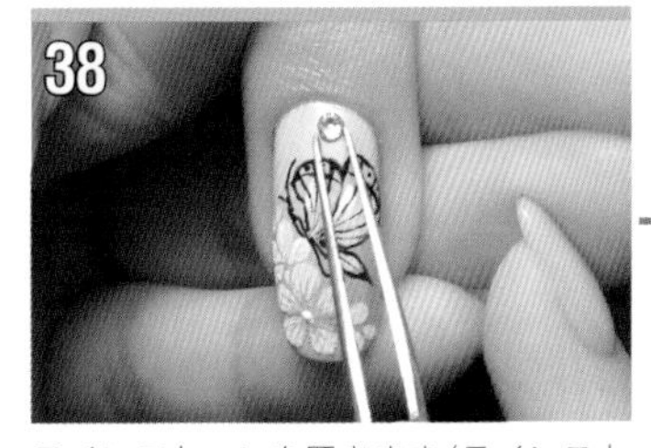
38

ラインストーンを置きます(ラインストーンの使用は自由です)。

右手 中指以外

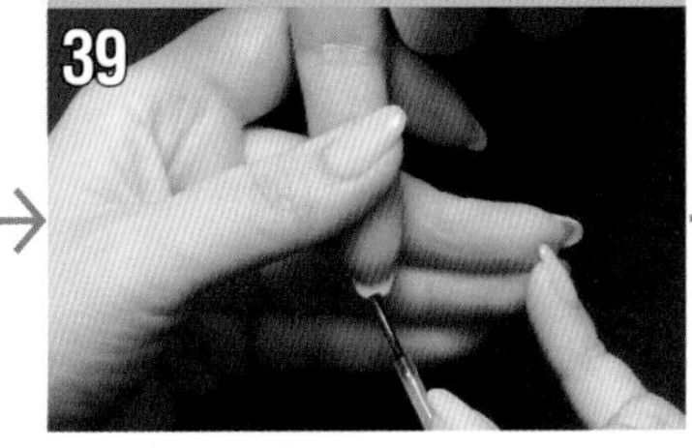
39

チップ&ラップを施した爪以外のエッジにトップコートを塗布します。

右手 中指以外 左手 中指以外

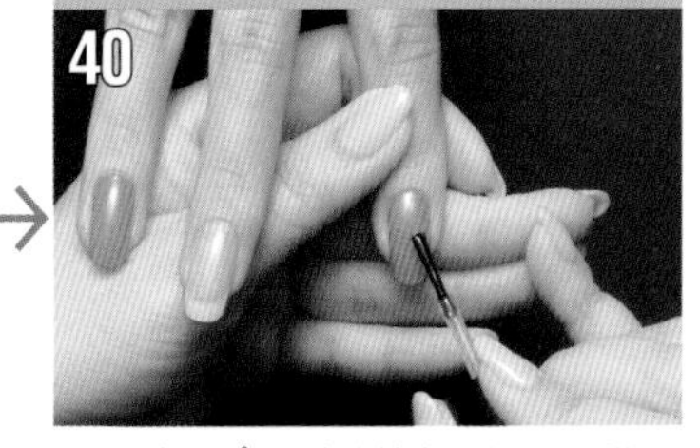
40

表面にトップコートを塗布します。同様に、もう片方の手のエッジと、アート を施した爪以外の表面にトップコートを塗布します。

ADVICE 審査の対象はイラストなので、ラインストーンやホログラムなどはイラストを引き立たせる程度の量にしましょう。

右手 中指以外 左手

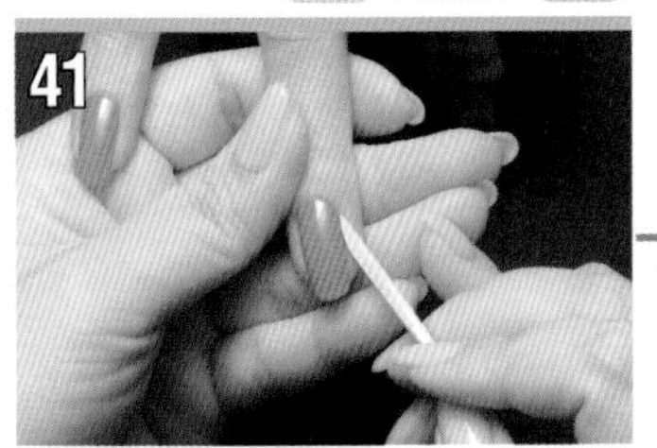
41

トップコートが皮膚についた場合は、コットンを巻いていない修正用ウッドスティックで、その都度除去します。

左手 中指

★42

イラストを描いた爪の表面にトップコートを塗布します。

★42 アートを描いた爪にも、かならずトップコートを塗布します。時間がないからと省くのは厳禁です。

ADVICE アクリル絵の具は完全に乾かす必要があるため、イラストを描いた爪には、最後に塗布するとよいでしょう。

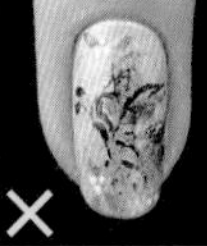

NG! アクリル絵の具が乾いていなかったり、トップコートを塗布する時のハケ圧が強かったりすると、左の写真のようにトップコートで絵の表面やポリッシュを引きずってしまいます。

実技審査・49分

実技試験終了のアナウンスが流れたら、モデルの手には一切触れず、指示に従って行動しましょう。

これがパーフェクトな完成です

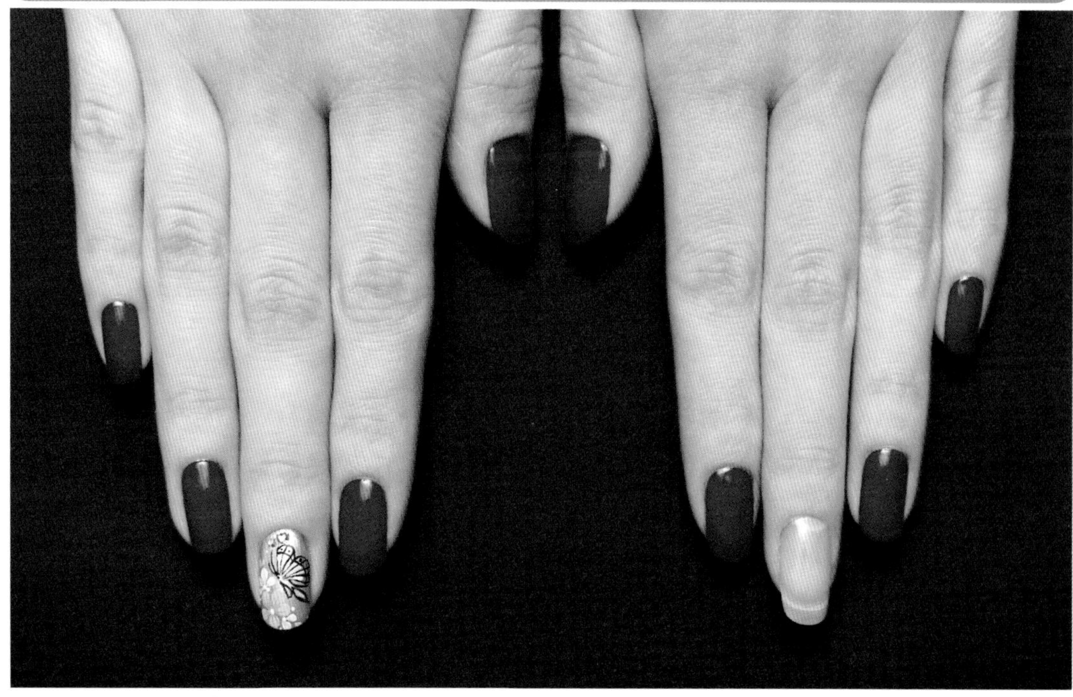

Aパターン　赤（パール、ラメ入り、メタリックは禁止）

ネイルアート

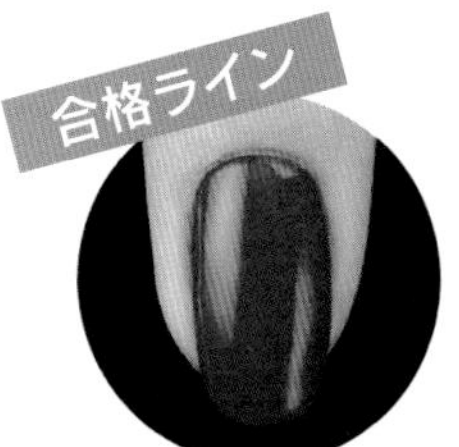
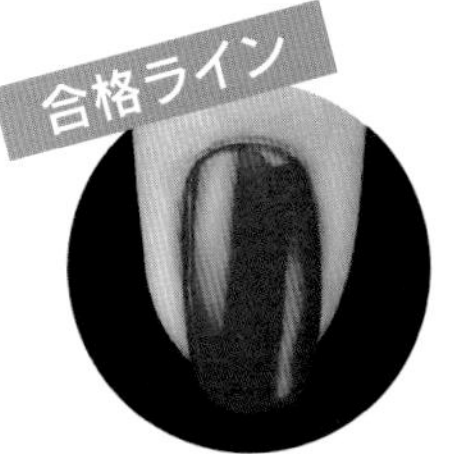

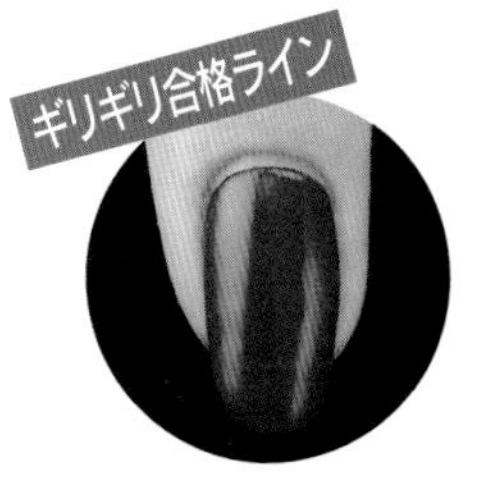

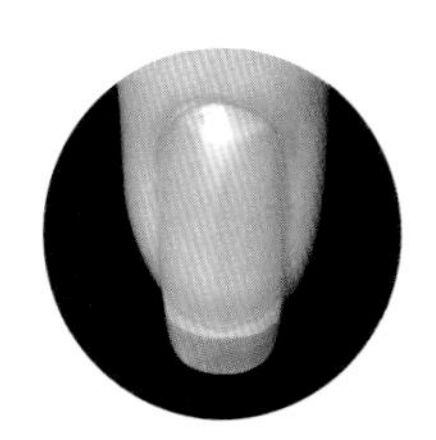

チップ&ラップ

ポリッシュ

キューティクルの際ギリギリに塗布されていて、スキンアップしないと、キューティクルとの間に隙間は見えません。キューティクル際のラインも滑らかです。

キューティクル際のラインは滑らかですが、キューティクルとの間に隙間があります。これ以上空いてしまうと、不合格ラインです。

ネイルアートのデザインバリエーション（テーマ:蝶）

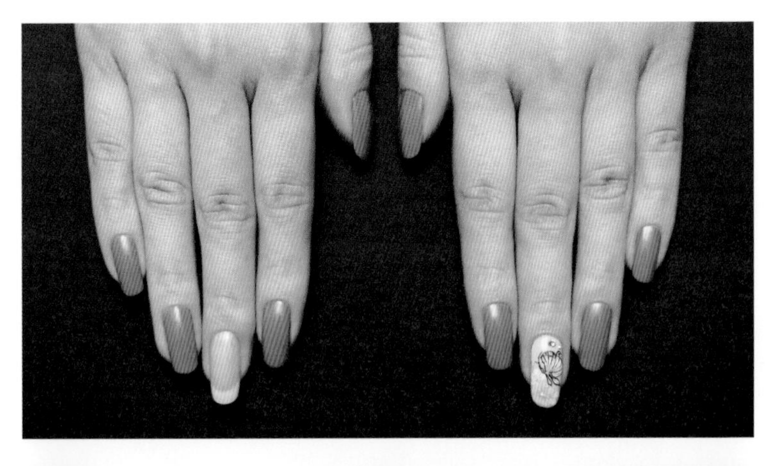

Bパターン
ピンク系
（パール、ラメ入り、メタリックは禁止）

Cパターン
ナチュラル
スキンカラー
（パール、ラメ入り、メタリックは禁止）

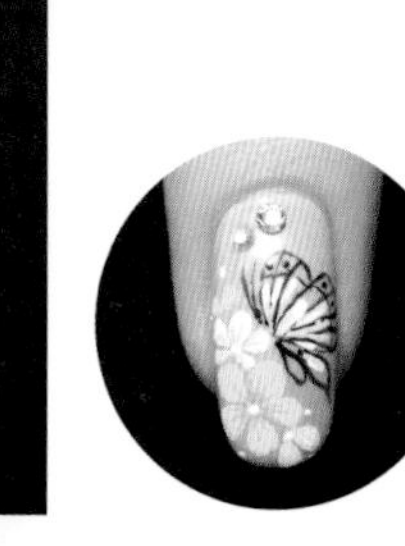

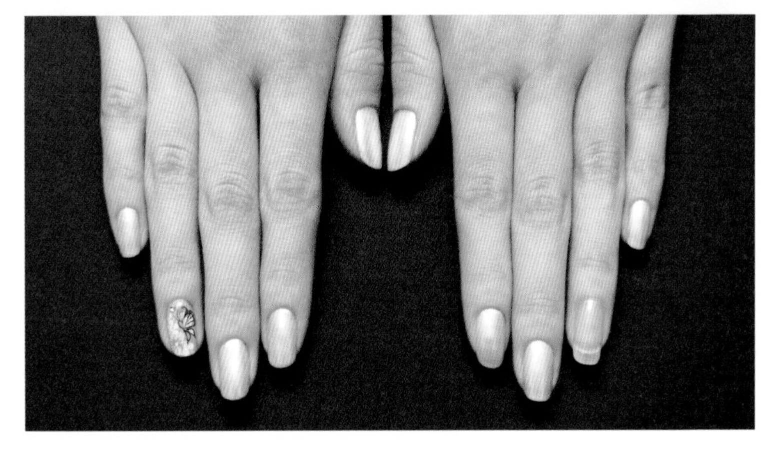

Dパターン
パールホワイト
（ラメ入り、メタリックは禁止）

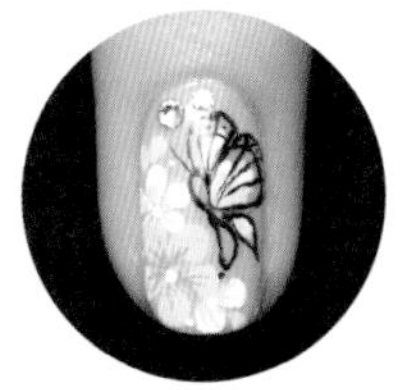

筆記試験準備・15分

実技審査終了のアナウンスが流れたら、会場に戻ってセッティングした用具・用材を片付けます。このとき、使用したお湯や水は回収されますが、ごみはかならず持ち帰ります。片付けが終わったら、テーブルの上に筆記用具を出して、筆記試験の準備をします。時間内にすべて終わるように、速やかに行いましょう。

写真提供：JNEC

Chapter4

ネイリスト技能検定試験 実技対策

トップレベルのネイリストとして必要とされる総合的な技術が1級の課題です。
チップ&オーバーレイ、スカルプチュアネイルといったネイルイクステンションの技術を施します。
アクリルを使ったスカルプチュアネイルは、爪を造形する技術の基本。
正しいハイポイント、Cカーブを造形し、バランスの整ったスクエアオフのフォルムに仕上げましょう。

本書で解説している技術内容は、2023年8月時点の情報がベースになっています。試験内容などの一部が変更になる場合もありますので、最新の情報はJNECのホームページ(https://www.nail-kentei.or.jp)でかならず確認してください。

1級の実技試験内容

10 事前審査・10分

テーブルセッティング&
消毒管理、モデルまたは
モデルハンドの爪の状態

150 所要時間・150分

ネイルイクステンション
(スカルプチュアネイル、チップ&オーバーレイ)、
ネイルアート
(ミックスメディアアート)

＊ネイルイクステンションは、ナチュラルスタイルに仕上げます。
＊施す指のパターンは毎試験違い、試験要項で発表されます(58ページ参照)。
＊ネイルアートのテーマは毎試験違い、試験要項で発表されます。本書では、「蝶」をテーマに設定しています。

1級実技試験 時間配分の目安

下記の時間配分を目安に練習を重ね、すべてのプロセスを時間内に終わらせるようにしましょう。

約 **1** 分・自分の手とモデルまたはモデルハンドの手の手指消毒
↓
約 **4** 分・プレパレーション
↓
約 **25** 分・チップ&オーバーレイのアプリケーション
↓
約 **35** 分・スカルプチュアのアプリケーション
↓
約 **55** 分・ファイリング
↓
約 **25** 分・ミックスメディアアート(テーマ「蝶」を設定)
↓
約 **5** 分・最終確認
↓
合計 **150** 分

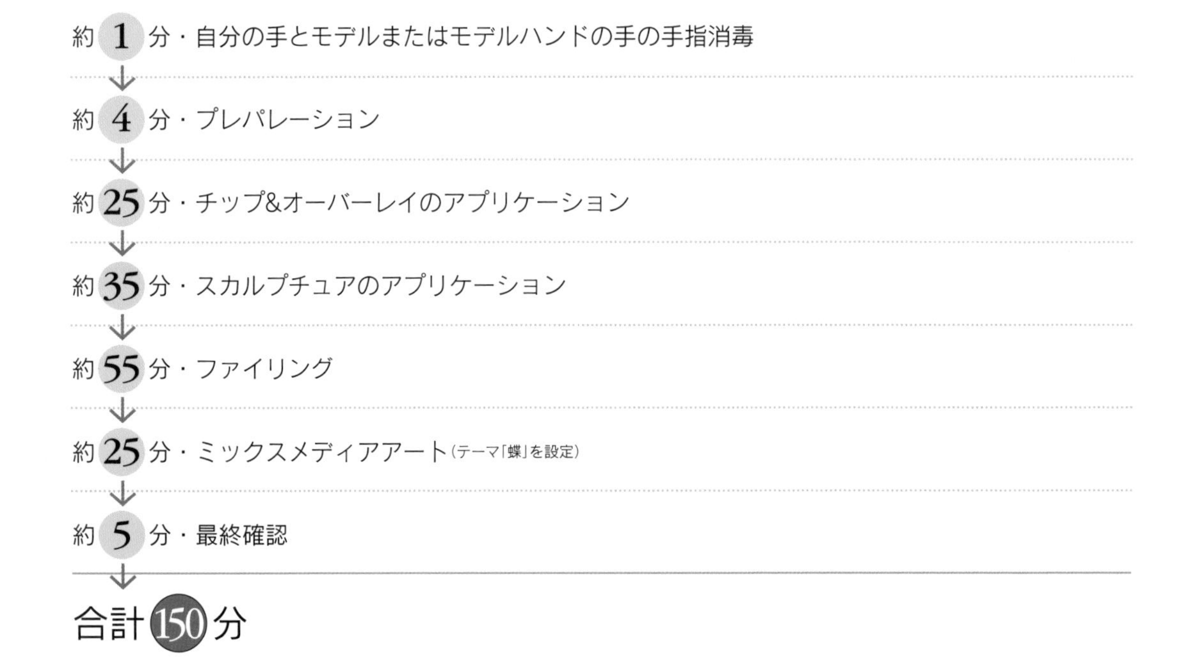

ここがポイント!

トップレベルのネイリストとして必要とされる総合的な技能、とくにイクステンションの技術の完成度の高さが、1級合格には重要です。仕上がりの出来映えだけでなく、各プロセスにおいて、モデルの手またはモデルハンドの扱い方が丁寧で効率的であるかも大切。用具・用材の使い方は正しくスピーディに、プロフェッショナルらしく行い、アクリルを使ったネイルイクステンションの技術をしっかり磨きましょう。

テーブルセッティング規定

会場に入ったら、テーブルや椅子などの消毒をし、事前審査開始までにテーブルセッティングを済ませます。衛生的に処理されている用具・用材を整理整頓して配置しましょう。用具・用材（フィンガーボール、アート用水入れ、水、湯以外）はトレイの中に収まっていれば、使いやすく配置してOKです。

＊用具・用材は、写真と同じものを使用する必要はありません。衛生的でネイル用品及び美容用品であれば、使用可能です。
＊このテーブルセッティングは右利きの例です。利き手に合わせてセッティングしてください。
＊実技中も用具、用材はトレイ内に戻しましょう（一時的にペーパータオル（A）の上に置いてもOK）。

提供：JNEC

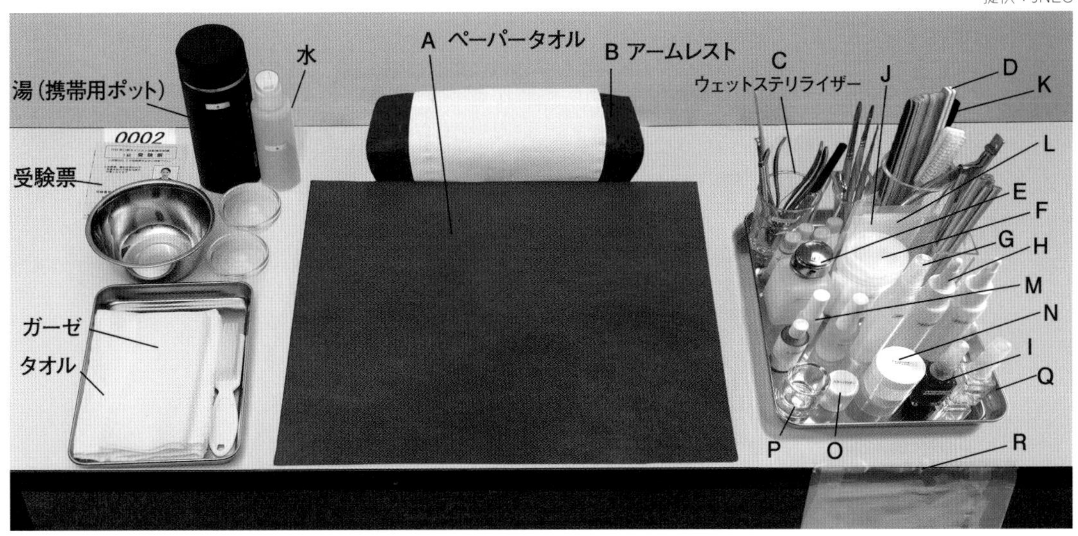

フィンガーボール
ケア用 水
アート用 水
ネイルブラシ
ガーゼ
タオル
トレイ（ガーゼ、タオル、ネイルブラシのみ配置）
湯
水

A：ペーパータオル
…アームレスト手前の施術スペースを覆うサイズをセットすること
B：アームレスト
…ペーパータオルで巻くこと

C：ウェットステリライザー（消毒剤で変質する容器は使用禁止）
D：ファイル類…ファイル立てに入れること
E：ポリッシュリムーバー
F：コットン類… 蓋付き容器を使用すること
G：消毒剤…消毒用エタノール、またはその他の消毒液。
H：アクリルリキッド
I：ポリッシュ類
J：ネイルチップ（イクステンション用、ネイルアート用）
K：アクリルブラシ
L：ネイルフォーム
M：グルーorレジン
N：アクリルパウダー
O：カラーパウダー
P：ダッペンディッシュ
Q：トレイ（用具、用材のみ設置）
R：ゴミ袋

ブラシクリーナー
アート用品（絵の具、筆、パレット）
Cカーブ用スティック

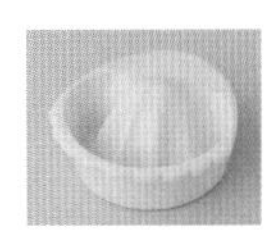
フィンガーボールは左の写真のタイプでもOKです。

【使用禁止の用具・用材】 セッティングした場合は失格
・ネイルマシーン ・オイル類 ・クリーム類 ・研磨剤
・文具類（定規、ホッチキス等） ・アート用シール
・ドットペン（マーブルツール） ・その他規定外の用具、用材

注意事項！

- 上記のA～Rまでの用具、用材は全てセッティングすること。
- フィンガーボール、ケア用水、アート用水、湯、注ぎ足し用の水はトレイに入れなくてもよい。
- ネイル用品及び美容用品を使用すること。
- 用具、用材のメーカー、ブランド指定はありません。
- タオルやペーパータオル（A）は無地のものを使用すること。
- トレイやフィンガーボール、その他容器はプラスチックやガラス、金属製等の消毒可能な無地のものを使用すること。木、紙、布製は使用不可。
- 底面が網目状のトレイは使用不可。

セッティングの解説は次ページに続く

1級のウェットステリライザーには
かならず下記の用具を入れます

＊ウェットステリライザーの準備については19ページをご覧ください。

- キューティクルニッパー
- ウッドスティック
- メタルプッシャー(爪に当たるほうを下にします)
- ピンセット
- ネイルニッパー(使用する場合のみ)

ネイルニッパーはウェットステリライザーに刃先を下にして入れます。ファイル立てなどに入れないように注意しましょう。

ハーフウェルチップの準備

ハーフウェルチップは、事前にモデルまたはモデルハンドの爪に合わせて、コンタクトゾーンやサイド、Cカーブなどの仕込みを済ませたものを持参してOKです。

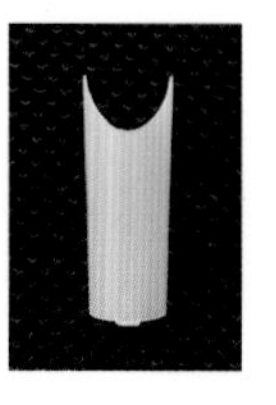

ミックスメディアアート用ネイルチップの準備

ミックスメディアアート用ネイルチップは、事前にモデルまたはモデルハンドのキューティクルラインに合わせてファイルし、裏にシールを貼ったものを持参してOKです。長さもカットしておいてOKですが、試験時間内に、イクステンションの長さと合わせて仕上げましょう。

ネイルイクステンションとネイルアートを施す指のパターン

1級は、スカルプチュア、チップ&オーバーレイ、ミックスメディアアートをそれぞれ施す指が下記のようにパターン化され、どのパターンになるかは、試験要項で発表されます。本書では、Bパターンで施術を説明し、ミックスメディアアートのテーマは「蝶」を設定しています。

【1級】

提供：JNEC

	ネイルイクステンション		ネイルアート	図解
	スカルプチュアネイル	チップ&オーバーレイ	ミックスメディアアート	
Aパターン	左手5本	右手中指 右手薬指	右手人差し指	ミックスメディアアート／スカルプチュアネイル／チップ&オーバーレイ
Bパターン(本書での施術パターン)	右手5本	左手中指 左手薬指	左手人差し指	スカルプチュアネイル／ミックスメディアアート／チップ&オーバーレイ
Cパターン	左手5本	右手中指 右手人差し指	右手薬指	チップ&オーバーレイ／スカルプチュアネイル／ミックスメディアアート
Dパターン	右手5本	左手中指 左手人差し指	左手薬指	スカルプチュアネイル／チップ&オーバーレイ／ミックスメディアアート

事前審査・10分

＊モデルハンドで受験する場合は、ペーパータオルを巻いたアームレストの上に両手を置きます。
事前審査時のアナウンスも注意して聞くようにしましょう。

テーブルセッティング&消毒管理

入場したら、セッティングする前に、持参したエタノールをペーパーに噴霧し、テーブルと椅子を消毒してから着席します。また、退場時も同様に、使用したテーブルと椅子、モデルの椅子を消毒してから退場します。除菌シートで拭くことも可能です。

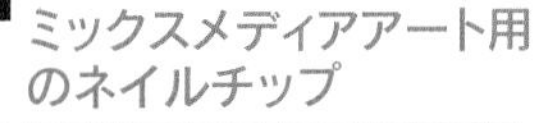

ミックスメディアアート用のネイルチップ

実技試験 ココが重要！

- 用具・用材は衛生的か。
- 試験要項のテーブルセッティング規定通り、用具・用材は正しくセッティングされているか。
- 試験要項で指定されたものに品名ラベルは貼られているか。
- ウェットステリライザーは正しく準備されているか。
- ミックスメディアアート用のネイルチップは、カラーリングや装飾が一切されていないか。

ここからのプロセスは、モデルを使って解説します

モデルの爪の状態

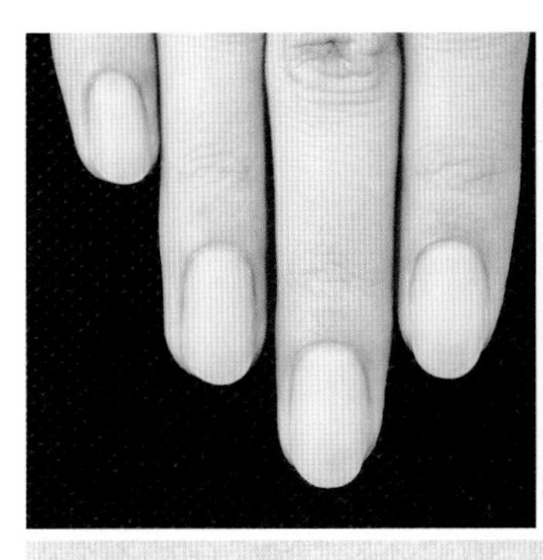

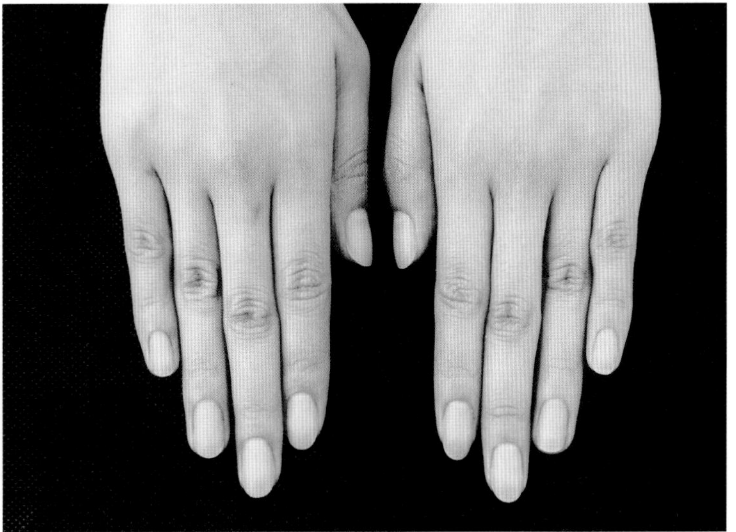

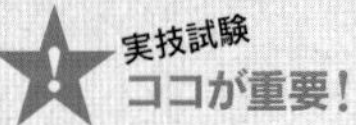

- カラーリング、イクステンション（バーチャル、グルーオン含む）、装飾は一切されていないか。
- イクステンションのプレパレーション、サンディングは行っていないか。
- 爪および爪まわりの皮膚に疾患はなく、モデルの年齢は15歳以上か。
- モデルハンドの場合、認定ネイルチップの形や長さをイクステンションしやすいように整えておく。

ADVICE 1級では、美しく仕上げるために、試験前にネイルケアを済ませておきましょう。

実技試験・150分

手指消毒

右手 左手

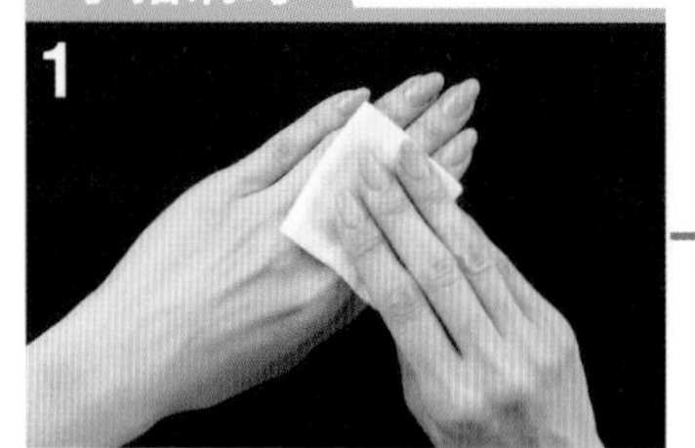

コットンに消毒剤を含ませ、自分の手を消毒します。手の甲、手のひら、指の間、指先と丁寧に行います。

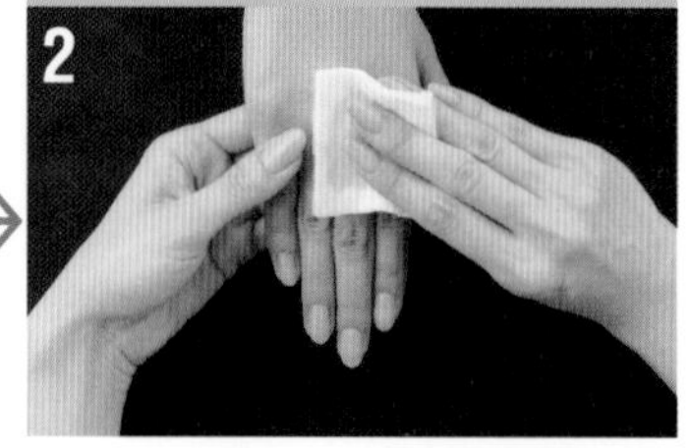

コットンを替えて、モデルの手を自分の手と同様に丁寧に手指消毒します。

プレパレーション

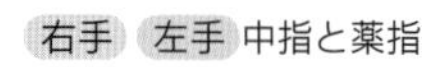

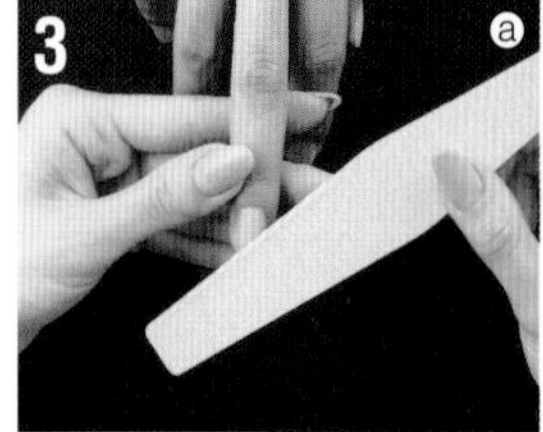

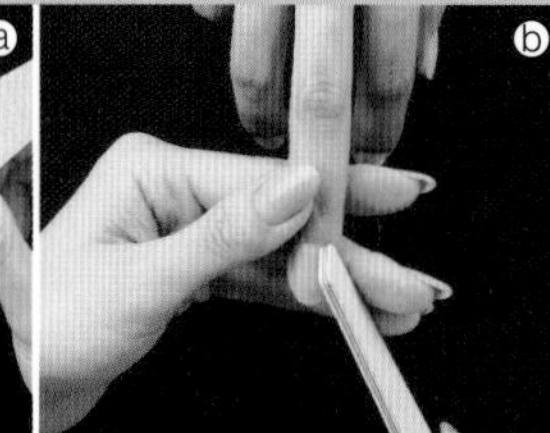

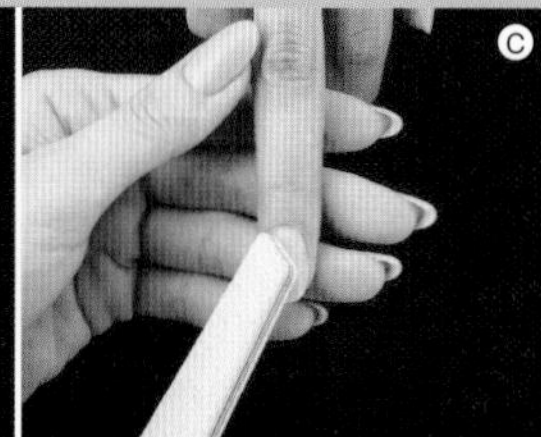

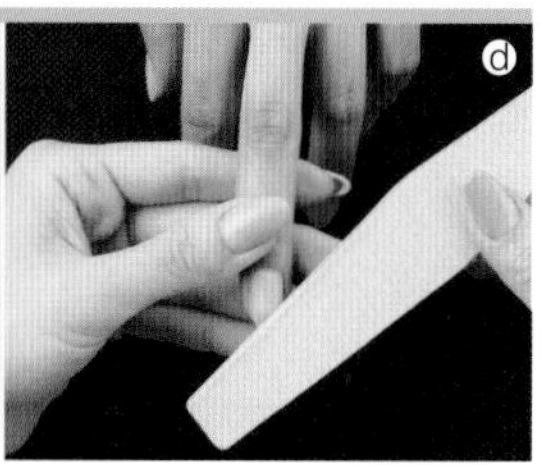

スカルプチュアとチップ&オーバーレイを施す指を、ファイルでサンディングします。中央(3-a)、左右のサイド(3-b・c)、爪先(3-d)とまんべんなく丁寧にサンディングしましょう。

右手 左手 中指と薬指

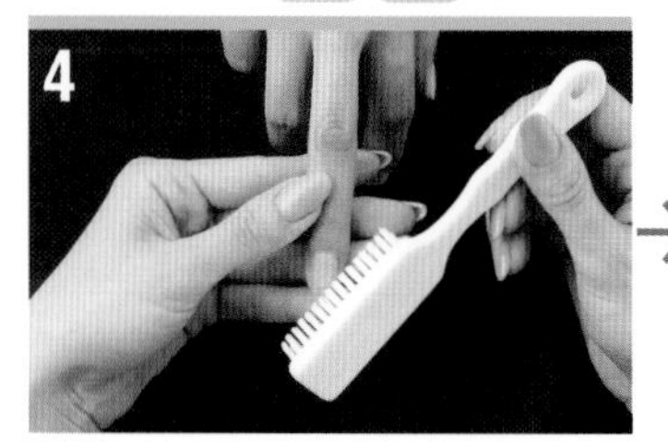

サンディングしたすべての指のファイルダストを、ネイルブラシで丁寧に取り除きます。

サンディング終了

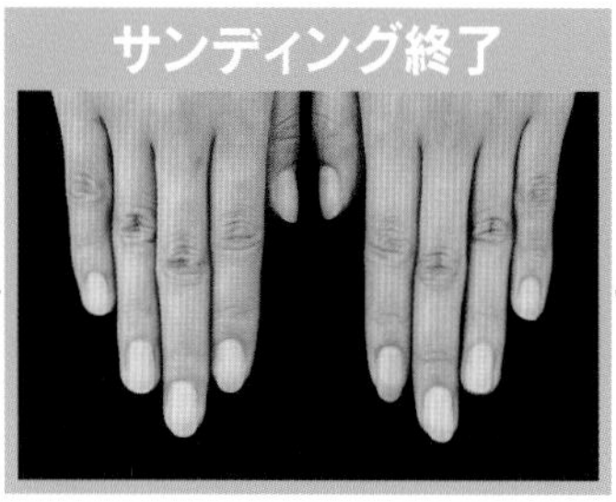

サンディングが終了しました。

右手 左手 中指と薬指

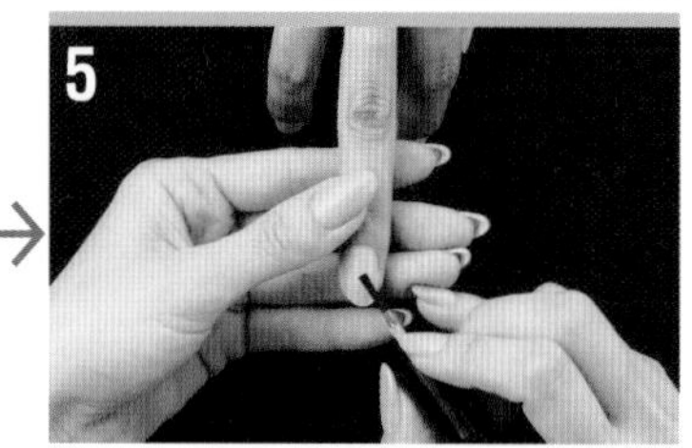

プレプライマーを塗布し、水分や油分を取り除きます。

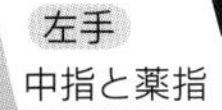

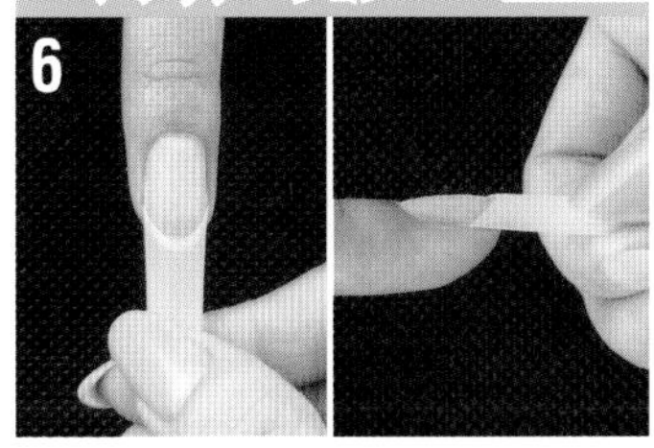

ネイルチップを当てて、大きさを確認します。

NG!

ネイルチップが大きすぎです。

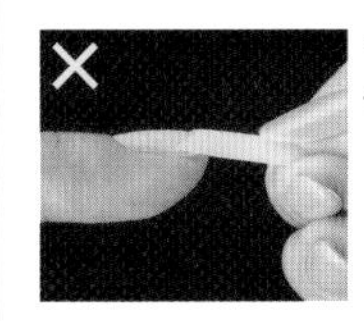

ネイルチップが小さすぎです。

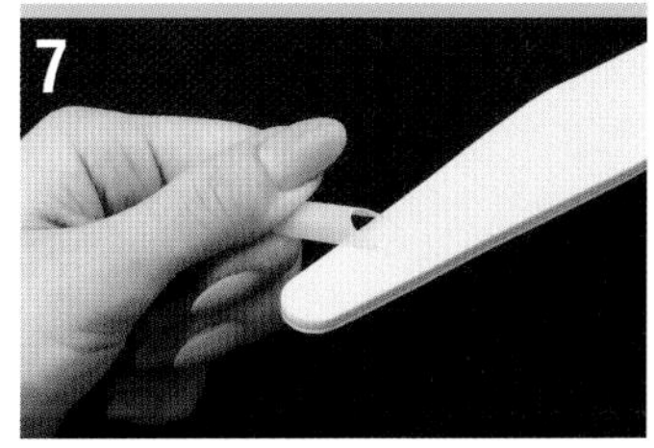

必要であれば、ネイルチップのコンタクトゾーンやサイドをファイルして形を整えます。

ADVICE ネイルチップは、ナチュラルのみ使用可です。ネイルチップは、モデルの爪に合わせて仕込みを済ませて持参してOK。念のため、予備を準備していったほうが安心です。

ADVICE 本書ではチップ&オーバーレイを先に施していますが、スカルプチュアを先に施してもOKです。

左手 中指と薬指

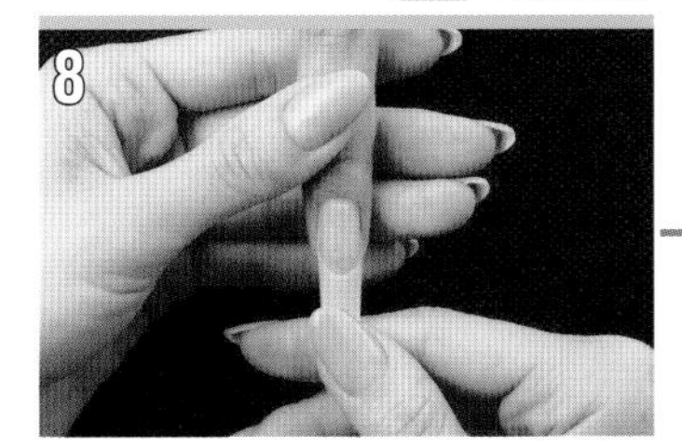

ネイルチップのコンタクトゾーンにグルーを塗布し、ナチュラルネイルに装着します。ナチュラルネイルから真っすぐのラインになるように接着しましょう。

ネイルチップの装着終了

ナチュラルネイルから真っすぐのラインに貼られています。サイドもストレスポイントまでしっかり覆われています。

NG!

ネイルチップが斜めに装着されています。

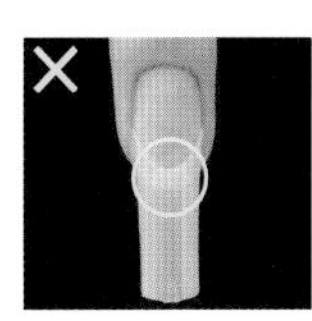

ネイルチップの中心が浮いています。

左手 中指

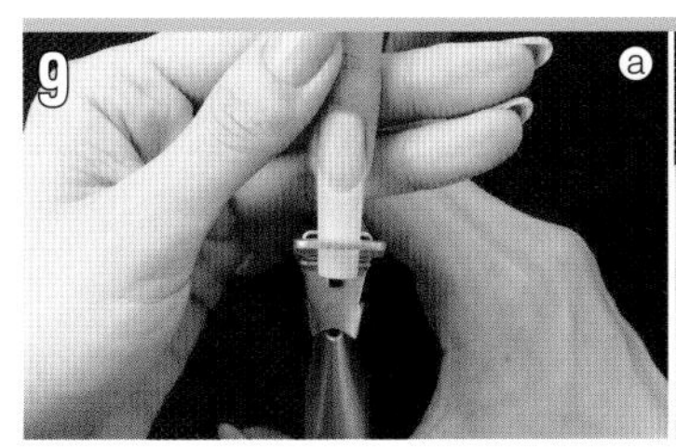

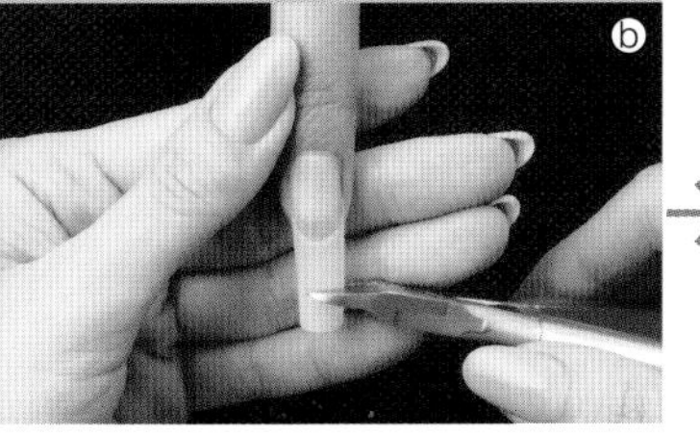

完成の長さよりやや長めに、チップカッターでカットします(9-a)。ネイルニッパーでカットしてもOKです(9-b)。

左手 薬指

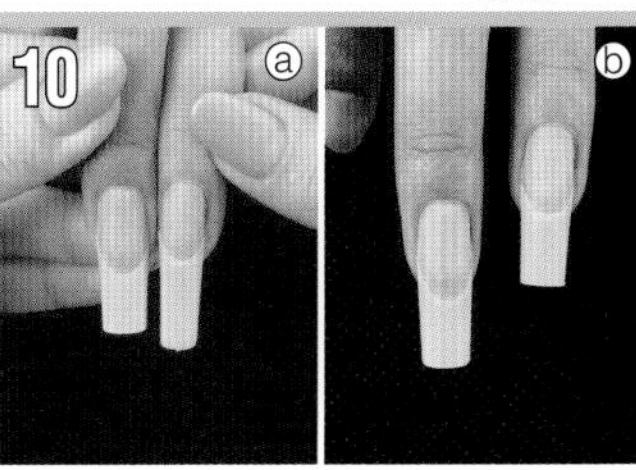

2本の指を並べて、もう1本のネイルチップも同じ長さに揃えます。

ADVICE
仕上がりの規定は、フリーエッジの長さが5～10㎜です。

▶チップ&オーバーレイのアプリケーション

左手 中指と薬指

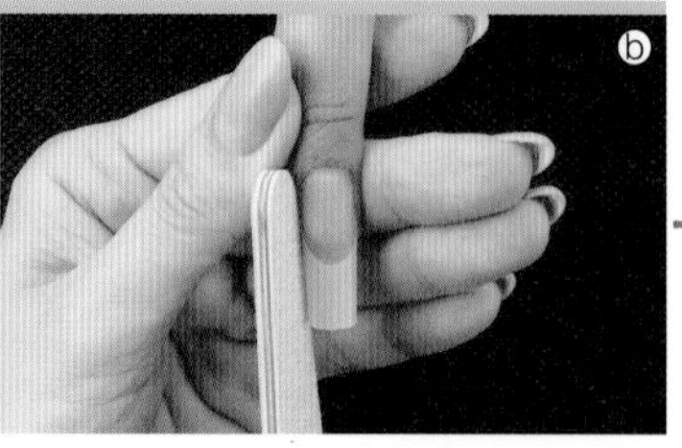

先端(11-a)、サイドストレート(11-b)とアウトラインをファイルし、整えます。

左手 中指と薬指

ファイルでナチュラルネイルとネイルチップの段差を取りながら、ネイルチップの表面をサンディングします。

左手 中指と薬指

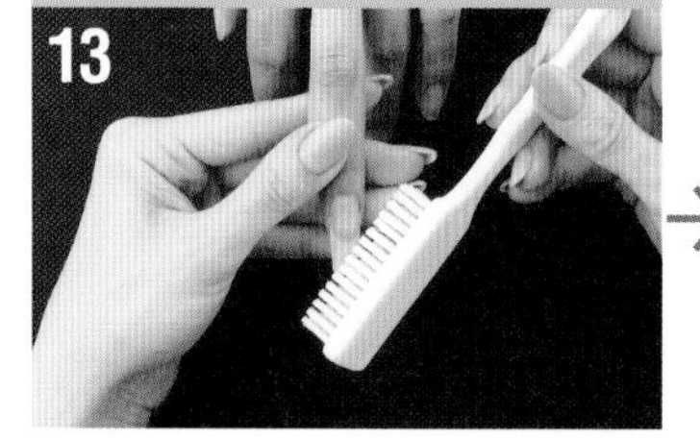

ネイルブラシでファイルダストを取り除きます。

段差のファイリング終了

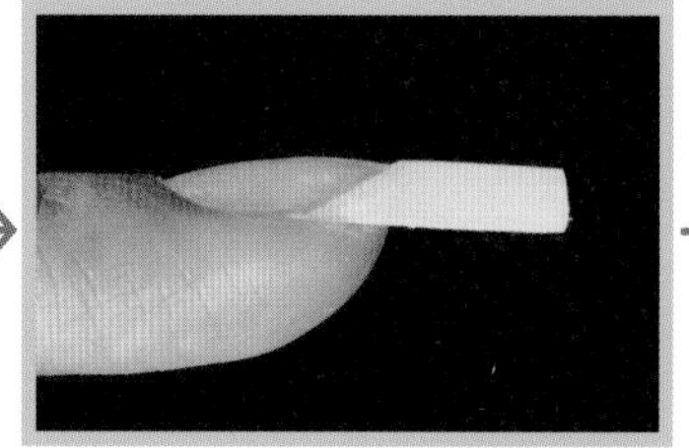

段差がなくなり、滑らかなアーチに仕上がっています。

左手 中指と薬指

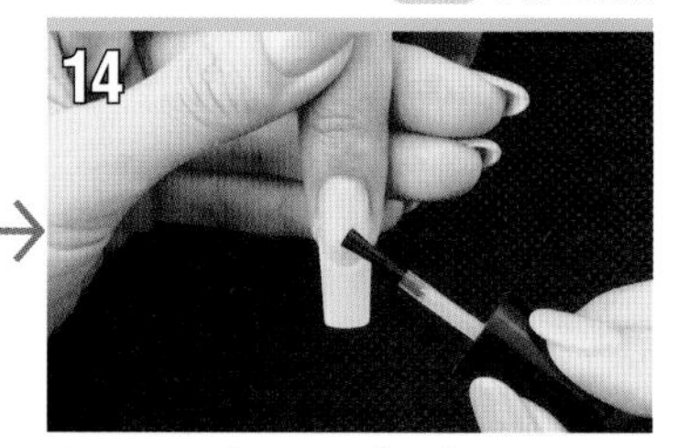

ナチュラルネイルにプレプライマーを塗布し、水分や油分を除去します。

左手 中指と薬指

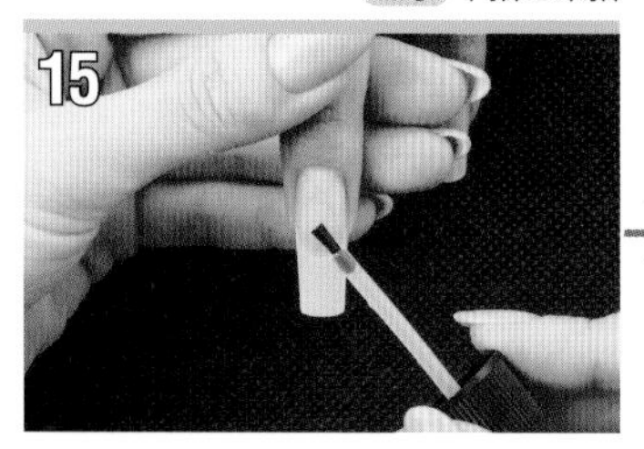

ナチュラルネイルにプライマーを塗布します。

左手 中指

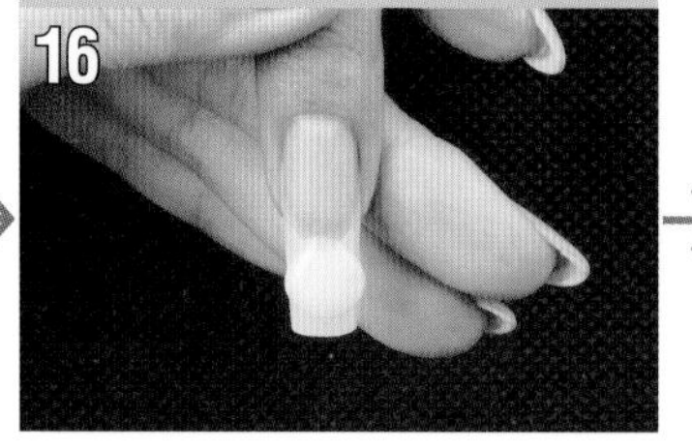

アクリルパウダーとアクリルリキッドで作ったミクスチュアをネイルチップの上にのせます。

ADVICE 仕上がりが滑らかなフォルムに仕上がれば、ミクスチュアをのせる順番は自由です。

左手 中指

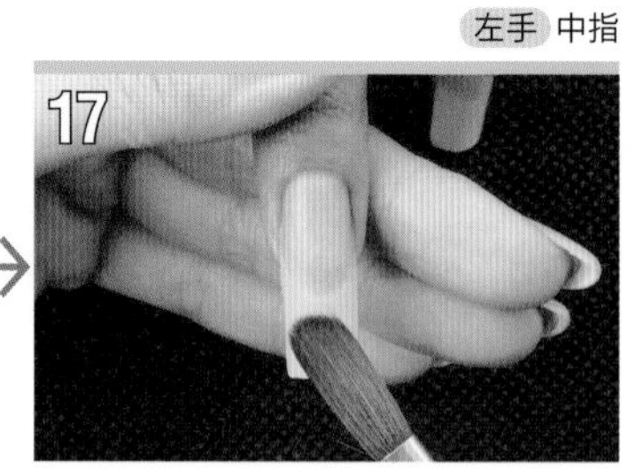

筆で均一の厚さに広げます。

ADVICE ミクスチュアは先端とサイドまで広げますが、チップの裏に流れないように注意しましょう。

左手 中指

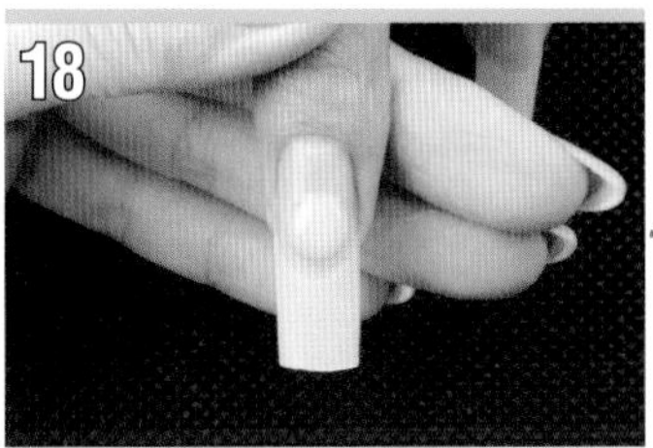

ミクスチュアを爪の中央にのせます。

左手 中指

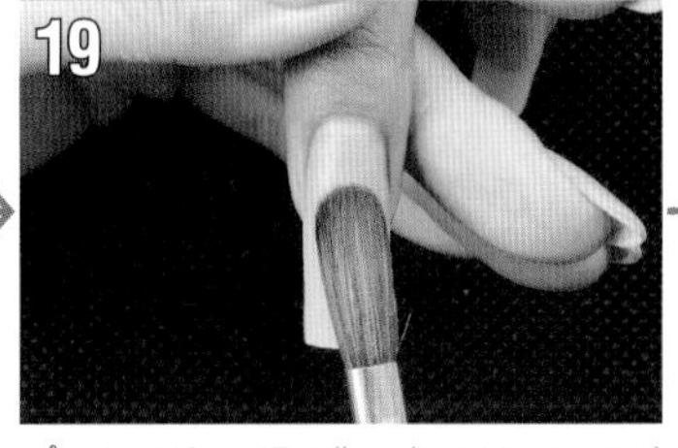

プロセス16～17で作ったフリーエッジと滑らかにつながるように、ミクスチュアを広げます。適正な位置にハイポイントができるようにしましょう。

左手 中指

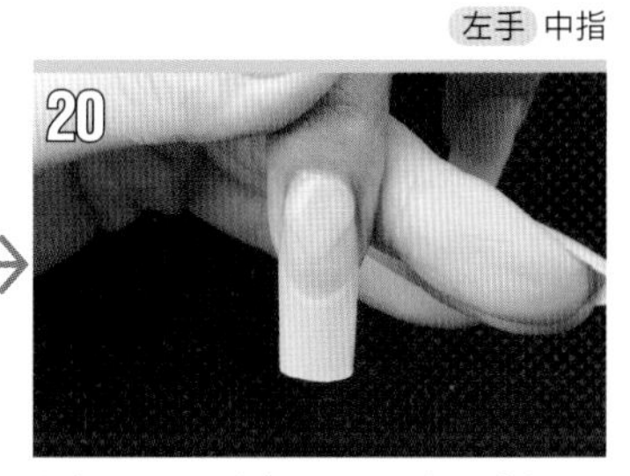

ミクスチュアをキューティクル近くにのせます。

左手 中指

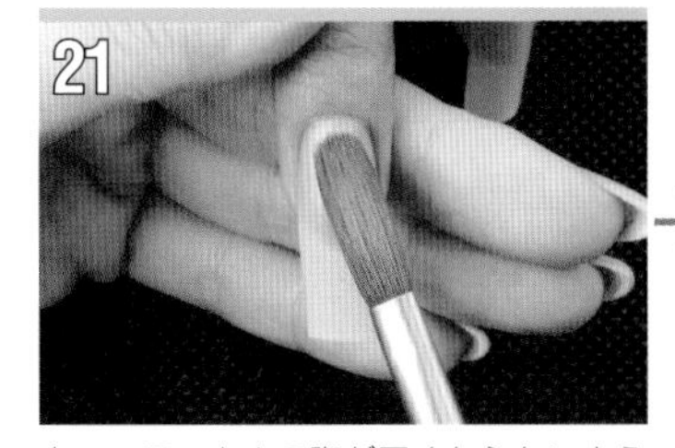

キューティクルの際が厚くならないように注意しながら、キューティクルの丸みに合わせて広げます。

左手 中指

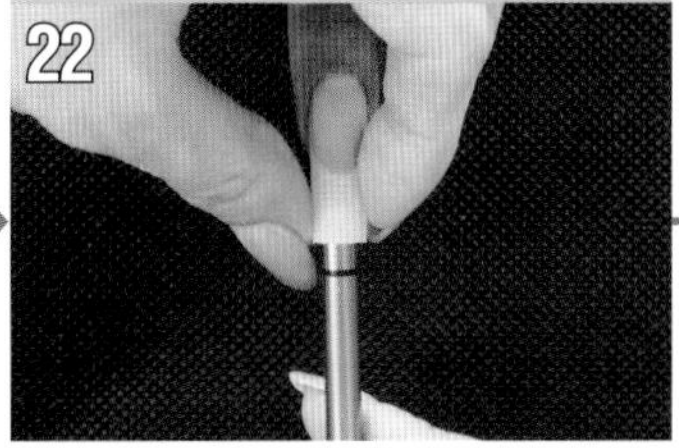

Cカーブ用スティックを当て、Cカーブを整えます。

左手 中指と薬指

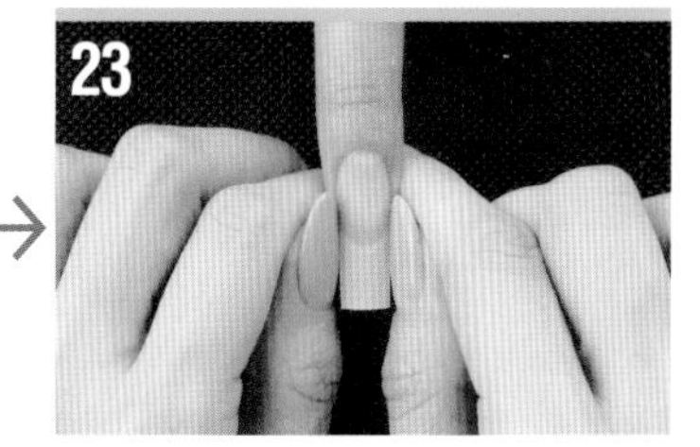

サイドラインを整えるように、ストレスポイントあたりからピンチングします。もう1本の指も、プロセス16～23と同様にチップ&オーバーレイを施します。

20%
30%
Cカーブは20～30%

ADVICE 20～30%のCカーブになるように仕上げましょう。

ADVICE Cカーブ用スティックの使用は認められていますが、ピンチングは指のみで行いましょう。

チップ&オーバーレイのアプリケーション終了

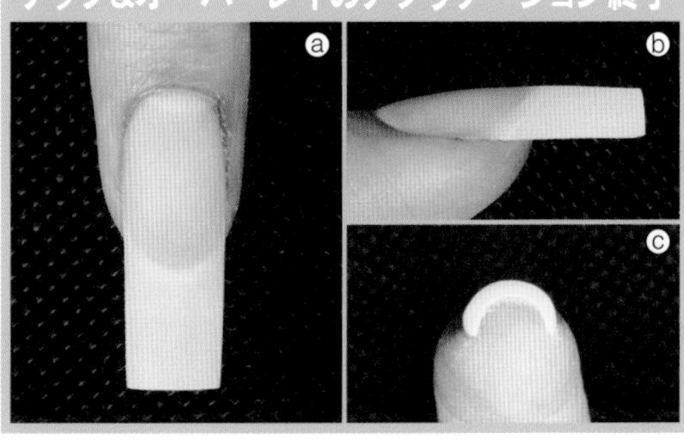

爪の幅がナチュラルネイルからネイルチップの先端まで均一です(a)。サイドラインがストレートで、適切な位置にハイポイントがあり、全体のフォルムも滑らかです(b)。厚さは均一、Cカーブは20～30%で左右対称です(c)。

ADVICE ファイルする前の、アプリケーションが終了した段階で、この程度の完成度を目指しましょう。アプリケーションがきれいであれば、ファイリングが短時間で済みます。

▶チップ&オーバーレイのアプリケーション

チップ&オーバーレイもスカルプチュアもアプリケーションの仕上がりが重要です。ここで紹介している仕上がりはすべてNGなので、よく確認を。63ページと66ページのパーフェクトな仕上がりを目指し、練習を重ねましょう。

ハイポイントのNG

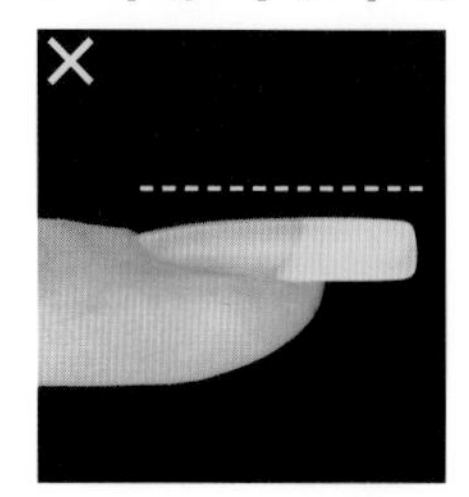

表面がフラットでハイポイントがありません。

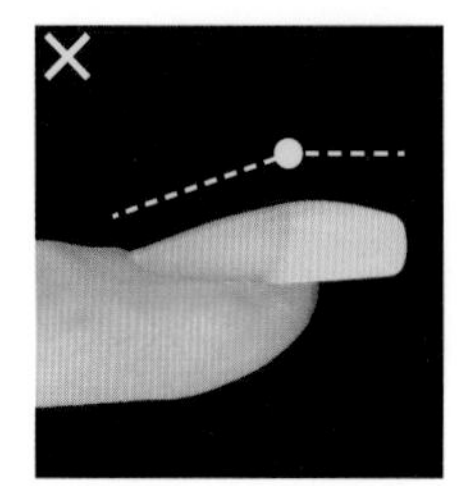

ハイポイントがフリーエッジに寄りすぎです。

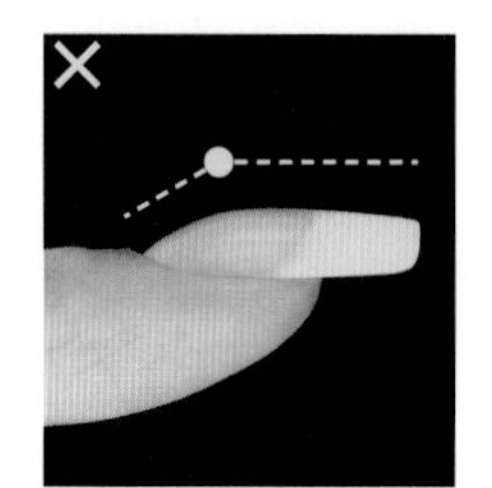

ハイポイントがキューティクル近くに寄りすぎです。

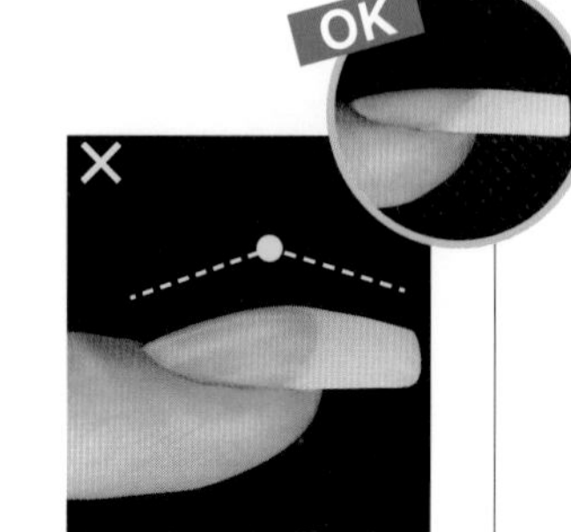

ハイポイントが高すぎで、自然なアーチではありません。

フォルムのNG

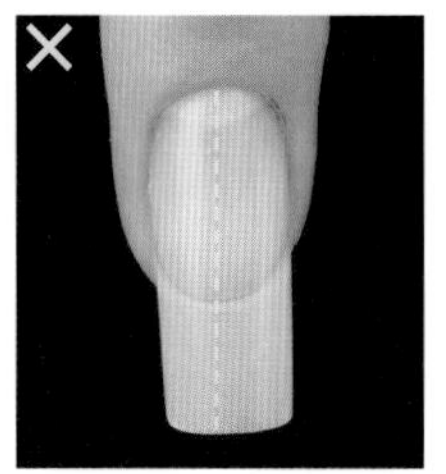

先端が曲がっています。

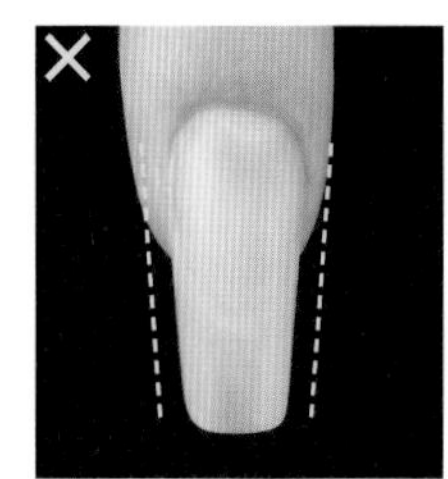

爪先が先細りになっています。

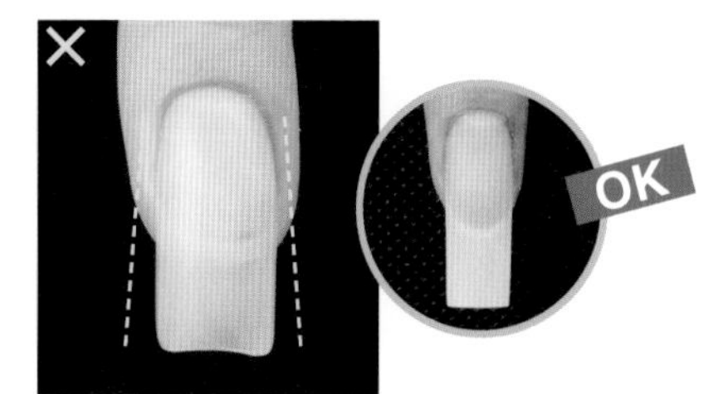

爪先が太く広がっています。

厚さのNG

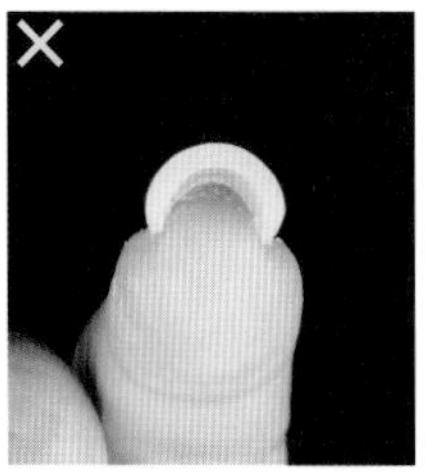

厚すぎです。

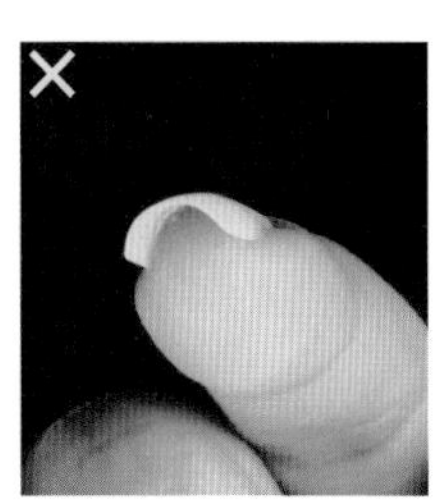

薄すぎです。

CカーブのNG

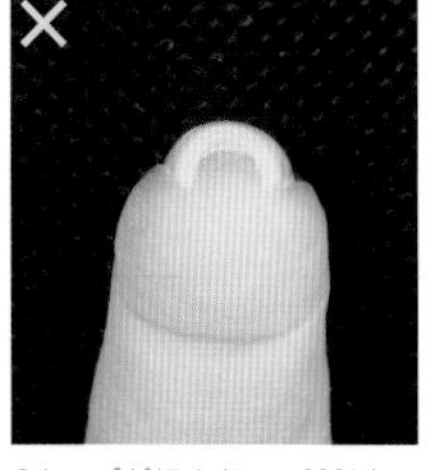

Cカーブが細すぎで、30%をこえています。

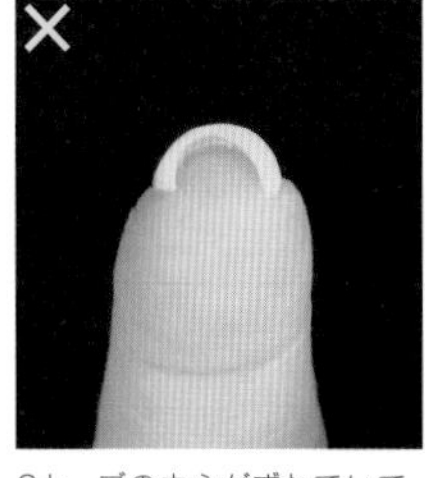

Cカーブの中心がずれていて、厚みも不均一です。

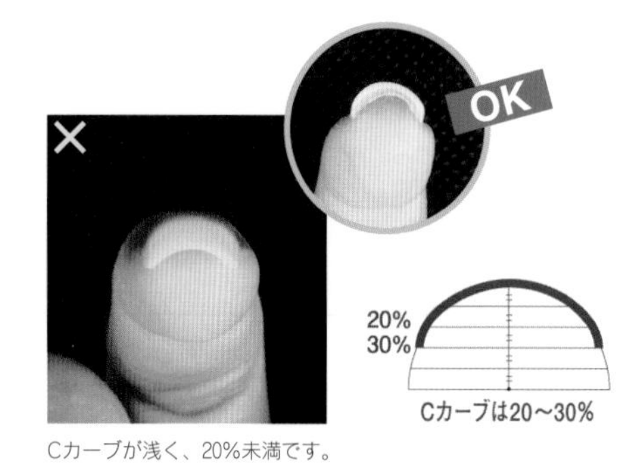

Cカーブが浅く、20%未満です。

スカルプチュアのアプリケーション 右手

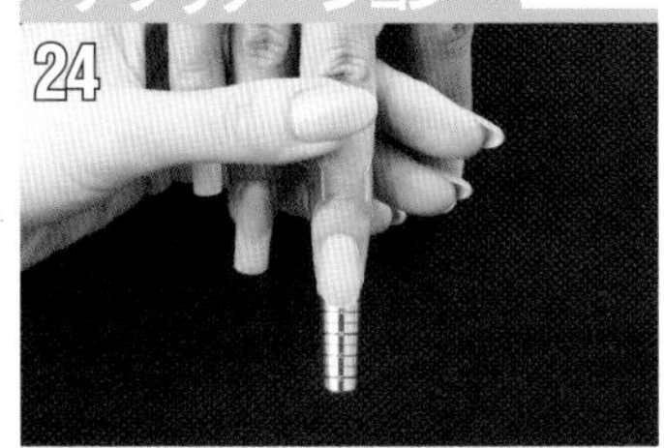

ネイルフォームを装着します。スカルプチュアの仕上がりは、ネイルフォームの装着で決まります。歪みなどがないように、正しく装着しましょう。

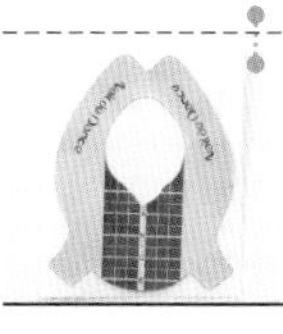

ADVICE ネイルフォームは、モデルの爪のキューティクルラインに合わせてカットするなど、仕込みしたものを持参してOKです。

ネイルフォームの装着終了

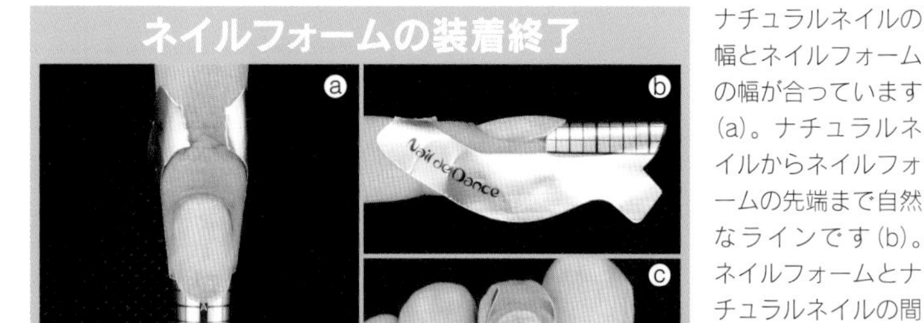

ナチュラルネイルの幅とネイルフォームの幅が合っています(a)。ナチュラルネイルからネイルフォームの先端まで自然なラインです(b)。ネイルフォームとナチュラルネイルの間に隙間がなく、ナチュラルネイルの丸みに合っています(c)。

NG!

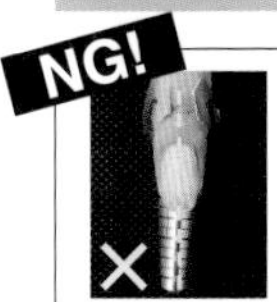

ネイルフォームが曲がっています。

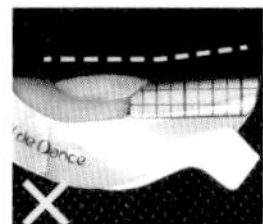

ネイルフォームの先端が上がっています。

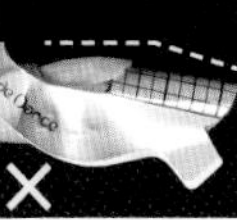

ネイルフォームの先端が下がっています。

右手

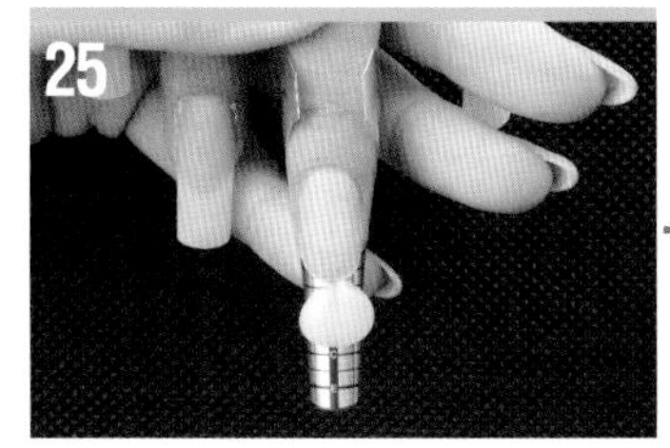

アクリルパウダーとアクリルリキッドで作ったミクスチュアをネイルフォームの上にのせます。

→ 右手

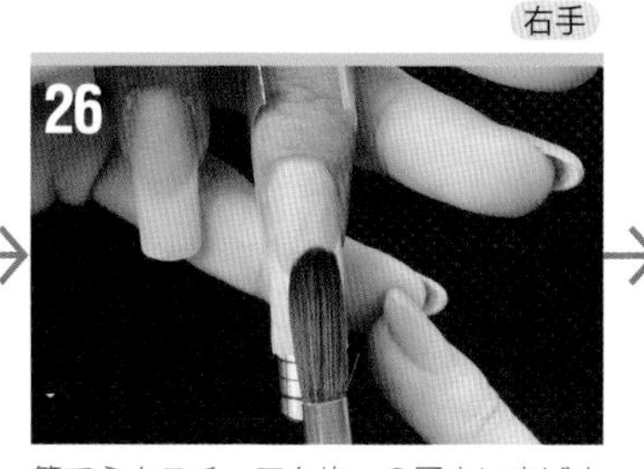

筆でミクスチュアを均一の厚さに広げます。

→ 右手

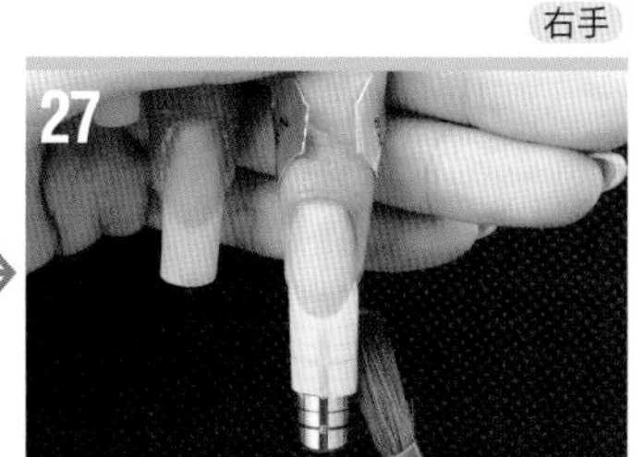

ナチュラルネイルの幅と同じになるように、フリーエッジのアウトラインを整えます。

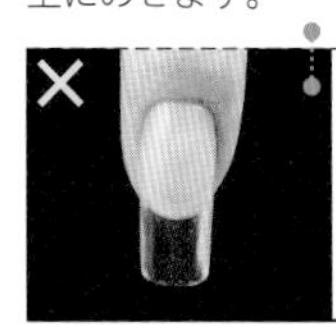

NG! フリーエッジは、ナチュラルで作ります。クリアやホワイトで作るのはNGです。

右手

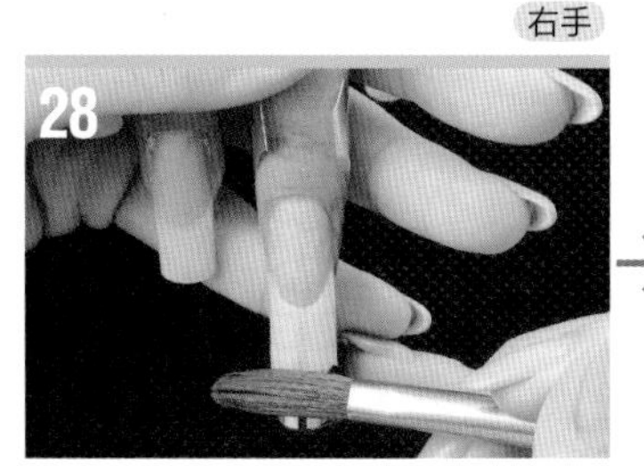

規定の5～10㎜になるように、フリーエッジの長さを整えます。

→ 右手 29

ミクスチュアを爪の中央にのせます。

→ 右手 30

プロセス25～28で作ったフリーエッジと滑らかにつながるように、ミクスチュアを広げます。適正な位置にハイポイントができるようにしましょう。

ADVICE ネイルベッドは、ナチュラル、クリア、クリアピンクのいずれかのパウダーで作ります。ただし、フリーエッジはナチュラルで作製します。

▶スカルプチュアのアプリケーション

右手

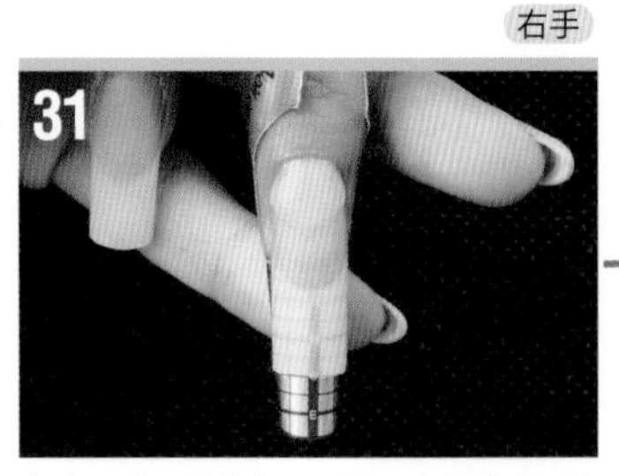

ミクスチュアをキューティクル近くにのせます。

右手

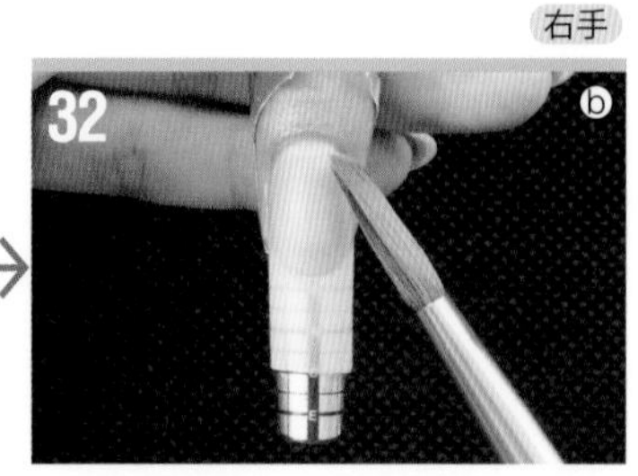

キューティクルの際が厚くならないように注意しながらギリギリまで広げ、キューティクルの丸みに合わせて仕上げましょう。

右手

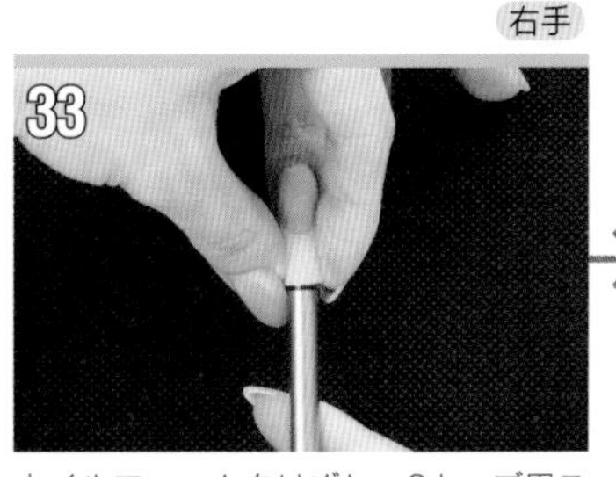

ネイルフォームをはずし、Cカーブ用スティックを当て、Cカーブを整えます。

右手

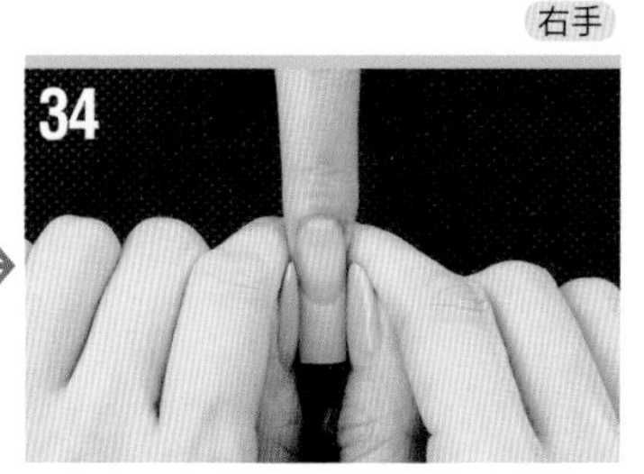

ストレスポイントあたりを押さえて、ピンチングします。ほかの指も、プロセス25〜34と同様にスカルプチュアを施します。

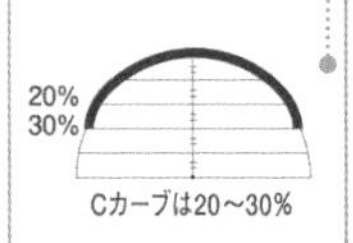

ADVICE 20 〜 30%のCカーブになるように仕上げましょう。

ADVICE Cカーブ用スティックの使用は認められていますが、ピンチングは指のみで行いましょう。

スカルプチュアのアプリケーション終了

爪の幅がナチュラルネイルからネイルチップの先端まで真っすぐです(a)。サイドラインがストレートで、適切な位置にハイポイントがあり、全体のフォルムも滑らかです(b)。厚さは均一、Cカーブは20 〜 30%で左右対称です(c)。

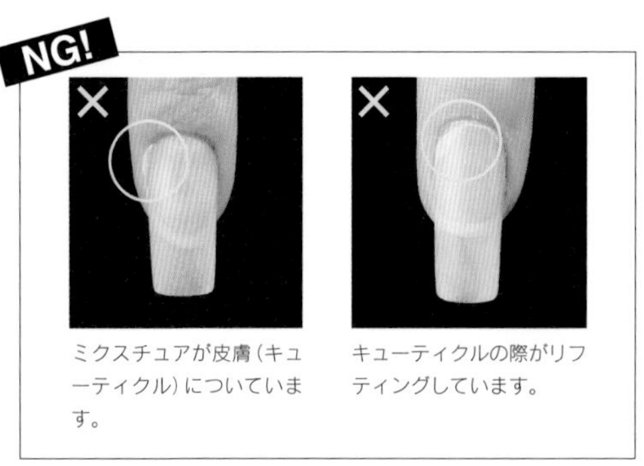

ミクスチュアが皮膚(キューティクル)についています。

キューティクルの際がリフティングしています。

＊アプリケーションが終了した段階でのNGは、64ページのチップ&オーバーレイと同じです。併せて確認しましょう。

右記のように造形的にバランスよく、美しく仕上がっているのはもちろん、サロンワークに適した、日常生活に対応できる程度の強度、耐久性があるかも大切です。

ほかの指とのバランスを確認

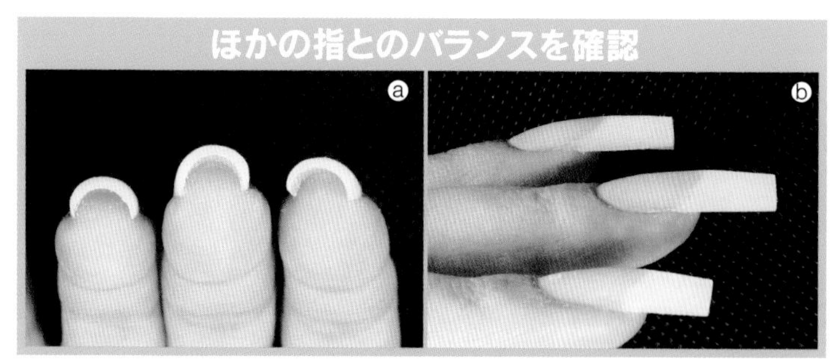

人差し指、中指、薬指のCカーブが、同じ丸みで揃っています(a)。
横から見ると、3本が同じアーチを描いています(b)。

すべてのイクステンション終了

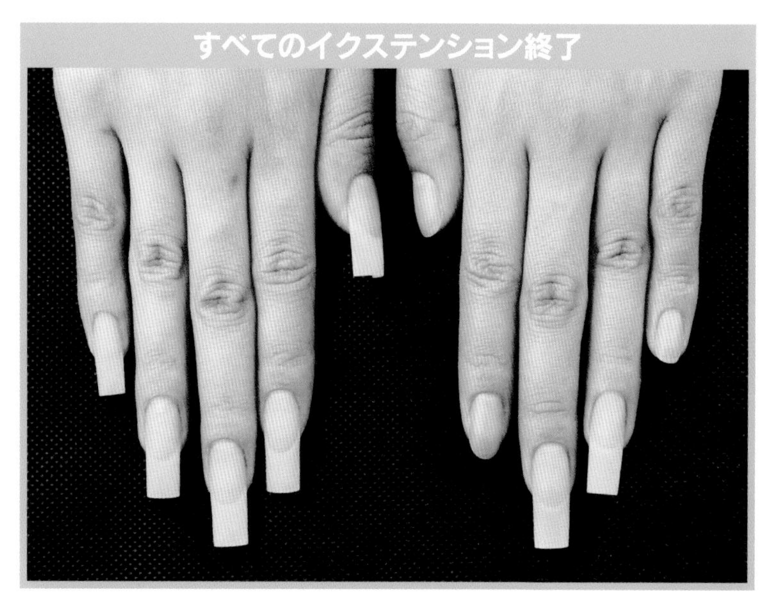

ファイルする前のアプリケーションが終了した段階で、この程度の完成度を目指しましょう。アプリケーションがきれいであれば、ファイリングが短時間で済みます。

ファイリング

右手 左手 中指と薬指

35 a b c

スタイリングはスクエアオフに仕上げます。ファイルで、先端(35-a)、爪の幅(35-b・c)を整えます。規定のフリーエッジの長さは、ネイルベッドの長さを考慮して5～10㎜です。

▶ファイリング

右手 左手 中指と薬指

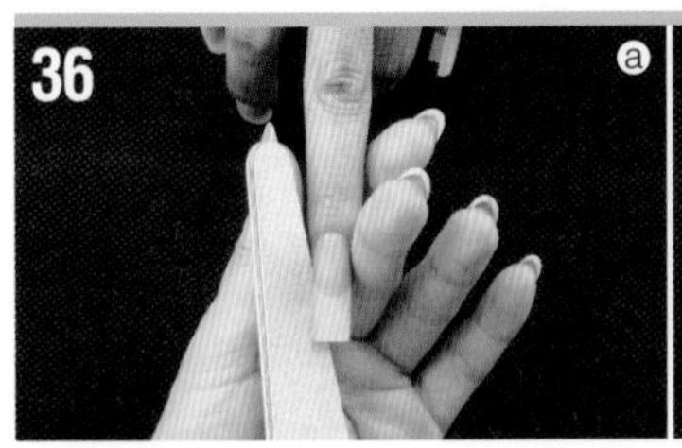

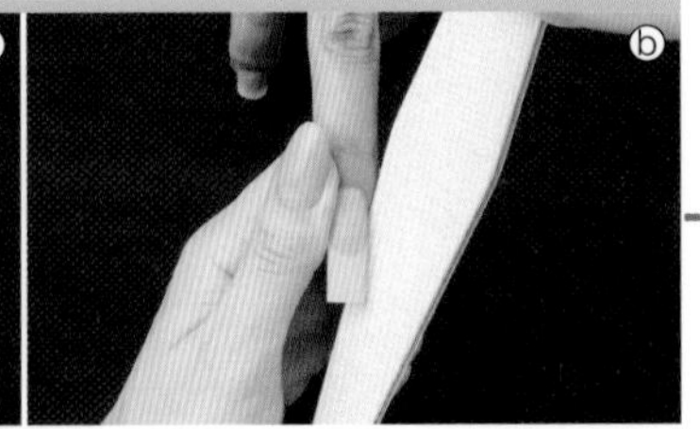

続いて、サイドストレートを整えます。

右手 左手 中指と薬指

37

イクステンションを施した左右の指を並べて、長さを合わせます。

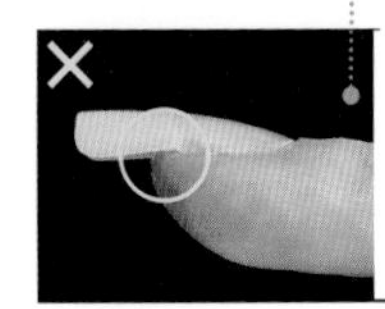

NG! サイドストレートをファイルする際に、ファイルを当てる角度が間違っていると、ストレスポイントが欠けるので注意しましょう。

右手 左手 中指と薬指

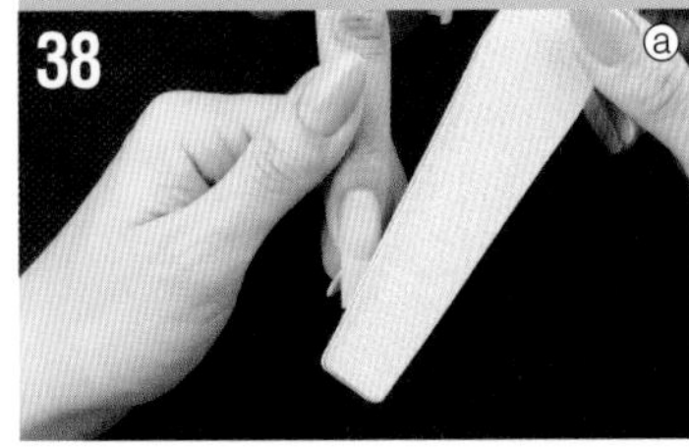

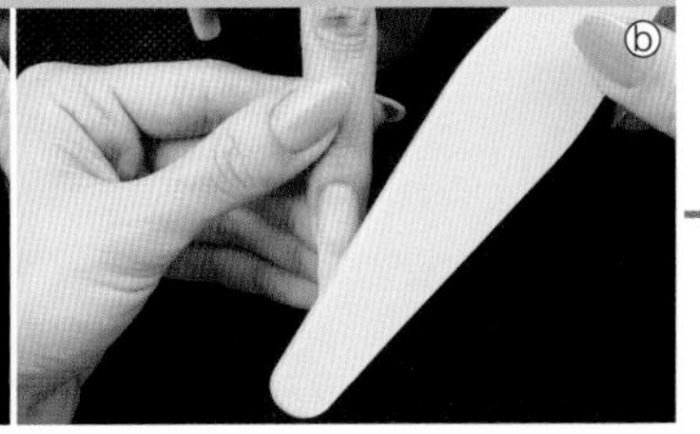

目の粗いファイル (38-a) から目の細かいファイル (38-b) の順に使って表面をファイルし、形や厚みを整え、角に丸みをつけます。

右手 左手 中指と薬指

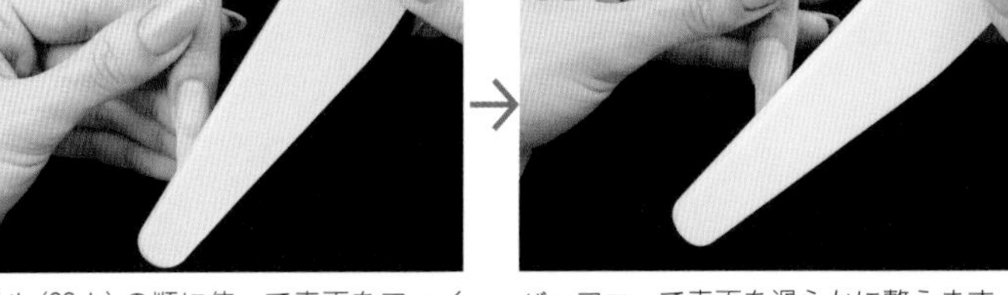

バッファーで表面を滑らかに整えます。

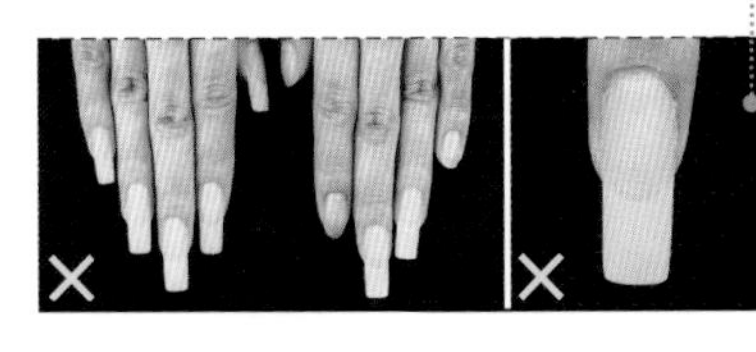

NG! 形は美しく仕上がっていますが、まだ表面につやがありません。ここで終わると合格点には届きません。

右手 左手 中指と薬指

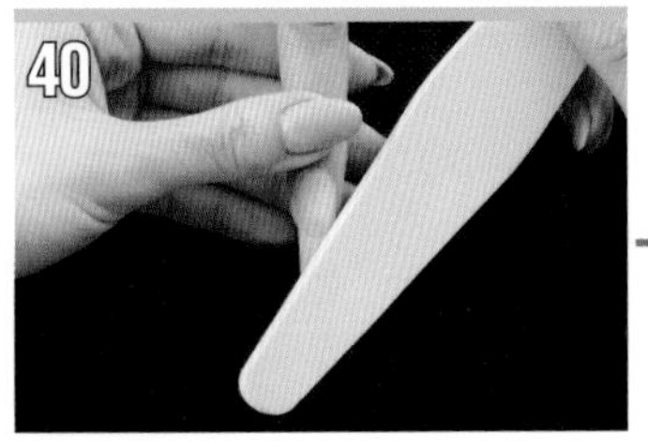

シャイナーで表面を磨いて、つやを出します。

右手 左手 中指と薬指

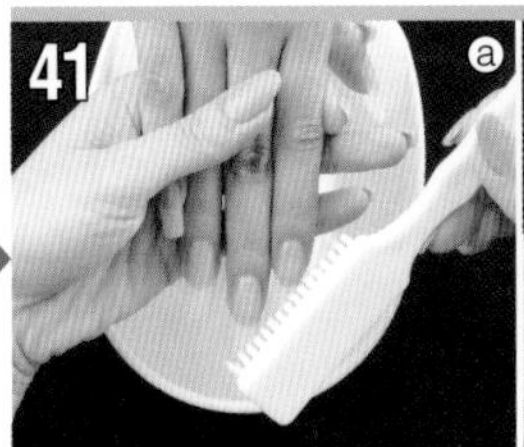

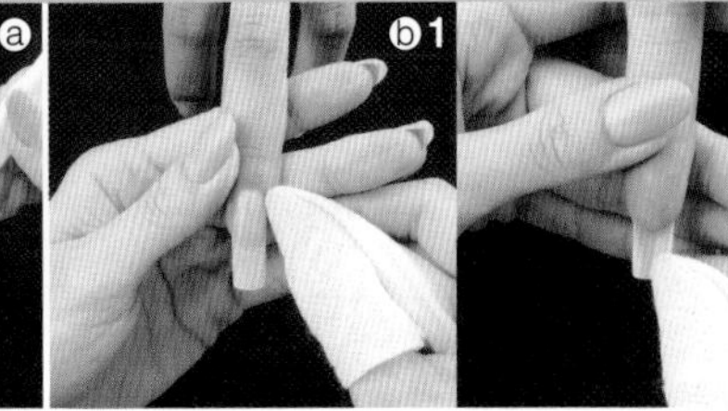

フィンガーボールの水に指先をつけ、ネイルブラシでファイルダストを洗い流します (41-a)。そのあと、タオルで水分をふき取ります。ガーゼでファイルダストを取り除いてもOKです (41-b)。フリーエッジの裏まで丁寧に取り除きましょう (41-b2)。

ADVICE ウエットティッシュやおしぼりを持参して使用してもOKです。

ファイリング終了

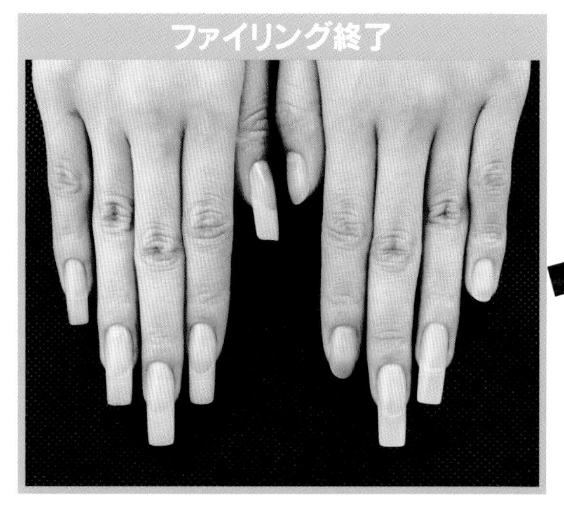

イクステンションを施した7本の指の仕上がりが揃い、表面につやがあります。

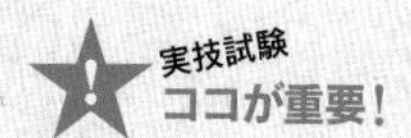

表面にくもりがなく、つやがあること、凹凸やバブルがなく、スムーズな仕上がりが大切です。

NG!

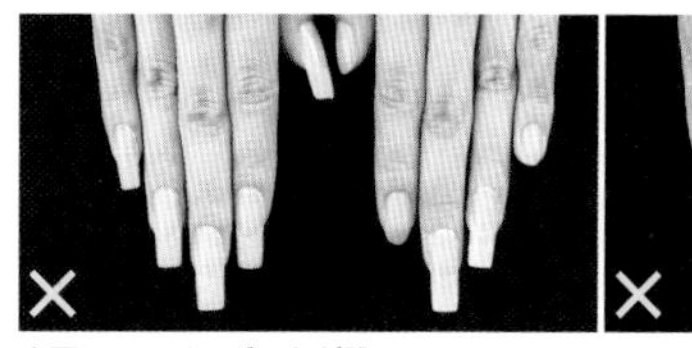

表面にファイルダストが残っています。

ネイルアート

左手 人差し指

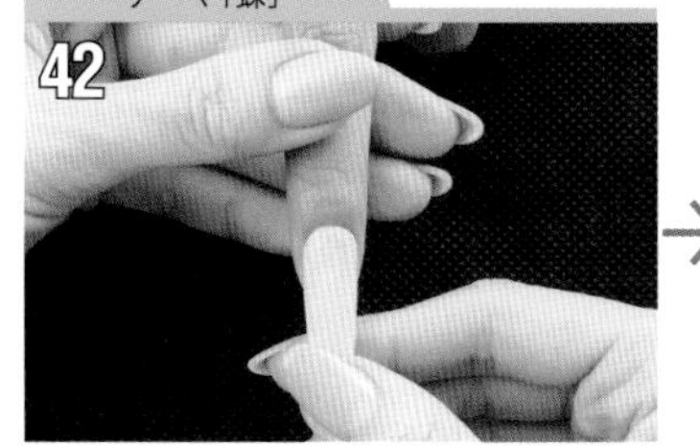

ネイルチップを合わせます。

必要であれば、ネイルチップのキューティクルラインをファイルして形を整えます。

ネイルアートのネイルチップのカットスタイルと長さは、ほかのイクステンションと同様にします。

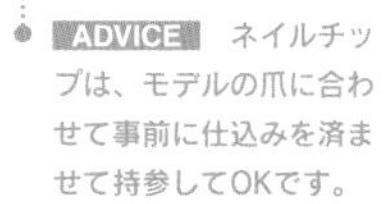

ADVICE ネイルチップは、モデルの爪に合わせて事前に仕込みを済ませて持参してOKです。

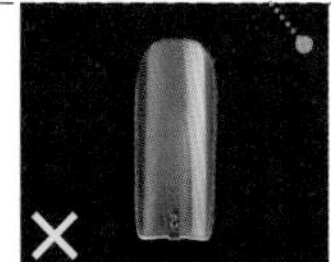

NG! ネイルチップはナチュラルを使用します。クリアやカラーのネイルチップは使用不可です。

左手 人差し指

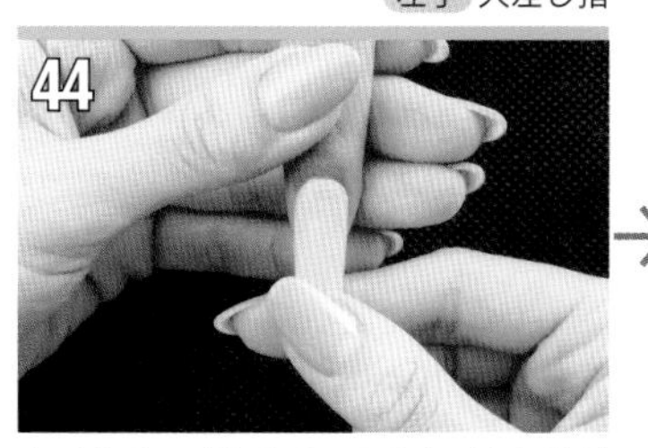

ネイルチップをナチュラルネイルに装着します。ナチュラルネイルに合ったネイルチップを装着しましょう。

左手 人差し指

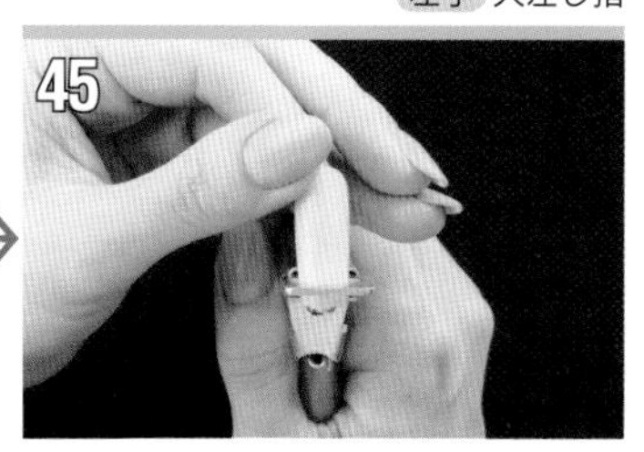

仕上がりの長さがほかの指と揃うように、長さを調整します。

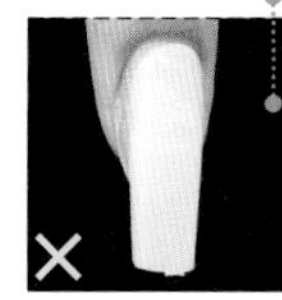

NG! ネイルチップが小さすぎです。

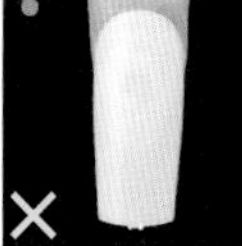

NG! ネイルチップが大きすぎです。

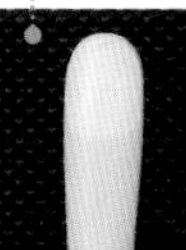

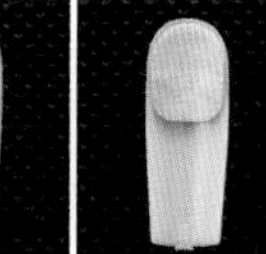

ADVICE ネイルチップは、裏にシールを貼って仕込みを済ませて持参してOKです。

▶ネイルアート

左手 人差し指

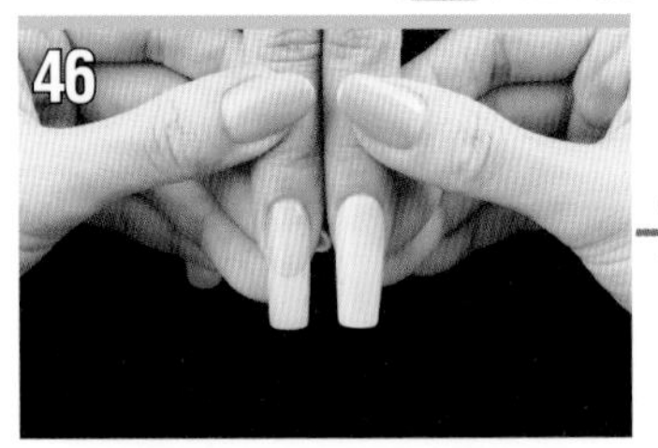

イクステンションを施した爪と並べて、バランスを見ます。必要であれば、ファイルして形を整えます。

左手 人差し指

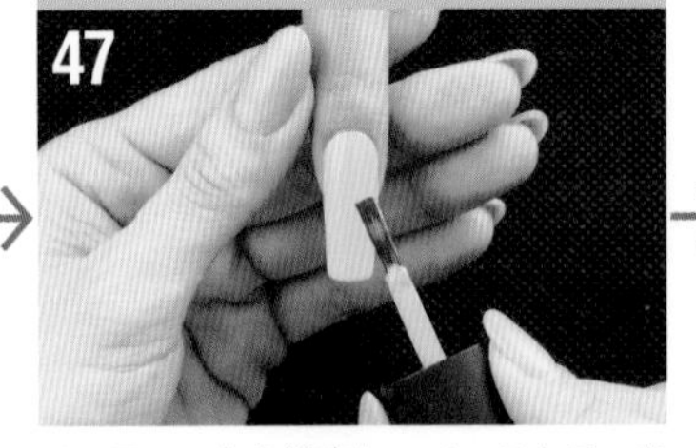

ベースコートを塗布し、ベースカラーを塗布します。

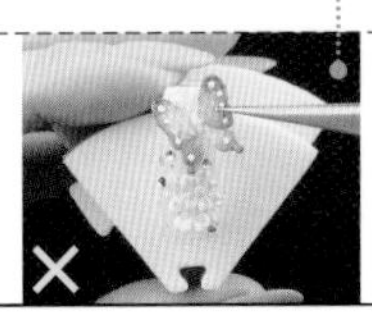

NG! ネイルアートは、かならずネイルチップをナチュラルネイルに装着して行います。治具を使うのはNGです。

左手 人差し指

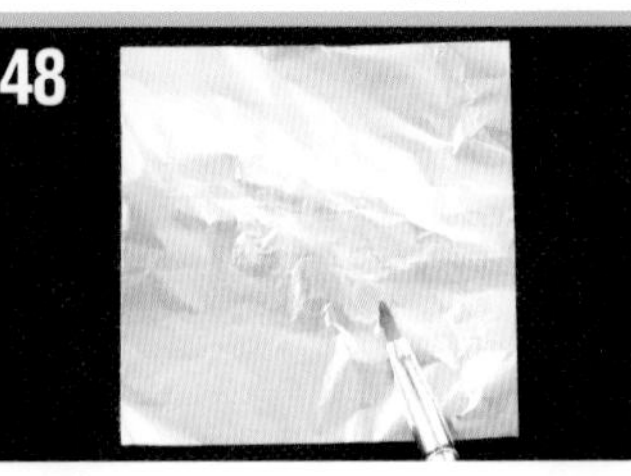

ミクスチュアで蝶の3Dのパーツを作ります。

ADVICE 3Dアートは、アルミ箔の上などでミクスチュアを使ってパーツを作り、爪の上で立体的な形に完成させます。

左手 人差し指

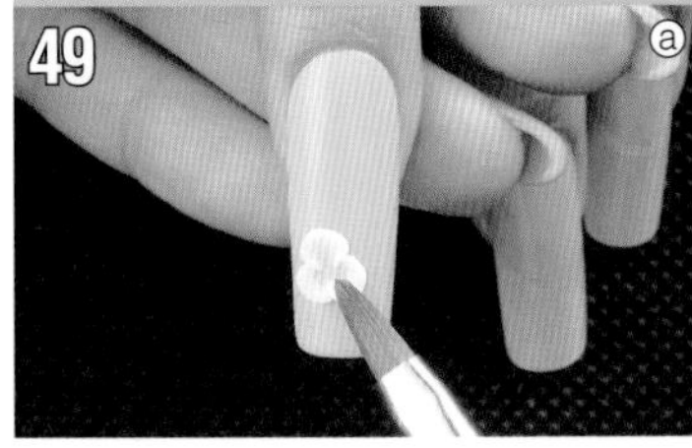

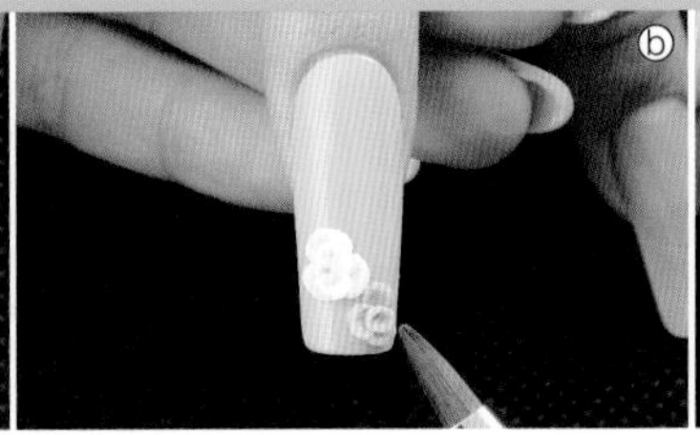

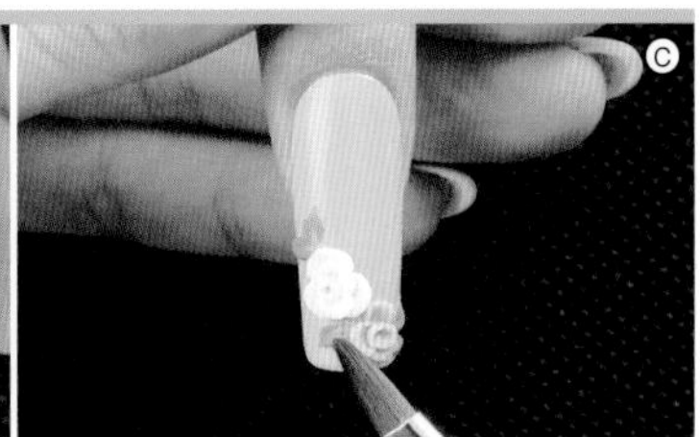

ミクスチュアで花(49-a・b)と葉(49-c)のエンボスアートを作ります。

ADVICE 3Dアートもエンボスアートもミクスチュアを使いますが、エンボスは爪の上でミクスチュアを操作して造形します。

50

アクリル絵の具、パレット、アート用水入れ、筆を準備します。

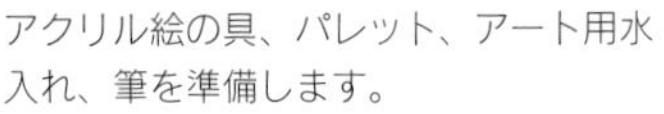

ADVICE アート用水入れの水は、テーブルセッティングのときに入れておいてもOKです。

左手 人差し指

51

フラットアート(アクリル絵の具)でツタを描きます。

左手 人差し指

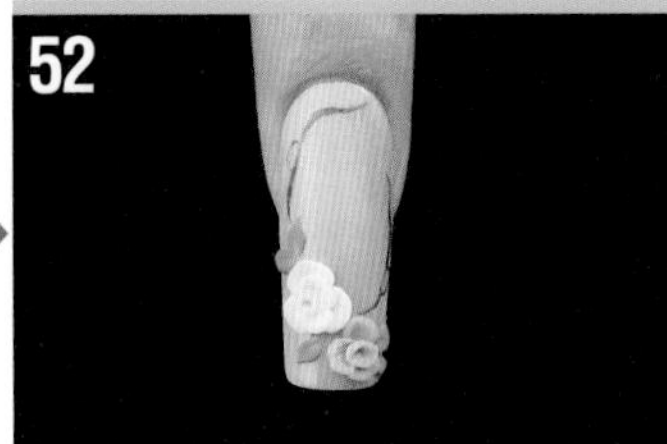

ベースのネイルアートが完成しました。

左手 人差し指

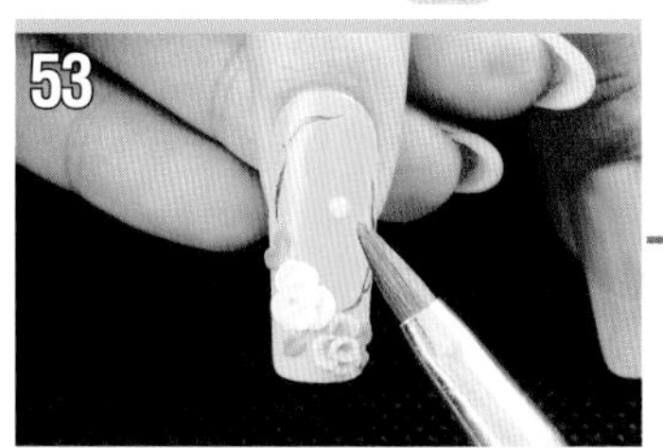

小さなミクスチュアを置き、3Dのパーツをのせていきます。

左手 人差し指

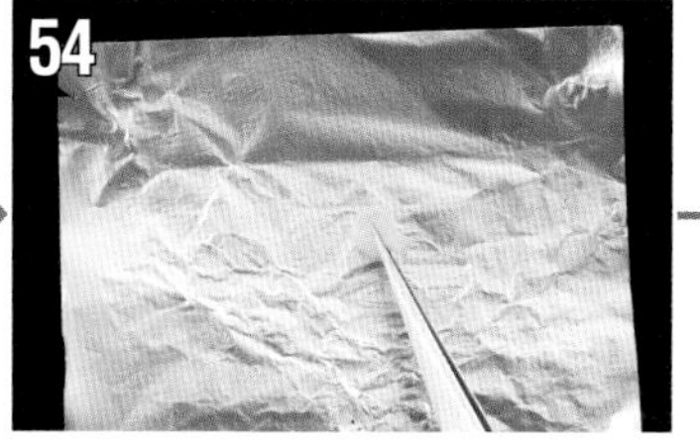

アルミ箔のパーツをはがし、接着する部分にグルーをつけます。

左手 人差し指

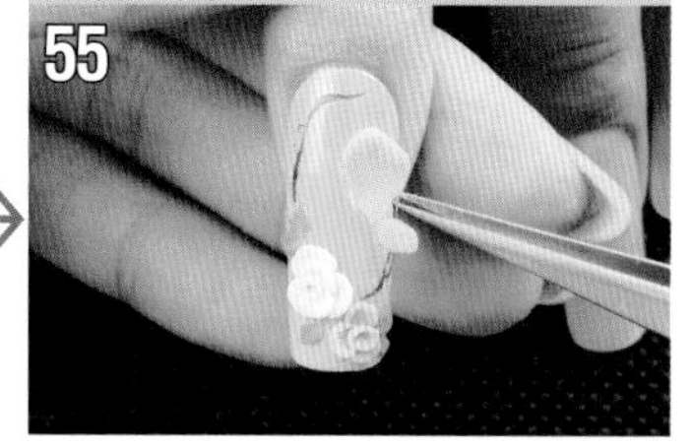

パーツを順にのせて3Dの蝶を作ります。

ADVICE 3Dアートの大きさは、全体のバランスを見て、2cm以内に納まるようにしましょう。

左手 人差し指

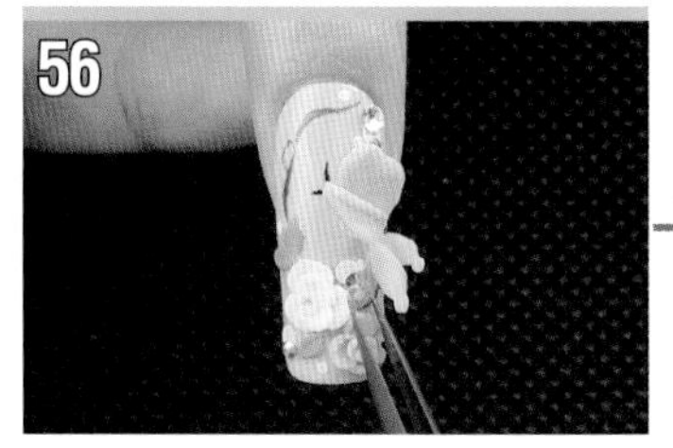

ラインストーンを置きます。

左手 人差し指

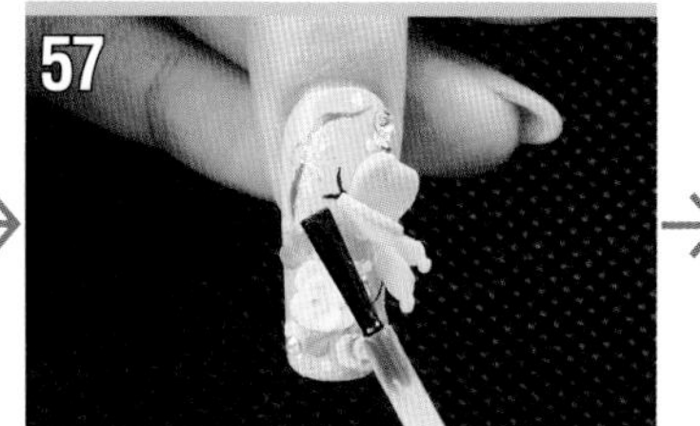

ラメを塗布します。

ADVICE ラメやラインストーンの使用は自由です。

左手 人差し指

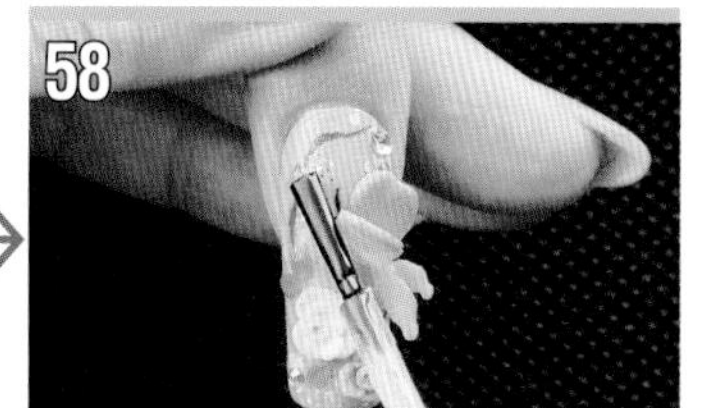

トップコートを塗布します。

ADVICE エンボスや3Dアートの上は、つやを消して仕上げたい場合は、トップコートを塗布しなくてもOKです。ただし、ベースにアクリル絵の具でイラストを描いた場合は、かならずトップコートを塗布します。

ネイルアート完成

NG! 左のアートは、蝶は3Dでエンボスアートも用いていますが、全体の細密度が足りません。1級はネイルアートも高い完成度が求められます。

実技試験 ココが重要！

メインアート（ここでは蝶）は、かならず3Dで作成し、フラットアートやエンボスなど、ほかの技法と組み合わせてミックスメディアアートを仕上げます。

3D＋エンボス

3D＋フラットアート

3D＋エンボス＋フラットアート

実技審査・60分

実技試験終了のアナウンスが流れたら、モデルの手には一切触れず、指示に従って行動しましょう。

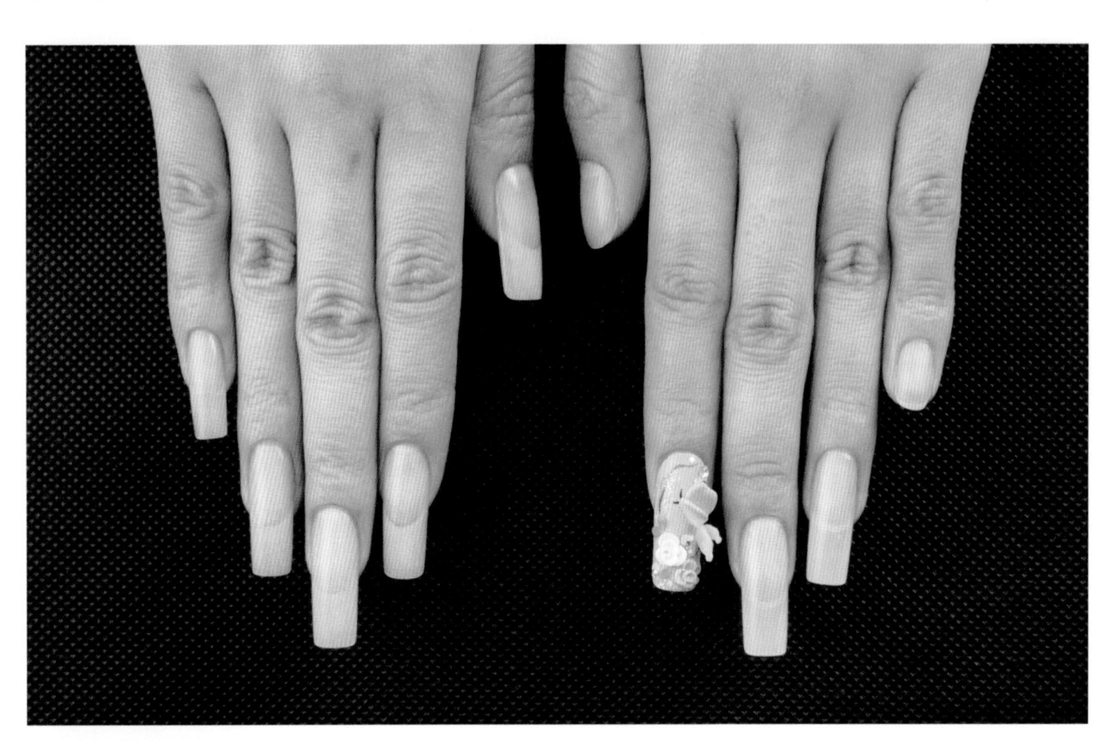

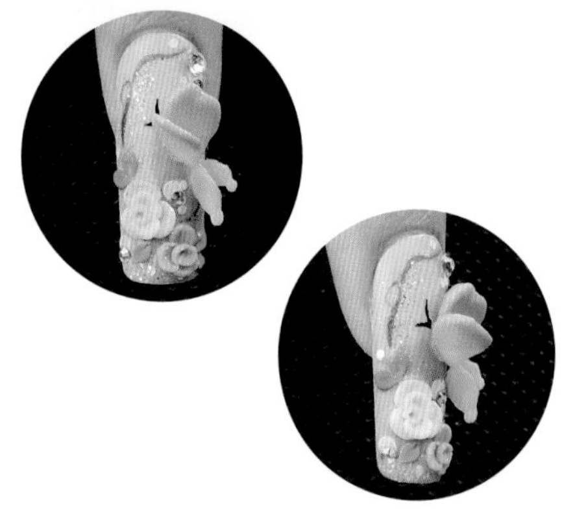

ネイルアートのデザインバリエーション
（テーマ:蝶）

筆記試験準備・15分

実技審査終了のアナウンスが流れたら、会場に戻ってセッティングした用具・用材を片付けます。このとき、使用したお湯や水は回収されますが、ごみはかならず持ち帰ります。片付けが終わったら、テーブルの上に筆記用具を出して、筆記試験の準備をします。時間内にすべて終わるように、速やかに行いましょう。

1級ミックスメディアアートのデザインサンプル

過去の1級検定試験のテーマに基づいて制作されたミックスメディアアートです。
デザインの参考にご覧ください。

アート制作のポイント

アートは、テーマのモチーフをアクリルのミクスチュアで作った3Dにすることが第一。そのまわりに、関連したものを描いて、テーマに沿った世界観を作り上げましょう。本物そっくりに写実的に描く必要はありません。独創性があってOKです。

3Dアートのポイントは立体感です。トウモロコシの粒をひとつひとつ丁寧に作ったり、ケーキにたっぷりのクリームをのせたり、ヒョウは耳と足をデフォルメするなど、工夫を凝らして立体感を表現しましょう。立体感を出しつつ、全体のバランスをとることで、アートとしての完成度がアップします。

実技採点基準を確認しましょう

JNECのホームページでは、ネイリスト技能検定試験の「実技採点基準」を公開しています。よく読んで、練習の際の参考にしてください。

＊本項に掲載しているのは2023年8月時点の情報です。最新の情報はJNECのホームページでかならず確認してください。

「実技採点基準」には、試験官が採点の対象とする10の採点項目と、チェックポイントがすべて記されています。試験官は、その10の採点項目を5点満点法で採点。合計得点が50点満点中1、2級は38点以上、3級は35点以上で実技試験が合格となります。

また、採点項目のほかに、減点対象や失格対象となる項目も細かく明記されているので確認しましょう。本書の「NG!」「実技試験 ココが重要！」などの解説は、すべて、この実技採点基準がベースとなっていますので、練習の際は併せて参考にしてください。

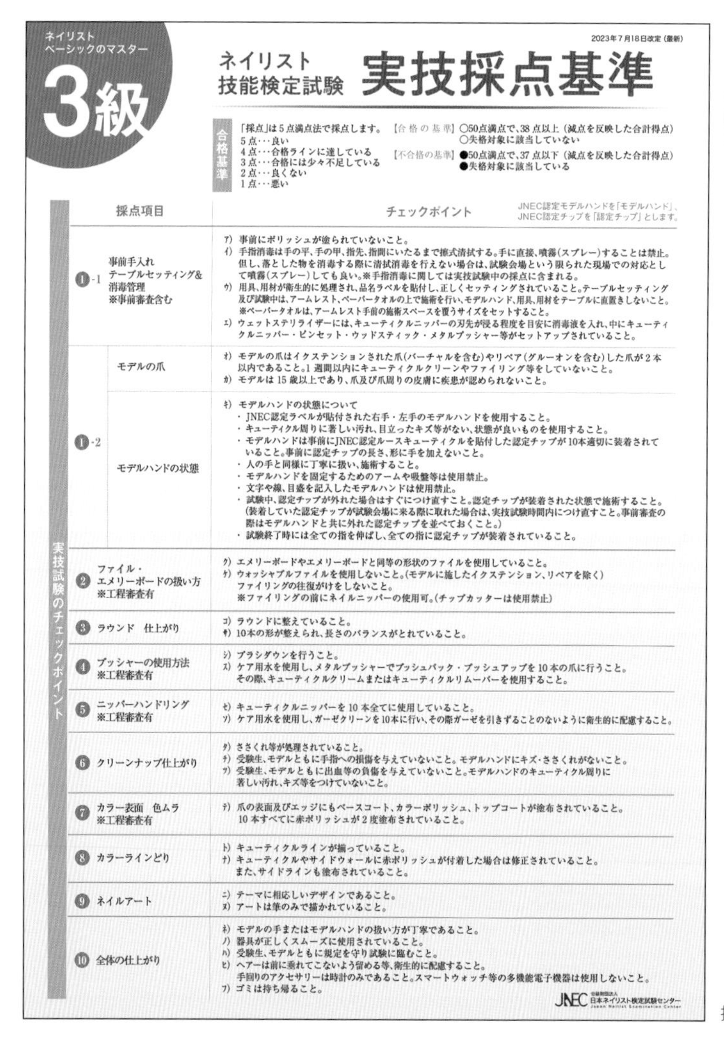

ネイリスト
ベーシックのマスター
3級

2023年7月18日改定（最新）

ネイリスト技能検定試験 実技採点基準

合格基準

「採点」は5点満点法で採点します。
5点…良い
4点…合格ラインに達している
3点…合格には少々不足している
2点…良くない
1点…悪い

【合格の基準】○50点満点で、38点以上（減点を反映した合計得点）
○失格対象に該当していない

【不合格の基準】●50点満点で、37点以下（減点を反映した合計得点）
●失格対象に該当している

実技試験のチェックポイント

JNEC認定モデルハンドを「モデルハンド」、JNEC認定チップを「認定チップ」とします。

採点項目		チェックポイント
❶-1	事前手入れ テーブルセッティング& 消毒管理 ※事前審査含む	ｱ) 事前にポリッシュが塗られていないこと。 ｲ) 手指消毒は手の平、手の甲、指先、指間にいたるまで擦式清拭する。手に直接、噴霧（スプレー）することは禁止。但し、落とした物を消毒する際に清拭消毒を行えない場合は、試験会場という限られた現場での対応として噴霧（スプレー）しても良い。※手指消毒に関しては実技試験中の採点に含まれる。 ｳ) 用具、用材が衛生的に処理され、品名ラベルを貼付し、正しくセッティングされていること。テーブルセッティング及び試験中は、アームレスト、ペーパータオルの上で施術を行い、モデルハンド、用具、用材をテーブルに直置きしないこと。※ペーパータオルは、アームレスト手前の施術スペースを覆うサイズをセットすること。 ｴ) ウェットステリライザーには、キューティクルニッパーの刃先が浸る程度を目安に消毒液を入れ、中にキューティクルニッパー・ピンセット・ウッドスティック・メタルプッシャー等がセットアップされていること。
❶-2	モデルの爪	ｵ) モデルの爪はイクステンションされた爪（バーチャルを含む）やリペア（グルーオンを含む）した爪が2本以内であること。1週間以内にキューティクルクリーンやファイリング等をしていないこと。 ｶ) モデルは15歳以上であり、爪及び爪周りの皮膚に疾患が認められないこと。
❶-2	モデルハンドの状態	ｷ) モデルハンドの状態について ・JNEC認定ラベルが貼付された右手・左手のモデルハンドを使用すること。 ・キューティクル周りに著しい汚れ、目立ったキズ等がない、状態が良いものを使用すること。 ・モデルハンドは事前にJNEC認定ルースキューティクルを貼付した認定チップが10本適切に装着されていること。事前に認定チップの長さ、形に手を加えないこと。 ・人の手と同様に丁寧に扱い、施術すること。 ・モデルハンドを固定するためのアームや吸盤等は使用禁止。 ・文字や線、目盛を記入したモデルハンドは使用禁止。 ・試験中、認定チップが外れた場合はすぐにつけ直すこと。認定チップが装着された状態で施術すること。（装着していた認定チップが試験会場に来る際に取れた場合は、実技試験時間内につけ直すこと。事前審査の際はモデルハンドと共に外れた認定チップを並べておくこと。） ・試験終了時には全ての指を伸ばし、全ての指に認定チップが装着されていること。
❷	ファイル・ エメリーボードの扱い方 ※工程審査有	ｸ) エメリーボードやエメリーボードと同等の形状のファイルを使用していること。 ｹ) ウォッシャブルファイルを使用しないこと。（モデルに施したイクステンション、リペアを除く）ファイリングの往復がけをしないこと。※ファイリングの前にネイルニッパーの使用可。（チップカッターは使用禁止）
❸	ラウンド　仕上がり	ｺ) ラウンドに整えていること。 ｻ) 10本の形が整えられ、長さのバランスがとれていること。
❹	プッシャーの使用方法 ※工程審査有	ｼ) ブラシダウンを行うこと。 ｽ) ケア用水を使用し、メタルプッシャーでプッシュバック・プッシュアップを10本の爪に行うこと。その際、キューティクルクリームまたはキューティクルリムーバーを使用すること。
❺	ニッパーハンドリング ※工程審査有	ｾ) キューティクルニッパーを10本全てに使用していること。 ｿ) ケア用水を使用し、ガーゼクリーンを10本に行い、その際ガーゼを引きずることのないように衛生的に配慮すること。
❻	クリーンナップ仕上がり	ﾀ) ささくれ等が処理されていること。 ﾁ) 受験生、モデルともに手指への損傷を与えていないこと。モデルハンドにキズ・ささくれがないこと。 ﾂ) 受験生、モデルともに出血等の負傷を与えていないこと。モデルハンドのキューティクル周りに著しい汚れ、キズ等をつけていないこと。
❼	カラー表面　色ムラ ※工程審査有	ﾃ) 爪の表面及びエッジにもベースコート、カラーポリッシュ、トップコートが塗布されていること。10本すべてに赤ポリッシュが2度塗布されていること。
❽	カラーラインどり	ﾄ) キューティクルラインが揃っていること。 ﾅ) キューティクルやサイドウォールに赤ポリッシュが付着した場合は修正されていること。また、サイドラインも塗布されていること。
❾	ネイルアート	ﾆ) テーマに相応しいデザインであること。 ﾇ) アートは筆のみで描かれていること。
❿	全体の仕上がり	ﾈ) モデルの手またはモデルハンドの扱い方が丁寧であること。 ﾉ) 器具が正しくスムーズに使用されていること。 ﾊ) 受験生、モデルともに規定を守り試験に臨むこと。 ﾋ) ヘアーは前に垂れてこないよう留める等、衛生的に配慮すること。手回りのアクセサリーは時計のみであること。スマートウォッチ等の多機能電子機器は使用しないこと。 ﾌ) ゴミは持ち帰ること。

JNEC 公益財団法人 日本ネイリスト検定試験センター Japan Nailist Examination Center

3級の実技採点基準

提供：JNEC

2級の
実技採点
基準

ネイルケアの
プロフェッショナル
2級

2023年7月18日改定（最新）

ネイリスト技能検定試験 実技採点基準

合格基準

「採点」は5点満点法で採点します。
5点･･･良い
4点･･･合格ラインに達している
3点･･･合格には少々不足している
2点･･･良くない
1点･･･悪い

【合格の基準】○50点満点で、38点以上（減点を反映した合計得点）
○失格対象に該当していない

【不合格の基準】●50点満点で、37点以下（減点を反映した合計得点）
●失格対象に該当している

JNEC認定モデルハンドを「モデルハンド」、JNEC認定チップを「認定チップ」とします。

		採点項目	チェックポイント
事前審査のチェックポイント	❶	テーブルセッティング&消毒管理	ｱ) 事前にポリッシュが塗られていないこと。 ｲ) 手指消毒は手の平、手の甲、指先、指間にいたるまで擦式清拭する。手に直接、噴霧(スプレー)することは禁止。但し、落とした物を消毒する際に清拭消毒を行えない場合は、試験会場という限られた現場での対応として噴霧(スプレー)しても良い。※手指消毒に関しては実技試験中の採点に含まれる。 ｳ) 用具、用材が衛生的に処理され、品名ラベルを貼付し、正しくセッティングされていること。テーブルセッティング及び試験中は、アームレスト、ペーパータオルの上で施術を行い、モデルハンド、用具、用材をテーブルに直置きしないこと。※ペーパータオルは、アームレスト手前の施術スペースを覆うサイズをセットすること。 ｴ) ウェットステリライザーには、キューティクルニッパーの刃先が浸る程度を目安に消毒液を入れ、中にキューティクルニッパー・ピンセット・ウッドスティック・メタルプッシャー等がセットアップされていること。
	❷	モデルの爪	ｵ) モデルの爪はイクステンションされた爪(バーチャルを含む)やリペア(グルーオンを含む)した爪が2本以内であること。1週間以内にキューティクルクリーンやファイリングなどをしていないこと。 ※リペアがある場合、仕上がりに影響がなければ、必ずオフをしなくてもよい。 ｶ) モデルは15歳以上であり、爪及び爪周りの皮膚に疾患が認められないこと。
		モデルハンドの状態	ｷ) モデルハンドの状態について ・JNEC認定ラベルが貼付された右手・左手のモデルハンドを使用すること。 ・キューティクル周りに著しい汚れ、目立ったキズ等がない、状態が良いものを使用すること。 ・モデルハンドは事前にJNEC認定ルースキューティクルを貼付した認定チップが10本適切に装着されていること。事前に認定チップの長さ、形に手を加えないこと。 ・人の手と同様に丁寧に扱い、施術すること。 ・モデルハンドを固定するためのアームや吸盤等は使用禁止。 ・文字や線、目盛を記入したモデルハンドは使用禁止。 ・試験中、認定チップが外れた場合はすぐにつけ直すこと。認定チップが装着された状態で施術すること。(装着していた認定チップが試験会場に来る際に取れた場合は、実技試験時間内につけ直すこと。事前審査の際はモデルハンドと共に外れた認定チップを並べておくこと。) ・試験終了時には全ての指を伸ばし、全ての指に認定チップが装着されていること。
実技試験のチェックポイント	❶	ファイルストローク ※工程審査有	ｱ) エメリーボードは、爪の厚さや丸みに対して正しく持ち、当て方、強さが適正に使用されていること。 ｲ) ウォッシャブルファイルを使用しないこと。(モデルに施したイクステンション、リペアを除く)ファイリングの往復がけをしないこと。※ファイリングの前にネイルニッパーの使用可。(チップカッターは使用禁止)
	❷	ラウンド 仕上がり	ｳ) サイドはストレートに、先端は緩やかなカーブを描き、両サイドに角がないこと。 ｴ) 10本の形が同じように整えられ、チップ & ラップ以外の9本の長さのバランスがとれていること。
	❸	メタルプッシャーの使用方法 ※工程審査有	ｵ) プラシダウンを行うこと。 ｶ) ケア用水を使用し、メタルプッシャーの角度と当て方、強さが適正で正しく安全に10本全てに使用していること。その際、キューティクルクリームまたはキューティクルリムーバーを使用すること。
	❹	ニッパーハンドリング ※工程審査有	ｷ) キューティクルニッパーの扱い方、使用方法を正しく理解し、10本全てに適切に使用しているか。 <注意>ケア用水を使用し、ガーゼクリーンを10本に行い、その際ガーゼを引きずることのないように衛生的に配慮すること。
	❺	クリーンナップ仕上がり	ｸ) ルースキューティクルやささくれ等の角質処理がされていること。 ｹ) キューティクルをカットしていないこと。
	❻	カラーリング (ライン取り、表面、色ムラ) ※工程審査有	ｺ) キューティクルラインとの隙間が空きすぎず、キューティクルラインが揃っていること。 ｻ) 表面に色ムラ、ハケ筋、バブル(気泡)ができていないこと。また、ネイルプレートが透けて見えないこと。 ※チップ&ラップとアートを除く8本が審査対象
	❼	チップ&ラップ (チップ及びラップの装着)	ｼ) サンディングから始め、適切なサイズのチップを正しく装着されていること。 ｽ) ラップ材はストレスポイントをしっかりと覆い、エッジの先端までを装着すること。
	❽	チップ&ラップ 仕上がり	ｾ) スタイリングはラウンド、フリーエッジの仕上がりの長さは5mm程度であること。 ｿ) 表面に凹凸やバブル(気泡)がない等、スムーズな仕上がりであること。 ﾀ) Cカーブが10%程度あること。 ﾁ) キューティクル及びサイドウォールにグルー等がはみ出していないこと。 ﾂ) 仕上がりの表面に光沢が出ていること。
	❾	ネイルアート	ﾃ) 塗布するカラーポリッシュの色は指定色以外であること。また、ベースコート、カラーポリッシュ、トップコートまで仕上げること。 ﾄ) テーマに相応しいデザインであること。 ﾅ) アートは筆のみで描き、色彩が豊かで、デザインのバランスがとれ、細密度が高いこと。
	❿	全体の仕上がりとサロンワーク	ﾆ) ネイルケアの技術を総合して、プロとしてサロンワークに適した工程と仕上がりであること。 ﾇ) モデルの手またはモデルハンドの扱い方が丁寧で効率的であること。 ﾈ) モデルハンドにキズ・ささくれがないこと。キューティクル周りに著しい汚れ、キズ等をつけていないこと。 ﾉ) 器具の使い方が正しく、また手際よくリズミカル・スピーディであること。

JNEC 公益財団法人 日本ネイリスト検定試験センター Japan Nailist Examination Center

提供：JNEC

トップレベルの
総合プロネイリスト
1級

ネイリスト技能検定試験 実技採

合格基準

「採点」は5点満点法で採点します。
5点･･･良い
4点･･･合格ラインに達している
3点･･･合格には少々不足している
2点･･･良くない
1点･･･悪い

【合格の基準】○
○

【不合格の基準】●
●

		採点項目	チェックポイント
事前審査のチェックポイント	❶	テーブルセッティング&消毒管理	ｱ) 手指消毒は手の平、手の甲、指先、指間にいたるまで擦式清 但し、落とした物を消毒する際に清拭消毒を行えない場 て噴霧(スプレー)しても良い。※手指消毒に関しては実技 ｲ) 用具、用材が衛生的に処理され、品名ラベルを貼付し、正しくセ 試験中は、アームレスト、ペーパータオルの上で施術を行い、モデ ※ペーパータオルは、アームレスト手前の施術スペースを覆うサ ｳ) ウェットステリライザーには、キューティクルニッパーの刃先が ニッパー・ピンセット・ウッドスティック・メタルプッシャー ※ネイルケア用具の持込可(オイル・クリーム類は持込不可)
	❷	モデルの爪	ｴ) モデルの爪10本は、カラーリング、装飾が一切されていないこと。 ｵ) 事前にイクステンションに適したフリーエッジの長さや形に整えてよい。但し、サンディングは行っていないこと。 ｶ) モデルは15歳以上であり、爪及び爪周りの皮膚に疾患が認められないこと。
		モデルハンドの状態	ｷ) モデルハンドの状態について ・JNEC認定ラベルが貼付された右手・左手のモデルハンドを使用すること。 ・キューティクル周りに著しい汚れ、目立ったキズ等が無い、状態が良いものを使用すること。 ・モデルハンドは事前に認定チップが10本適切に装着されていること。(JNEC認定ルースキューティクルの貼付は禁止) ・事前にイクステンションに適したフリーエッジの長さや形に整えてよい。但し、サンディングは行っていないこと。 ・人の手と同様に丁寧に扱い、施術すること。 ・モデルハンドを固定するためのアームや吸盤等は使用禁止。 ・文字や線、目盛を記入したモデルハンドは使用禁止。 ・試験中、認定チップが外れた場合はすぐにつけ直すこと。認定チップが装着された状態で施術すること。(装着していた認定チップが試験会場に来る際に取れた場合は、実技試験時間内につけ直すこと。事前審査の際はモデルハンドと共に外れた認定チップを並べておくこと。) ・試験終了時には全ての指を伸ばし、全ての指に認定チップが装着されていること。
	❸	プレスオンチップの状態	ｸ) ミックスメディアアート用のプレスオンチップは、カラーリング、装飾が一切されていないこと。
実技試験のチェックポイント	❶	スタイリング (スクエア・オフ)	ｱ) 中心から見て左右対称に仕上がっていること。 ｲ) サイドラインはストレートにファイリングされていること。 ｳ) スクエア・オフは先端がストレートで両サイドに角がないこと。
	❷	ハイポイントの位置	ｴ) ハイポイントの位置が不自然でないこと。 ｵ) ハイポイントが高過ぎたり、ハイポイントがなくフラットな状態でないこと。
	❸	フリーエッジの長さ 厚みの均一性	ｶ) 厚さは均一であること。 ｷ) イクステンション7本の長さのバランスがとれていること。
	❹	強度と耐久性	ｸ) サロンワークに適した、日常生活に対応できる程度の強度、耐久性があること。
	❺	Cカーブ20%～30%	ｹ) 20%～30%のCカーブを維持し、均一であること。
	❻	キューティクルラインのスムーズさ	ｺ) キューティクル際に厚みの段差がなく、適度な薄さであり、スムーズであること。 ｻ) リフティングしていないこと。 ｼ) キューティクルに付着していないこと。
	❼	表面の仕上がり 光沢・気泡の状態	ｽ) 表面に凹凸やバブル(気泡)がない等、スムーズな仕上がりであること。 ｾ) 曇りがなく、仕上がりの表面に光沢が出ていること。
	❽	チップの装着状態 (チップオーバーレイ、ミックスメディアアート含む)	ｿ) 適切なサイズのチップを正しく装着されていること。 ﾀ) チップオーバーレイ及びアート用プレスオンチップのカットスタイルと長さは、他のイクステンションと同様であること。
	❾	イクステンション TOTAL	ﾁ) イクステンションの技術を総合して全体の完成度が高く、モデルの手またはモデルハンドの扱い方が丁寧で効率的であること。また、器具の使い方が正しく、手際よくリズミカル・スピーディであること。 ※モデルの爪または モデルハンドにキズ・ささくれがないこと。キューティクル周りに著しい汚れ、キズ等をつけていないこと。
	❿	ミックスメディアアート	ﾂ) テーマに相応しいデザインであり、色彩が豊かでデザインのバランスがとれ細密度が高いこと。 ﾃ) 3Dアートをメインアートとし、フラットまたはエンボスを組み合わせた仕上がりであること。 <組み合わせの例> ・3Dアート + フラットアート ・3Dアート + エンボス ・3Dアート + フラットアート + エンボス

JNEC 公益財団法人 日本ネイリスト検定試験センター Japan Nailist Examination Center

1級の
実技採点
基準

提供：JNEC

ネイリスト技能検定試験、よくあるQ&A

受験生からよく聞かれる質問をまとめました。何か疑問に思うことがあったら、目を通してみてください。JNECのホームページにもQ&Aのコーナーがあり、受験申し込みや合否結果などに関する質問に答えていますので、併せてご覧ください。

※質問、回答はJNECが一般に公開している情報にもとづいてまとめたものです。

試験全般に関する質問

試験要項を送ってもらうことはできますか?

A JNECのホームページから請求ができます。ただし、期限がありますので注意してください。

Q ネイリスト技能検定試験に合格しなければ、ネイリストにはなれないのですか?

A ネイリスト技能検定試験は国家試験ではありませんので、ネイリストになるために、絶対条件ではありません。とはいえ、就職にあたっては、技術を客観的に証明できるものがあれば、それは大きなアピールとなりますし、採用する側からも、一定のレベルの技術を持っているとして評価されることでしょう。

何級に合格すれば、ネイリストになれますか?

A 前の質問で述べたように、ネイリスト技能検定試験は国家試験ではありませんので、どの級に合格したからプロのネイリストになれるというわけではありません。一般的には、サロンワークを行うことができるレベルとして、2級または1級合格を採用の基準にしているネイルサロンが多いようです。もちろん、ネイリストは接客業ですから、社会人としてのマナーやおもてなしの心など、修得すべきことは技術以外にもたくさんあります。

Q ネイリスト技能検定試験は、どのようにして採点されるのですか?

A 試験では複数の試験官が採点にあたります。採点の内容はJNECのホームページで公開されている「実技採点基準」(74・75ページ参照)をご覧ください。合格基準、採点方法、採点項目とチェックポイントが明記されています。

受験者の何割程度が合格できるのでしょうか?

A 実技試験は、50点満点中38点以上が合格となるので、受験者数の何割が合格すると決まっているものではありません。2023年春期検定までの平均では、3級合格は全体の84.79%、2級合格となると42.79%となり、1級合格に至っては39%と、かなり厳しい合格率です。これを見ると、3級といえども決して低いレベルではないこと、2級や1級に至っては、合格は狭き門であることがわかります。だからこそ、合格すれば高い技術を修得している証。本書を参考に、練習を重ねて合格を目指しましょう。

すべての級に共通する質問

モデルとは試験会場で待ち合わせをしてもいいでしょうか?

A 試験会場は、携帯電話の使用を禁止しています。そのため、会場外で待ち合わせをして、一緒に着席するようにしましょう。

モデル選びに制限はありますか?

A モデルは15歳以上で、爪および爪まわりの皮膚に疾患がなければ、どなたでも大丈夫。もちろん、男性でもご家族でもOKです。妊婦さんでも大丈夫ですが、自己責任となりますので、体調には十分気をつけて、無理をしないようにしてください。

試験会場には何分前に入れますか?

A 毎回、35～45分前くらいです。試験要項と受験票に時間が明記されているので、確認してください。

試験の途中にトイレに行くことはできますか?

A はい、できます。受験生、モデルともに、挙手をして試験官の許可を得てから席を離れてください。トイレから戻って着席したら、手指消毒をしてから施術を始めます。とはいえ、試験時間はそのまま経過するため、トイレに行くのは、大きな時間のロスになりますので、水分の取り方などには注意しましょう。

試験中、使用している用具を落としたら、拾って使ってもいいでしょうか?

A 拾って使用するのはOKです。ただし、拾う場合は挙手をして試験官に落としたことを報告し、許可を得てから自分で拾います。そのあと、自分の手指と落とした用具を、消毒剤を含ませたコットンでふき、消毒したことを試験官に報告してから使用してください。使用しないものであれば、落としたままでOKです。

試験当日の服装に規定はありますか?

A 特別な指定はありません。ネイリストとしての自覚と節度をわきまえるような服装にし、ネイリストとしてふさわしいネイルケアを施すようにしてください。実技試験の際の手まわりのアクセサリーは、受験生、モデルとも腕時計のみ許可されています。

ポリッシュなどのにおいが気になるのですが、試験中はマスクをしてもいいですか?

A 受験生、モデルともにマスクを着用してOKです。少人数で練習しているときは気にならなかったにおいも、試験会場では何百人という人数が一斉に用材を使用するので、においが強くなる可能性も。マスクを準備しておけば安心です。

テーブルセッティングに関する質問

用具・用材を忘れた場合、会場で借りたり、販売してもらうことはできますか?

A 試験会場内では、用具・用材の貸し出し、販売は一切行っていません。筆記試験で使う筆記用具を忘れた場合も減点の対象となります。忘れ物がないように、十分注意しましょう。

試験に持参する用具・用材には商品名が入っているのですが、それでも品名ラベルを貼る必要がありますか?

A 商品名が入っていても、試験要項で品名ラベルを貼るように指示されているものには、すべて必要です。アルファベット表記はNGなので、注意しましょう。

ポリッシュなどを多めに持参してもいいですか?

A かまいませんが、ひとりが使用できるスペースは限られています。用具・用材を置くスペースが広くなれば、施術するスペースが狭くなるということ。それを考慮して準備しましょう。

ネイリスト技能検定試験、よくあるQ&A

2級・3級共通の質問

Q ネイルケアに使う水とネイルアートに使う水は同じ水でもよいですか?

A ネイルケアに使用する水には、ガーゼや爪についた角質やファイルダストが混ざる場合があります。ネイルアートに使用する水とは別に準備しましょう。

Q ネイルケアやネイルアートに使用する水やお湯は、いつ入れればいいのですか?

A いずれもテーブルセッティングのときに入れても、試験中に入れてもOKです。温度調節が必要なときのために、テーブルの上に、お湯と水を出しておくとよいでしょう。

Q ネイルケアに使うネイルブラシと、ファイルダストを取り除くネイルブラシは同じものでもよいですか?

A ファイルダストを取り除くネイルブラシは乾燥している必要があります。そのため、水で湿らせて使用するネイルケア用のネイルブラシとは別のものを準備しましょう。ネイルケア用はタオルやガーゼと一緒に左トレイの中に収め、ファイルダスト用のネイルブラシは、ファイル立てに入れてOKです。

Q モデルの爪のリペアは2本までOKとありますが、どのようにリペアすればいいのですか?

A シルクやグラスファイバーを使っても、アクリルでスカルプチュアネイルを施してもOKです。自分の技術力や亀裂の状態に応じて、できる方法で行ってください。あくまでリペアなので、ナチュラルネイルにフィットした色と形に仕上げましょう。

Q モデルの爪が短いのですが、試験では問題ありませんか?

A サイドストレートがとれて、ラウンドのカットスタイルができれば、フリーエッジが短くても、問題はありません。

2級に関する質問

Q ラップ材はシルクとグラスファイバーのどちらがおすすめですか?

A どちらを使用してもかまいません。シルクのほうが、やや目が細かいですが、ほとんど違いはありません。自分で扱いやすいほうを選んでください。

2級・1級共通の質問

Q アプリケーションの途中で失敗してしまいました。やり直してもいいですか?

A 時間内で終了するのであれば、やり直してもかまいません。ただし、大きな時間のロスになってしまうので、そうならないように練習を重ねましょう。失敗したときのために、ネイルチップや、シルク、グラスファイバーなどは予備を準備しておくと安心です。

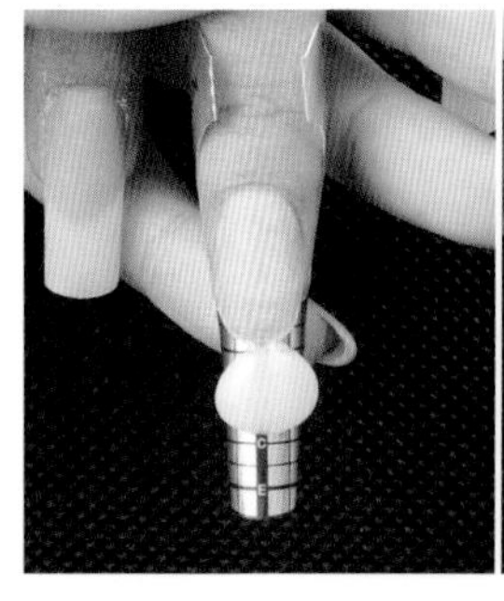
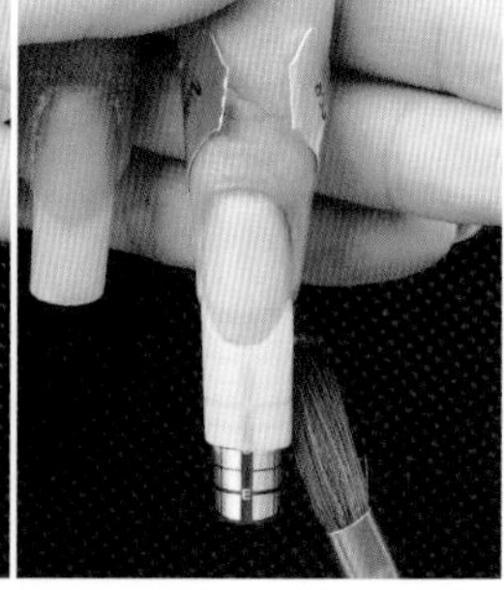

Chapter 5

ネイリスト技能検定試験 筆記試験対策

1級 2級 3級

ネイリスト技能検定試験では、施術の技術をみる実技試験に加えて、
ネイルの知識をみる筆記試験が行われます。
実技試験同様、3、2、1級と上がるにつれて、問題の難易度も高くなっていきます。
ここでは、そんな筆記試験対策として、ネイリストに必要な知識を紹介します。

本書で掲載しているのは、2023年8月時点の情報です。最新の情報はJNECのホームページ(https://www.nail-kentei.or.jp)でかならず確認してください。

筆記試験の概要

筆記試験はすべてマークシート方式で行われ、級によって問題数、所要時間も異なります。出題される内容は、ネイリストとして最低限知っておくべきことなので、この章でよく勉強し、試験本番に臨みましょう。

ネイリスト技能検定試験 3級

出題数	全60問
所要時間	30分
合格基準	100点満点中 80点以上

試験内容

ネイルの歴史、ネイルの技術体系、爪の構造と働き、衛生管理、爪の病気とトラブル（爪の生理解剖学）、ネイルケアの手順など、ネイリストとして必要な基礎知識が出題されます。

ネイリスト技能検定試験 2級

出題数	全80問
所要時間	35分
合格基準	100点満点中 80点以上

試験内容

3級の内容に加え、骨格、筋などの生理解剖学、化粧品学、色彩理論、チップ&ラップやリペアについてなど、プロのネイリストとして必要な知識が出題されます。

ネイリスト技能検定試験 1級

出題数	全100問
所要時間	40分
合格基準	100点満点中 80点以上

試験内容

3級・2級の内容に加え、アクリルの材料学、ジェルの材料学と手順、その他実践的なサロンワークについて、トップレベルのネイリストとして必要とされる知識が出題されます。

筆記試験の注意事項

マークシート記入上の注意

- 鉛筆（HB）で記入すること。ペン、ボールペンは不可です。
- 書き直すときは消しゴムで丁寧に消しましょう。採点時にコンピュータが誤作動するのを防ぐためです。
- 解答用紙は汚したり折ったりしないように注意しましょう。
- マークの外にはみ出さないよう、きれいに塗りつぶしましょう。

受験番号の記入について

- 解答用紙には8桁の受験番号を記入する欄があるので、忘れずにしっかりと書き込みましょう。

氏名の記入について

- 氏名欄には楷書で丁寧に自分の名前を書き込みましょう。
- フリガナ欄にはカタカナで自分の名前を記入しましょう。
- 枠からはみ出さないよう、丁寧に記入しましょう。

筆記試験問題は『ネイリスト技能検定試験公式問題集』から出題されます

1～3級の筆記試験に必要な知識や理論を、各級5つのパターンで作成し、実際の試験問題形式で掲載しています。検定試験筆記試験問題は、この問題集から出題されるため、本書とともに試験勉強に役立てましょう。

筆記試験の出題傾向

世界のネイル史

『マヌス(手)』『キュア(手入れ)』『マヌス・キュア』などがキーワード。それぞれの意味も重要です。中国のネイル史についても、よく出題されています。

日本のネイル史

『紅殻』『ホウセンカ』『磨爪術』などがキーワード。ネイリスト技能検定試験がスタートした年など、現代のネイル史についても出題されます。

爪の構造と働き

爪の各部名称と位置、それぞれの働きについては、すべての級で多く出題されています。名称はカタカナ表記と漢字の両方で確実に暗記しましょう。

皮膚の構造と働き

皮膚の構造についても、爪の名称と同じくらいの割合で出題されます。図を見ながら、各部分の名称とそれぞれの働きについて暗記しましょう。

ネイルのための生理解剖学

2級と1級では、手や足の骨格の名称、骨の付属組織、神経、循環器など、幅広い範囲から出題されます。図を見ながら理解しましょう。

ネイルの技術体系

技術体系はすべての級でかならず出題される分野です。技術の名称を暗記し、それぞれどのような技術の内容かを体系で理解しましょう。

化粧品学(ネイル用化粧品)

主に2級試験で出題されます。化粧品の使用目的のほか、ベースコート、グルー、フィラーなど実技試験でも使用するネイル用材について確認しましょう。

色彩理論

『色相』『明度』『彩度』『色の三属性』『色相環』などの意味はとくに重要です。カラーポリッシュの色の種類や肌の色分類なども、よく出題されています。

トリートメント

サロンワークに必要なトリートメントについても、主に2級で出題されます。その目的や効果、手技の種類などを学びましょう。

爪や皮膚の病気とトラブル

すべての級でかならず出題される分野です。爪の色調異常、病気やトラブルの名称、症状について、すべて解答できるように暗記しましょう。

ネイルサロンでの衛生管理

各級で出題数も多い分野です。『洗浄』『消毒』『滅菌』『殺菌』『防腐』の定義、『物理的消毒法』『化学的消毒法』『擦式清拭消毒』などの意味は重要です。

ネイルサロン環境

問題数は少ないですが、2級試験ではかならず出題される分野です。『自然換気』と『機械換気』の違いなどを中心に学びましょう。

プロフェッショナリズム

2級と1級の試験で出題される分野です。信頼されるネイリストになるための心構えなどを中心に理解しましょう。

ネイルカウンセリング

問題数は少ないですが、2級や1級の試験で出題される場合があります。ネイルカウンセリングの流れはもちろん、個人情報の取り扱いも重要です。

衛生基準と関連法規

2級試験で出題される分野です。『公衆衛生』や『保健衛生法規』といった言葉とそれぞれの意味を理解しましょう。

ネイルケア、基本のカットスタイル、リペア、チップ&ラップ

すべて実技試験の課題ですが、筆記試験でも出題されます。施術の流れや使用する用具・用材の特徴などを確認しましょう。

アクリルの材料学と基本手順、ジェルの材料学と基本手順

主に1級で出題される分野です。アクリルやジェルが硬化する仕組み、『モノマー』『重合』といった言葉の意味、使用する用材などについて学びましょう。

※本文内で黄色のマーカーが引いてある箇所は、筆記試験でよく出題されているので、重点的に学習しましょう。

世界のネイル史

爪に色を施す行為は古代エジプト時代から行われていたといわれ、現代に至るまでさまざまな変化を経て、今日のような技術が確立されました。ここでは、ネイル発祥から現代まで、ネイルファッションが辿ってきた歴史を学びましょう。

“マニキュア”の語源

マニキュアとは、爪に塗るネイルエナメルと、ネイルの施術の両方を指すのが一般的です。本来はラテン語の「マヌス」(manus＝手)という言葉と「キュア」(cure＝手入れ)を組み合わせた言葉で、「手の手入れ」という意味をもっています。同様にペディキュアは「ペディス(pedis)＝足」と「キュア(cure)＝手入れ」からきたもので、「足の手入れ」を指します。

古代エジプト時代

ネイルに色を施す「ネイルアート」は、紀元前3000年、古代エジプト時代にはすでに行われていたと考えられています。「ネイルの技術」というよりも「化粧」のひとつとして、手、顔、身体を含むすべての部位に対する彩色として使用されていたようです。当時は、植物のヘンナの花の汁を用いて爪を染める風習があり、太陽や血を表す赤色が、神聖な色として尊ばれていました。また、エジプトの古い資料には、第6王朝時代に爪を清潔に保つための手段として、男女ともにマニキュアを行っていたという記録も残っています。

当時行われていたネイルに色を施す風習は、呪術的な意味合いを強く持っていました。また、ミイラの爪に彩色が残っていたり、古墳から発見された人骨や土が赤く染まっていたことなどから、朱(水銀朱)に防腐剤としての効果があることも、人々は知っていたと考えられています。すでに、スキンケアやヘアカラーなど、美容に関してのさまざまな技術が生み出されており、そこからギリシャ・ローマ時代へと伝えられたと考えられています。この時代は、爪の色が身分を表しており、王と王妃は濃い赤、その他の者は薄い色しか許されていませんでした。

ギリシャ・ローマ時代

上流階級の中で、マニキュアの語源である「マヌス･キュア」という言葉が生まれ、流行しました。当時のギリシャの女性には控えめな生活が望まれていたため、健康的な美が理想とされ、人工的な美はあまり好まれていませんでした。そのため、装飾性の高いものではなく、お手入れとしてのマニキュアが主流だったと考えられています。

中世・ルネッサンス時代

芸術・文化が発達し、舞台芸術が化粧の文化を高めていきました。舞台上でキャラクターを演じるうえでの演出のひとつとして、化粧の表現とともに「指先の演出」という概念も生まれました。そして、中世ヨーロッパの時代は、スパの元祖ともいわれるハンマム(美容院)で、クリームを用いて爪のお手入れをしていました。

近代・19世紀

欧米では一般女性にも、身だしなみとしてのマニキュアが浸透していきました。当時は蜜蠟や油などを研磨剤として使用し、セーム革で磨く方法を用いて、ナチュラルで透けるようなピンク色のネイルが流行しました。おしゃれとしてだけでなく、マナーとしてネイルが確立され、職業としてマニキュアリストが登場し始めたのもこの近代・19世紀です。ネイル道具（マニキュア箱）なども出回るようになりましたが、まだまだ高価で、一般的なものとしては浸透しませんでした。

20世紀

アメリカで1923年に、速乾性塗料のラッカーが開発されます。その副産物として、1932年に現在のポリッシュにあたるネイルラッカーが発売され、「爪に輝きを持たせるために爪に塗るもの」、いわゆるネイルポリッシュが誕生しました。1970年代にはアメリカでハリウッドの映画界でメークアップアーティストが生み出した「スカルプチュアネイル」、歯科材料であるレジンを使った「ネイルイクステンション」が大ブレイク。その後アメリカでは、1980年代初頭にネイル技術を職業とするマニキュアリストやネイルサロンが出現することとなります。

アジアのネイル史

中国では古くから「爪染め」が行われ、遊牧民の女性たちも「紅粧（こうしょう）」と「爪紅（つまべに）」を行っていました。その後、宮廷で衣装や刺繍の絵柄、化粧法、爪の長さなどが身分階級を表す重要な要素へと変わっていき、紀元前600年には中国の皇族が金や銀を爪に塗るようになりました。また、18世紀にはすでに付け爪＝護指（こし）が存在していたことも、西太后が小指と薬指に緑の長い爪をつけていた絵画からわかっています。また、富裕層の男女ともに、手仕事をしない高貴な身分の証として、小指と薬指の爪を伸ばす風習があったこともわかっています。

「マニキュアの語源」をしっかり理解しておくこと。『ラテン語』『マヌス(手)』などの言葉はキーポイントです。また、それぞれの時代にどのようなことが起きたのか、『マヌス・キュア』『マニキュア』といったキーワードとともに時系列で理解しましょう。

日本のネイル史

古代エジプトから欧米へと広がりを見せたネイルのおしゃれ。アジアでも中国が独自の文化を見せ、日本には欧米と中国それぞれのネイル文化が伝わり、発展してきました。ここでは、その日本のネイルの歴史を学んでいきましょう。

飛鳥・奈良時代

古代の日本では、自然界のすべてのものは神によって創られ、その神が創った草木には霊が宿ると信じられていました。霊の宿る薬草には病気の悪霊を取り払う作用があると考えられ、衣類などの染料には薬草が使われていました。また、古代エジプト時代と同様に「赤」に対して強い執着心があったとされ、飛鳥・奈良時代は「紅殻」（酸化鉄を主成分としたもの）が額の中央や唇の両端の化粧として用いられていました。その延長線上としてアクセサリー感覚で指先を赤く染めていたといわれています。紅が彩りを添えるだけでなく、造形的な意味合いも含めて用いられるようになったのはこの頃からで、それは画期的なことでした。

平安時代

当時は遊女が宮中の女性のような装いをしており、化粧が下層階級にまで広がっていきました。また、ホウセンカ（鳳仙花）とホオズキの葉を使って爪を紅く染める「爪紅」も行われていました。ホウセンカの別名「ツマクレナイ」は、現代のマニキュアのように、花で爪に色をつけていたことが由来と考えられています。

江戸時代

紅花を使用した染色技術が中国から渡来し、日本でも紅花の栽培が盛んになり、化粧にも利用されるようになりました。当時は爪に紅を塗ることを「爪紅」、口に紅を塗ることを「口紅」と呼んでいました。文献には、赤いホウセンカの花弁を杯に入れ、ミョウバンを加えて花弁をつぶしながら混ぜ、骨でできた専用の針を使って爪に塗る、と記されています。染料を使って爪を染めていたので、水でも落ちずに長く楽しめたようです。

近代

明治時代には、フランスからマニキュア術が伝えられ、「磨爪術」と呼ばれて、発達していきました。第二次世界大戦後になると、日本でもカラーポリッシュが徐々に浸透し始めます。1960年代後半になると、一般女性にも普及し始め、人気が広がることに。そして1970年代、アメリカ西海岸ブームが起こり、カルチャーのひとつとしてネイルの専門サロンが紹介され、注目されるようになりました。

現代

1970年代後半になると、アメリカからネイルの技術と商品の導入が本格的に始まります。1980年代初頭になると、ネイル技術を職業とするマニキュアリストやネイルサロンが出現。1985年に、日本ネイリスト協会が設立され、協会設立時に作った造語「ネイリスト」が、日本ではマニキュアリストを指す言葉として定着しました。そして、1990年代には、ネイル専門誌が次々と発刊され、ネイルムーブメントが起こります。

1997年にはネイリスト技能検定試験がスタート。この検定試験は、ネイリストに必要な技術と知識を修得した証として認知されるようになります。2000年頃にはジェルネイルブームが起き、ネイルサロンは女性たちにとって、より身近な存在となりました。

また、日本ネイリスト協会も2006年にはNPO法人化。2008年には、一般財団法人日本ネイリスト検定試験センターが設立されます。同センターは2012年に内閣総理大臣認定の公益財団法人となり、ネイリスト技能検定試験は、内閣総理大臣が認めた検定試験センターが認証する資格となりました。

2014年には、日本標準産業分類（総務省が管轄）の改定にあたり、「ネイルサービス業」が独立したひとつの産業として新設。そして現在、多くの人々が「ネイル」というキーワードによって、心豊かに癒される時代へと進んでいます。

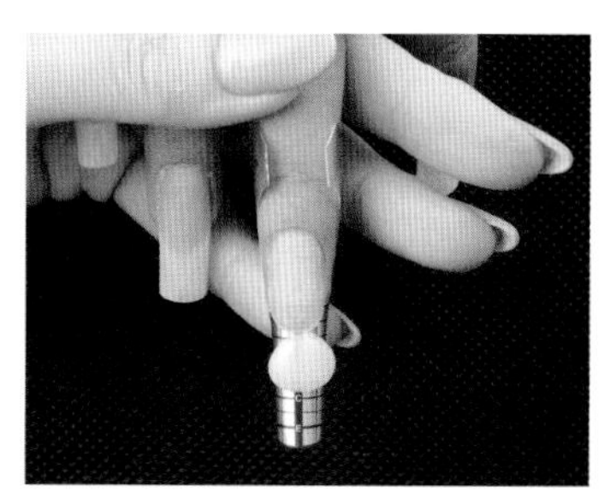

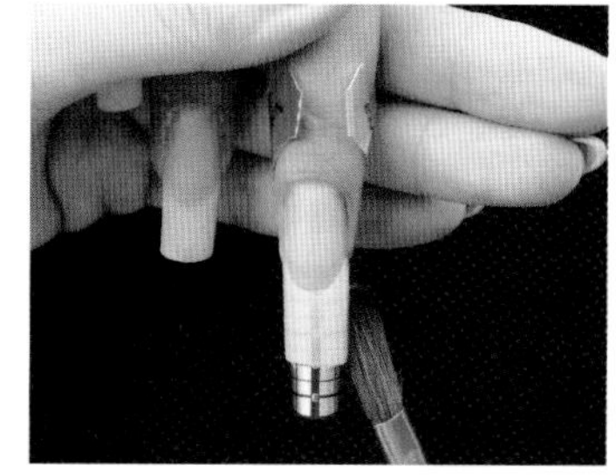

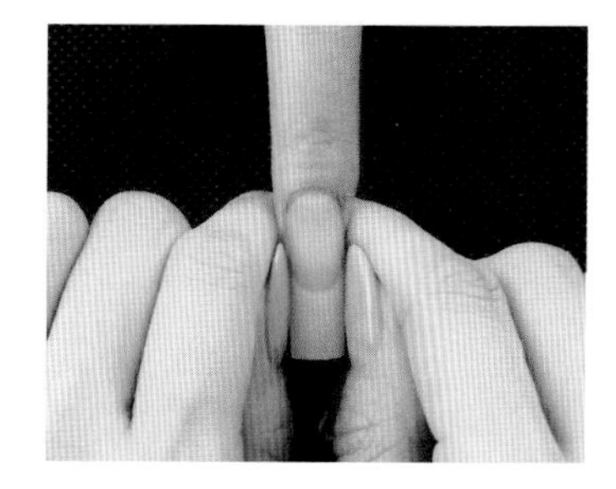

学習のポイント！

日本のネイル史では『紅殻』『ホウセンカ』『磨爪術』などがキーワードとなります。現代のネイル史では、ネイリスト技能検定試験がスタートした年、一般財団法人日本ネイリスト検定試験センターが公益財団法人となった年も重要となります。

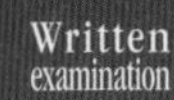

爪の構造と働き

爪の構造や各部の名称、働きは、ネイリストにとってかならず覚えなければいけない知識です。
爪についての知識をしっかりと学び、ネイルケアやアートの技術に役立てましょう。

爪の基礎知識

爪は皮膚の表皮層から爪母によって作られて角質化したものです。表皮の角質層が3層に変化し、この3層の薄い層の間に、最低限の水分と脂肪（0.15～0.75%）を含んでいます。爪の水分は健康的な成人の場合、一般的に12～16%ほどで、季節や環境、年齢によって異なります。

また、爪は年齢を重ねるごとに変化し、厚みが増して成長スピードも遅くなる傾向にあります。健康な成人の爪の成長速度は、1日当たり0.1㎜ですが、季節によっても成長速度は異なり、冬よりも夏のほうが速く伸びます。

爪の各部名称

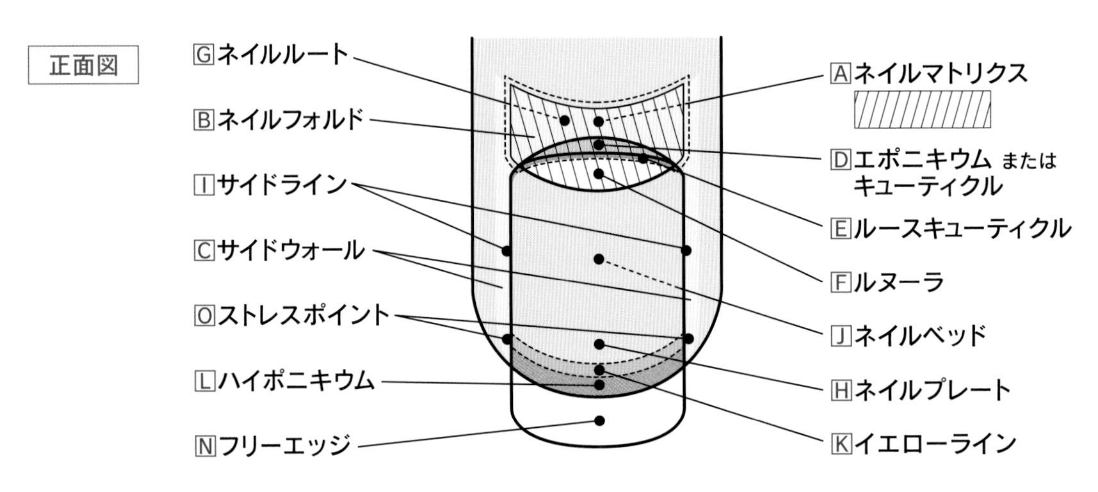

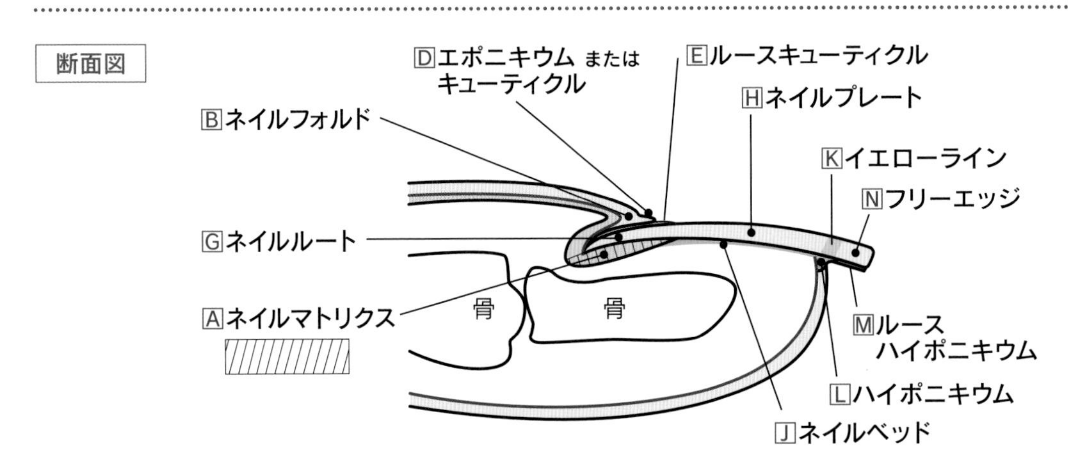

A ネイルマトリクス （爪母：そうぼ）	爪甲を形成する部分。血管と神経が通っている。 爪甲の成長は止まることがなく、一生伸び続ける。
B ネイルフォルド （後爪郭：こうそうかく）	爪甲を根元で固定する皮膚の部分。
C サイドウォール （側爪郭・そくそうかく）	爪甲の左右に接している、皮膚に覆われた部分。
D エポニキウムまたはキューティクル （爪上皮：そうじょうひ）	後爪郭を保護し、細菌やその他の異物の侵入を防ぐ役割を果たす皮膚の部分。
E ルースキューティクル （爪上皮角質：そうじょうひかくしつ）	爪上皮から発生し、爪甲の表面に付着している角質部分。
F ルヌーラ （爪半月：そうはんげつ）	別名はハーフムーン。爪甲の根元にある半月型で乳白色の部分。後爪郭に覆われていない爪母で、新しく生まれた爪甲なので水分含有量が多く、白っぽく見える。
G ネイルルート （爪根：そうこん）	爪甲が作られた根元の部分。 皮膚の下にある爪甲の根元（後爪郭に覆われた下部）のこと。
H ネイルプレート （爪甲：そうこう）	一般的に「爪」と呼ばれる部分。厚みは0.3～0.8㎜ほどで色は無色。 3層から成り立っている。 皮膚の付属器官で硬いケラチン（たんぱく質）から成り、指先を保護している。
I サイドライン （側爪甲縁：そくそうこうえん）	爪甲の左右の側面の際のこと。
J ネイルベッド （爪床：そうしょう）	爪甲がのっている台の部分。 爪甲は爪床に密着してのっているだけで、完全に固定はされていない。
K イエローライン （黄線：おうせん）	爪甲が爪床から離れないようにしている黄白色を帯びた弓状の部分。
L ハイポニキウム （爪下皮：そうかひ）	爪甲の下に細菌やその他の異物が侵入するのを防ぐ皮膚の部分。
M ルースハイポニキウム （爪下皮角質：そうかひかくしつ）	爪下皮から発生し、フリーエッジの裏に付着した角質部分。
N フリーエッジ （爪先：つめさき）	爪甲が伸びて爪床から離れた部分。 水分含有量が少なくなるため、不透明に見える。
O ストレスポイント （負荷点：ふかてん）	イエローラインがサイドラインに接する点。

爪の各部名称は、すべての級で毎回出題されている最重要項目。すべての名称を、カタカナ表記と漢字表記の両方で、さらにどこを指すのかも暗記することが必須です。また、爪の基礎知識で述べた脂肪や水分の量も、かならず覚えておきましょう。

爪の役割

人類の祖先である猿人類にとって、爪は生活をするのに大変重要な役割がありました。爪は獲物を確保したり、身を守ったりする武器として使われ、強くて鋭く、当時の生活に適応したものでした。

現代の人間にとっても、自由に動く10本の指は、日常生活を支え、作物を作り、芸術を生み出すうえで不可欠なものであり、文化の向上にも大きな役割を果たしています。

爪の力（爪圧（そうあつ））とは

指の骨は指先に向かって非常に細くなり、爪の下の中心部で終わっているので、指先まで届いていません（爪の断面図参照）。そのため、爪がなければ指の腹に加えられた力を跳ね返すことができないのです。爪があることで指先に力が入り、小さなものをつまんだり、薄い紙を持ったり、ペンで小さな字を書いたりすることができるのです。

爪が力をしっかり受け止めることを「爪圧」といい、爪がなければ指先に力が入りにくくなってしまいます。さらに足は、爪の働きによって体を支えて、安定させています。

皮膚の付属器官としての爪

指先は、知覚を司る末梢神経がとくに発達している場所で、細やかな神経や血管が集中しています。爪は、その大切な指先を保護し、人間のもつ機能をさらに助ける役目をはたしている、皮膚の付属器官です。

爪の成分

ネイルプレートは、ケラチンという繊維状のたんぱく質が主成分です。ネイルプレートのケラチンはアミノ酸が集まってできていますが、爪や毛髪は、硫黄を含んだアミノ酸の量が多い硬ケラチン（ハードケラチン）、皮膚の角質は、その量が少ない軟ケラチン（ソフトケラチン）となります。

爪の表皮組織と成分

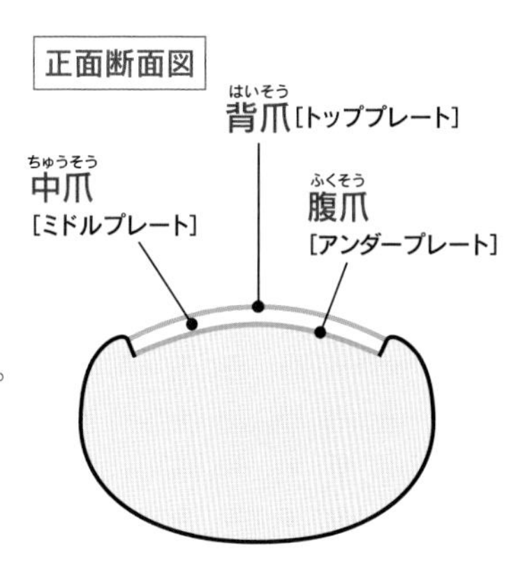

ネイルプレートは、表皮の角質層が特殊に分化し、薄い角質片が雲母状に積み重なった構造で、右図のような「背爪」「中爪」「腹爪」の3層から形成されています。それぞれの特徴は下記となります。

背爪→薄いケラチンが縦方向に連なっている。

中爪→厚いケラチンが横方向に連なっている。

腹爪→薄いケラチンが縦方向に連なっている。

この3層構造により、爪は硬さと柔軟性の両方を兼ね備えています。

また、皮膚表皮（91ページ参照）の角質層は、脱核して、最終的にフケや垢となって剥がれますが、爪を作る爪母は、角質を特殊に積み重ねて、ネイルプレートを形成しています。

爪を固定している4辺

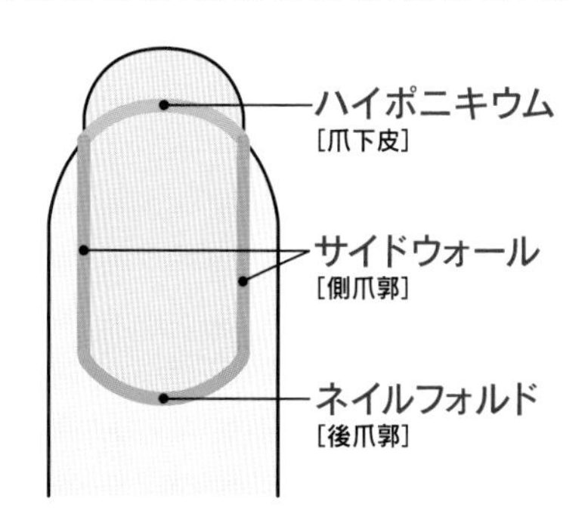

ネイルプレートはネイルベッドにのっているだけで、固定しているのはハイポニキウム、左右のサイドウォール、ネイルフォルドの4辺です。

学習のポイント！

爪の構造と深く関係してくる『爪圧（そうあつ）』や『背爪』『中爪』『腹爪』という名称、爪を固定している4辺についてなどは、爪の各部名称と同じくらい重要で、出題頻度も高い項目です。聞き慣れない言葉が並びますが、大切な知識なので、しっかり覚えましょう。

皮膚の構造と働き

爪は皮膚の付属器官、つまり皮膚の仲間です。お客様の手に直接触れるネイリストにとって、爪はもちろんのこと、皮膚の構造と働きも知っておくべき知識といえます。

爪と皮膚の関係

爪は表皮の角質層が硬く変化したものであり、手と足の指先を保護する重要な役割を担っています。爪の仲間とも呼べる皮膚の構造や働きを知ることは、ネイリストとして爪の組織や構造を知るうえで不可欠です。

皮膚の主な働き

皮膚は体を包む「外皮」であり、洋服にたとえるとコートのようなものです。体の表面を覆い、さまざまな役割をもつ皮膚の働きは、主に3つに分けられます。

保護作用

皮膚の表面は弱酸性の皮脂膜で覆われていて、異物やウイルス、微生物の外界からの侵入・付着を無害化する働きがあります。また、紫外線などの光線を吸収し、散乱させて体を保護するバリア機能の役目もあります。

体温調節作用

表皮の角質層と最下部にある皮下組織は、熱を伝えにくい性質があるので、体内の熱の放散を防ぎ、外気温の変化の影響を受けず、一定の体温を保つ手助けをしてくれます。また、汗腺（皮膚の付属器官の一部）から汗を出して体温を調節しています。

吸収作用

乾燥した肌に保湿クリームなどを塗ると、肌がしっとりと潤うのは、皮膚を通して物質を体内に取り入れる経皮吸収という作用があるからです。皮膚から吸収されやすいのは、油性物質のクリーム類や、油溶性ビタミンであるビタミンA、D、Eなどです。

皮膚の付属器官

汗腺、皮脂腺、毛、爪などは、皮膚から発生した付属器官です。

汗 腺 汗を分泌する器官

皮脂腺 皮脂を分泌する器官

毛、爪 主に皮膚を保護する器官

皮膚の構造

皮膚は体の外表面を覆っている大切な器官で、１人当たりの総面積は、成人で約 1.6㎡、厚さは平均して 2.0 ～ 2.2㎜、重さは体重の約 16％を占めています。外側から「表皮」「真皮」「皮下組織」の３層で形成されています。

1 表皮の層と細胞

表皮は「角質層」「透明層」「顆粒層」「有棘層」「基底層」からなり、層状形成されています。

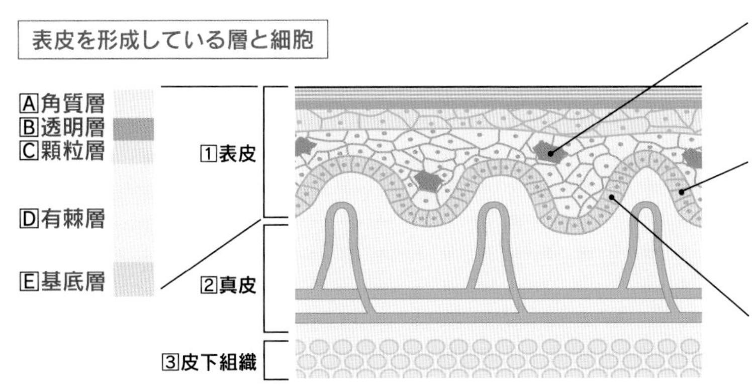

ランゲルハンス細胞
皮膚免疫を司り、外部からの菌、ウイルス、カビ、紫外線、熱など、さまざまな皮膚情報を脳へ伝達するセンサーの役割をしている。

角化細胞［ケラチノサイト］
表皮細胞の95％を占める細胞。基底層で産生し、有棘層、顆粒層と上へ移動しながら変性して、約２週間で角質層に達する。その後約２週間で乾燥して、フケや垢となって剥がれる。

色素細胞［メラノサイト］
紫外線が当たることで、皮膚の色素であるメラニンを産生する細胞。

A角質層（かくしつそう）	表皮の一番外側にあり、脱核して死んだ細胞。表皮のターンオーバー（約４週間の角質周期）機能により、フケや垢となって剥がれる。
B透明層（とうめいそう）〈淡明層〉	表皮の厚い手のひらや足の裏だけにある層で、細胞の境界がほとんどない。
C顆粒層（かりゅうそう）	扁平または横に長い紡錘形（ぼうすいけい）で、紫外線を反射させるケラトヒアリン顆粒が多く含まれている。
D有棘層（ゆうきょくそう）	表皮の中で最も厚い層。表皮に血管はないが、ここにはリンパ液が流れていて栄養を送る役割を担っている。
E基底層（きていそう）	表皮の最下層で、真皮にある毛細血管から栄養を補給して、常に細胞分裂を行い、上の有棘層に移行していく。１列に並び、数個おきに色素細胞（メラノサイト）が点在している。

2 真皮とは

表皮の下にある真皮は、表皮の数倍の厚さがあります。血管が豊富で、拡張したり収縮したりして、体温調整の役割も果たしています。また、真皮は下記の乳頭層と網状層から成り立っています。

乳頭層→表皮の基底層と接している部分で、毛細血管、脈管、神経系が多くあります。

網状層→コラーゲン（膠原線維）が規則的に配列しており、エラスチン（弾力線維）が継ぎ目にあたる部分に網目状に交わっています。そして、その隙間をヒアルロン酸などが満たして、皮膚の弾力や潤いを保ちます。

3 皮下組織とは

皮膚の最も下にある層で、皮膚とその下にある筋肉や骨との間にあたる部分です。保温したり、栄養を貯めたりする働きがあります。

皮膚の構造は、爪の名称と同じくらい重要なポイントです。難しい言葉が並びますが、その構造図とともに、すべて暗記するようにしましょう。また、皮膚の総面積、厚さ、重さなどの数値も出題頻度が高いので、忘れずに暗記してください。

ネイルのための生理解剖学

人間の骨格、関節、筋、腱など、人体の構造や働きや体の成り立ちを学ぶことは、ネイリストとしての高い技術の裏付けになります。プロフェッショナルなサービスを提供するために、しっかり学びましょう。

骨の成分

骨は、大きく分けて無機質と有機質の結合組織で成り立っており、体の中で歯のエナメル質の次に硬い組織です。

無機質	炭酸カルシウム、リン酸カルシウムなど。骨全体の2/3を占める。
有機質	細胞、血液など。骨全体の1/3を占める。

骨の働き

骨は体を形作り、支える役割と、筋肉と結合して体を動かすレバーのような役目を担っています。また、体内の器官や内臓などの組織を保護し、「骨髄」で血液細胞を作り出し、カルシウム、マグネシウム、ナトリウム、リン、ミネラルなどを蓄えています。骨をじかに見ることはできませんが、皮膚を通して触ったり、強く押したり、握ったりすることで、その形や場所、動きを知ることができます。

骨格組織

骨格組織は、体の基礎となる骨組みを作っており、その形もさまざま。筋肉が骨格を覆うことで、体がスムーズに動けるように手助けし、関節という骨同士の接合点によって、いろいろな動きができます。

上肢の骨格

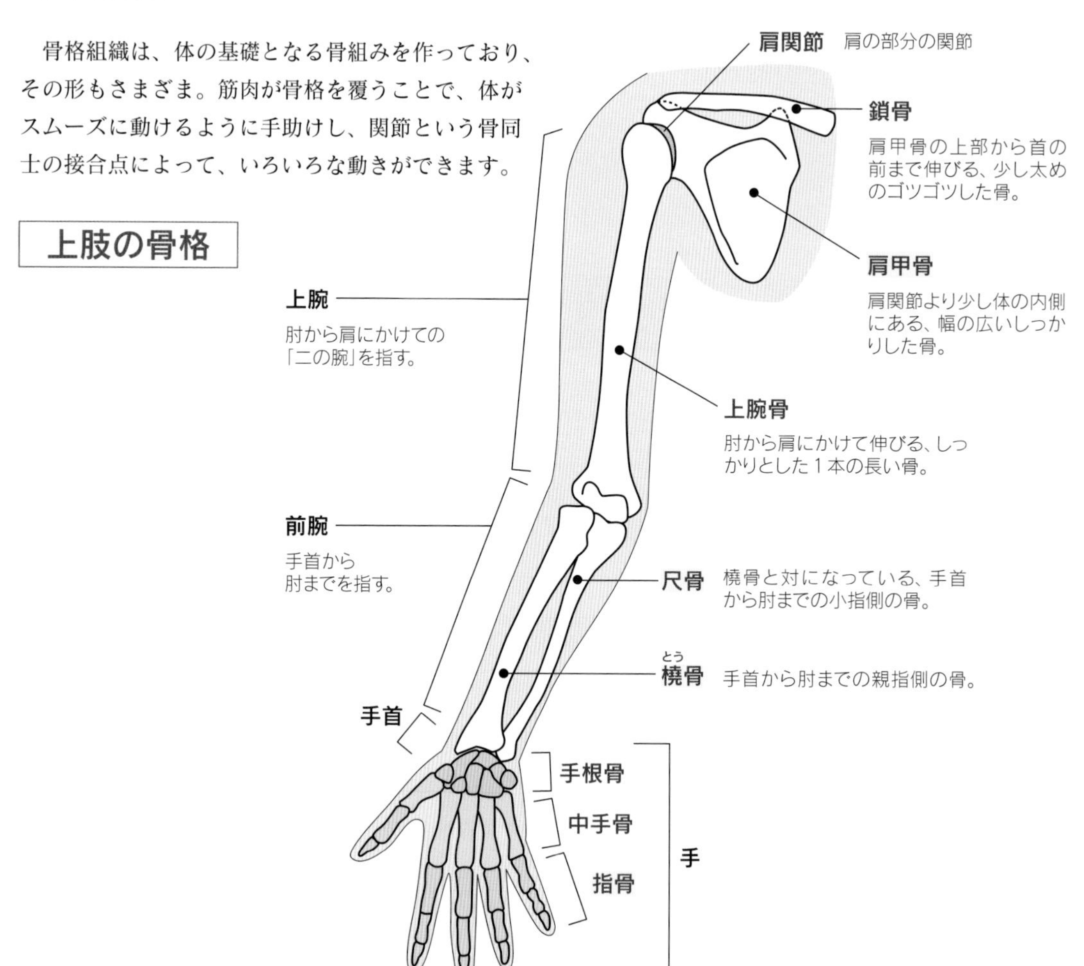

手指の骨格

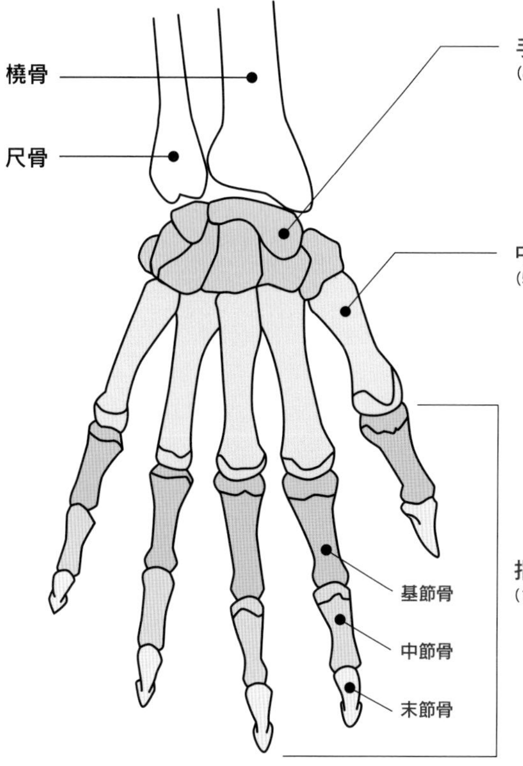

手根骨（8個）　手首に近いところにあるごろごろした感触の骨。4個ずつ2列に並んだ、計8個のふぞろいな形をした骨の総称。手の甲をさすると見つけやすい。

中手骨（5個）　手根骨からそれぞれの指の付け根にかけてある、5個の細くて少し長い骨。

指骨（14個）　中手骨から先の、いわゆる指の骨。関節の数同様、親指には2本、それ以外の指は3本、片手で合計14本ある。

足指の骨格

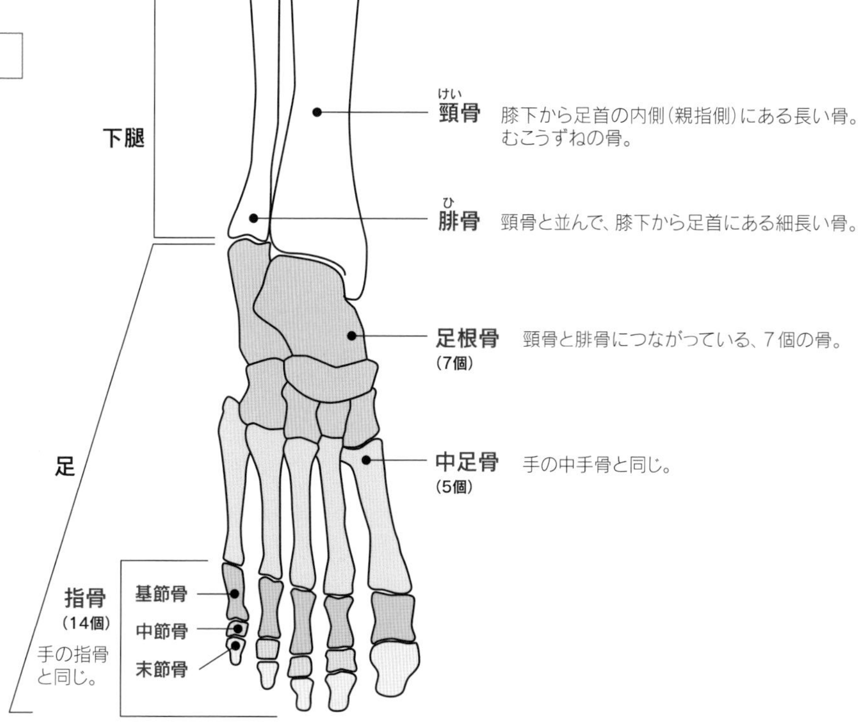

脛骨（けい）　膝下から足首の内側（親指側）にある長い骨。むこうずねの骨。

腓骨（ひ）　脛骨と並んで、膝下から足首にある細長い骨。

足根骨（7個）　脛骨と腓骨につながっている、7個の骨。

中足骨（5個）　手の中手骨と同じ。

学習のポイント！

2級、1級の試験では、生理解剖学の問題が出題されます。中でも、骨の各部名称はとても重要です。それぞれの骨がどこを指すのか、図と照らし合わせて暗記するようにしましょう。

骨の付属組織

骨は、関節以外にもさまざまな付属組織から形成されています。それぞれの働きが、体の形成だけでなく、健康とも密接につながっています。

軟骨 骨のように頑丈だが、伸縮性のある物質で骨に対する衝撃を和らげてくれる。鼻や耳のように、顔立ちを形成するものもある。

骨膜 骨を覆って保護する線維状の膜。腱鞘帯、血管、神経の付属組織として働き、血管が骨に栄養を与える重要な役割を担う。

関節滑液 骨と骨が交わる関節の摩擦を防ぐ潤滑液。軟骨に栄養を与える役目ももつ。

骨髄 血液の血球、血小板を作り、骨の内部の海綿質の隙間を骨髄で満たしている。

筋と腱

手指は小さな筋肉が数多く存在し、指の関節を覆って手を形成しています。それらの筋と腱が収縮、弛緩することで、指や手首を動かしています。

筋の種類と働き

筋には骨格筋、心筋、平滑筋の３種類があり、人間の体重の40～50%を占めています。「筋」というと、一般的に骨格筋を指す場合が多いですが、中央が紡錘状に膨らんだ筋は、腱によって骨に付着し、収縮したり弛緩することで骨を動かしています。

手指と前腕を動かす筋と腱の種類

● 指や手首は、屈筋と伸筋の働きによって、屈伸することができます。

屈筋 手のひらにある筋肉。
手首や指を曲げる働きをする。

伸筋 手の甲にある筋肉。
手首や手、指を真っすぐにする働きをする。

● 前腕には、回内筋と回外筋の２種類があり、これらの働きで外側と内側にひねることができます。

回内筋 腕を内側にひねり、
手のひらを下に向けることができる。

回外筋 腕を外側にひねり、
手のひらを上に向けることができる。

『屈筋』『伸筋』などの名称、人間の体重で筋が占める割合などが重要となります。聞き慣れない言葉が多く出てきますが、2級、1級の試験では、筋や腱についてもよく出題されるので、覚えておきましょう。

手指の感覚器

人間の感覚は、眼（視覚）、耳（聴覚）、鼻（嗅覚）、舌（味覚）、皮膚（皮膚感覚）の５種類あります。手、とくに指先には皮膚感覚（触・圧・温・冷・痛）の受容器が集中しているため、体の中でもとくに鋭い感覚をもっています。

神経

神経系統は体内の各器官の働きを統制し、同時に高度な精神活動を司っています。神経系は手で受け取った感覚を脳に伝える「知覚神経」と、筋肉や腱を動かすために脳から送られる指令を手に伝える「運動神経」の２つに大別されます。

これらの脳へ向かう信号と、脳から送られる信号は「末梢神経」を伝達経路としています。

循環

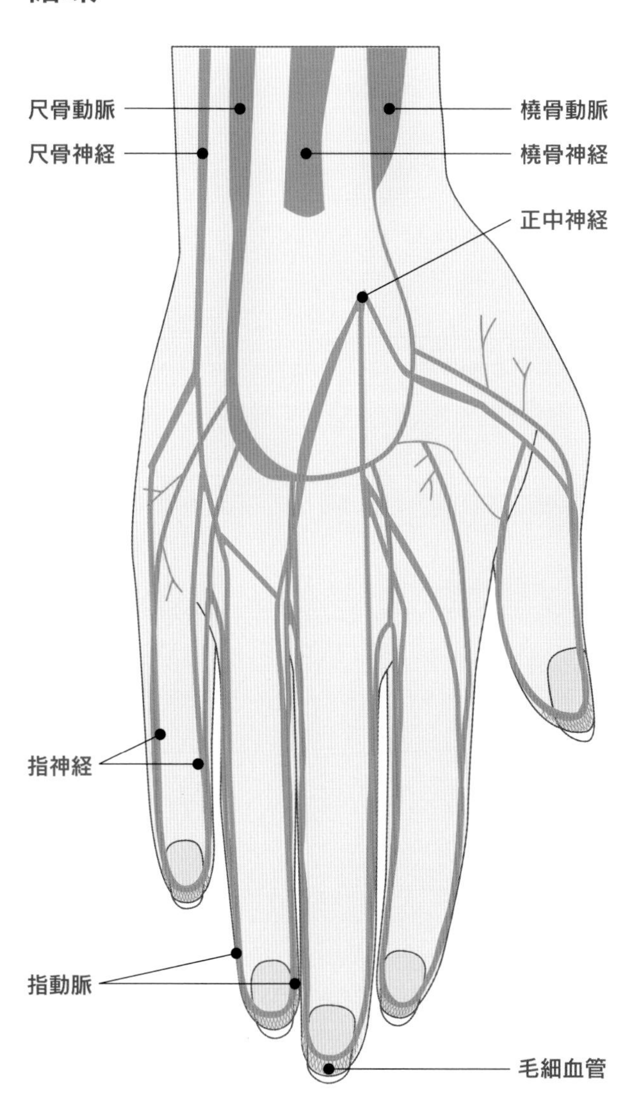

人間の体の中で、血液の流れを第一の循環とすると、第二の循環はリンパの流れ（循環組織）となります。

血液循環は、主に①酸素や炭酸ガス、栄養素、ホルモンなどの運搬、②熱を全身に運んで体温を一定に保つ、③傷口から出血した際に血液を凝固させ、止血効果を発揮する、という３つの働きをもちます。リンパ液は主に、①栄養素や老廃物の運搬、②体内に侵入する異物や細菌などに対する免疫抗体を作る、という２つの働きをもっています。

また、病院などで、手首に指先を当てて脈を測る場合がありますが、これは、手関節の比較的浅い部分に動脈があるからです。

ネイルケアで最も重要なのは、静脈（心臓に戻る血液循環）の流れとリンパの流れを促進させることで新陳代謝を促し、健康で美しい爪を育てることだといえます。

学習のポイント！

神経や循環に関する問題では、人には5つの感覚があること、『知覚神経』『運動神経』『末梢神経』などの名称、リンパや血液の役割についてなどが、よく出題されています。

ネイルの技術体系

現代のネイル技術は、下図のように大きく4つに分類することができます。フットに行う内容も含めて、それぞれがどのような技術を含んでいるか、どのように施すかを学びましょう。

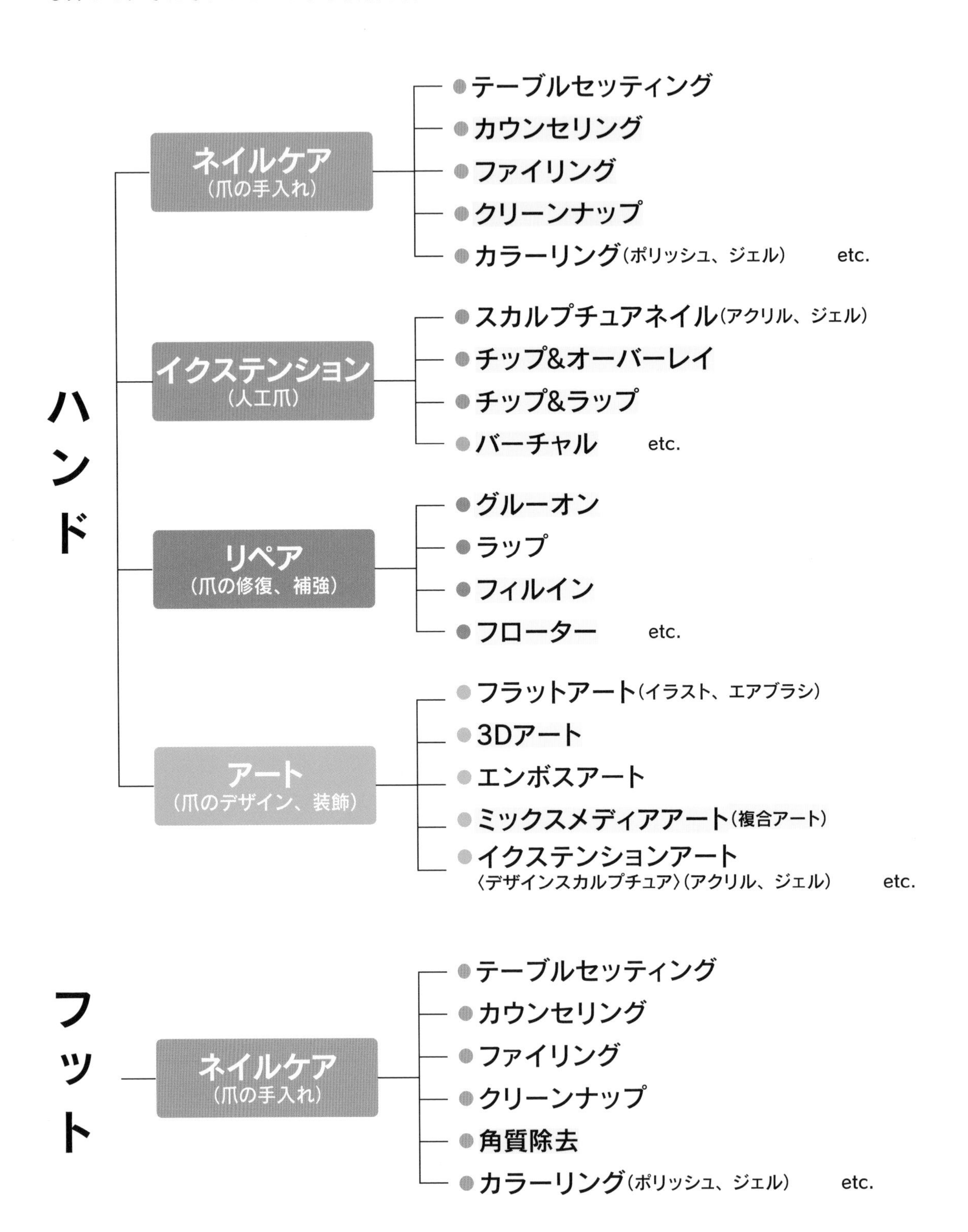

ネイルケア(爪の手入れ)

- **テーブルセッティング**
  用具・用材の準備と消毒管理、衛生的に配置すること、手指消毒などのこと。
- **カウンセリング**
  爪や皮膚の状態、病気やアレルギーの有無、ライフスタイルの確認などを行うこと。
- **ファイリング**
  エメリーボードを使って爪の長さや形を整えること。
- **クリーンナップ**
  メタルプッシャーやコットンスティックを使ってキューティクルをプッシュバック・プッシュアップし、ガーゼとキューティクルニッパーでルースキューティクル、ハードスキン、ささくれ、汚れなどを処理すること。
- **カラーリング**(ポリッシュ、ジェル)
  ベースコート、カラーポリッシュ、トップコートを塗ること。または、ベースジェル、カラージェル、トップジェルを塗ること。

イクステンション(人工爪)

- **スカルプチュアネイル**(アクリル、ジェル)
  ネイルフォームを用いて、爪の長さや形を造形すること。
- **チップ&オーバーレイ**
  ナチュラルネイルの先端にネイルチップを装着し、爪の長さや形を造形すること。
- **チップ&ラップ**
  ナチュラルネイルの先端にネイルチップを装着し、ラップ材を使って爪を補強すること。
- **バーチャル**
  ネイルベッドを長く見せるために、アクリルでイクステンションを施すこと。

リペア(爪の修復、補強)

- **グルーオン**
  グルー(接着剤)を使って爪の修復、補強をすること。
- **ラップ**
  シルクやグラスファイバーなどのラップ材を使って爪の修復、補強をすること。
- **フィルイン**
  ナチュラルネイルが伸びてきた部分に対して、イクステンションを修復すること。
- **フローター**
  ナチュラルネイルの表面のみをアクリル、ジェル、レジンなどで覆って補強すること。

アート(爪のデザイン、装飾)

- **フラットアート**(イラスト、エアブラシ)
  絵の具を使ったイラストレーションやペイントアート、エアブラシなどを使った平面的なデザイン・装飾を施す技法。
- **3Dアート**
  アクリルマテリアルなどを使った立体的なデザイン・装飾を施す技法。
- **エンボスアート**
  アクリルマテリアルなどを使って厚み(凸)のあるデザイン・装飾を施す技法。
- **ミックスメディアアート**(複合アート)
  フラット、3D、エンボスなどを組み合わせた複合的なデザイン・装飾を施す技法。
- **イクステンションアート**〈デザインスカルプチュア〉(アクリル、ジェル)
  アクリルやジェルなどを使ってデザイン・装飾を施すと同時に、イクステンションの基本的な造形を作る技法。

1～3級まで、すべての試験に出題されるのが、この「ネイルの技術体系」です。ネイルの技術名を覚えるとともに、左ページを見ながら、それを体系として理解することが大切。ハンドとフットの大きな違いは、角質除去の有無であることも覚えておきましょう。

化粧品学（ネイル用化粧品）

ネイルの施術に使用する化粧品の品名、使用目的、内容成分などは、ネイリストにとって不可欠な知識。お客様に安全安心なサービスを提供するためにも化粧品学を学びましょう。

化粧品の使用目的

化粧品の使用目的は、下記の３種類に定義されています。また、化粧品には、主要成分が全成分表示されています。

① 人の身体を 清潔にする	② 人の身体を美化して 魅力を増し、容貌を変える	③ 人の皮膚もしくは毛髪を 健康に保つ
例:浴用石けん、洗顔フォーム、歯磨き粉、マウスウォッシュなど	例:ファンデーション、アイシャドー、マスカラ、頬紅、口紅などのメイクアップ製品、カラーポリッシュ、香水など	例:化粧水、乳液、クリーム、パックなどのスキンケア製品、トリートメント、ムース、ワックスなどのヘアケア製品、オイルやクリームなどのネイルケア製品、入浴剤など

主なネイル用化粧品学用語一覧

内容成分	主な配合化粧品	使用目的・内容成分・備考
アクリル樹脂	ポリッシュ類	アクリル酸エステルの重合体の総称
アミン	アクティベーター	アンモニアから誘導される有機化合物
アルキッド樹脂	ポリッシュ類	多価アルコールなどから作られる合成樹脂
オキシベンゾン	トップコート	紫外線吸収剤。日焼け止めクリームなどにも配合されている
グリセリン	キューティクルリムーバー	天然の皮膚成分である保湿剤、柔軟剤
酢酸エチル	ソルベント ポリッシュリムーバー	酢酸とエチルアルコールとのエステル。 無色の液体で溶剤として使われる
酢酸ブチル	ソルベント ポリッシュリムーバー	酢酸とブチルアルコールとのエステル。 無色の液体で溶剤として使われる
トコフェロール	キューティクルリムーバー	ビタミンE誘導体。皮膚の血行をよくする
ニトロセルロース	ベースコート	セルロースの硝酸エステルで、白色繊維状物質。 粉末状のものもある
有機化合物	アクティベーター	炭素を主成分とする化合物。有機物とも呼ばれる
有機性ベントナイト	リッジフィラー	粘土鉱物のベントナイトを加工したゲル化剤。 メイクアップ化粧品にも使用されている
ラベンダー油	ポリッシュリムーバー	ラベンダーの花から抽出した精油が原料
ワセリン	キューティクルクリーム	石油精製の過程で作られる炭酸水素類の混合物。常温で半固形。 ハンドクリームやメイクアップ化粧品にも使用されている

ネイル用化粧品の使用目的と内容成分一覧

品名	使用目的	主な内容成分
ベースコート	●ナチュラルネイルのコンディションを整える下地剤として使用する。 ●爪を保護する。 ●カラーポリッシュの接着を高めてはがれにくくし、発色を向上させる。	●皮膜形成剤(ニトロセルロース) ●皮膜形成補助剤(アルキッド樹脂) ●揮発性溶剤(酢酸エチル、酢酸ブチル) ※カラーポリッシュから着色剤を除いた成分に類似している。 ※接着効果を高めるために皮膜形成補助剤(樹脂類)の配合を増やし、速乾性を高めるために揮発性溶剤の割合を多くする場合もある。
カラーポリッシュ	●爪を美しく着色し、光沢のある皮膜を作って美しい色調で指先を飾る。	●皮膜形成剤(ニトロセルロース) ●皮膜形成補助剤(アルキッド樹脂、アクリル樹脂) ●可塑(かそ)剤 ●真溶材 ●助溶剤 ●ゲル化剤(有機性ベントナイト) ●着色剤(有機顔料、無機顔料) ●パール剤、ラメ剤(パール顔料・雲母) ※基本的にはベース&トップコートに類似していますが、着色剤の顔料を入れることでさまざまな色を作れる。
トップコート	●皮膜強化のために仕上げ剤として使用する。 ●カラーポリッシュに光沢を与えて色持ちをよくする。 ●ポリッシュの耐久性を高めて傷から守り、変色を防ぐ。	※基本的な成分はベースコートと類似する。 ※皮膜強化のため、ベースコートよりも皮膜形成剤(ニトロセルロース)や皮膜形成補助剤(アクリル樹脂など)の配合量が多く、硬い皮膜を作ることで傷、摩擦に対しての耐久性を高めている。 ※機能効果剤としてオキシベンゾンなどの紫外線吸収剤を加え、耐久性を高めている場合もある。
リッジフィラー	●ネイルプレートの凹凸を埋めて平滑にし、表面を滑らかにするために用いられる。	※ベースコートの内容成分にシルクなどの繊維を粉末状にして配合しているものが一般的。 ※粘性を出すためのゲル化剤として、有機性ベントナイトなどを加え、沈殿を防止している。
ソルベント	●粘度が増したカラーポリッシュなどに薄め液として少量加えることで、流動性を取り戻して使いやすくする。	※カラーポリッシュ、トップ&ベースコートに含まれる揮発性溶剤(酢酸エチル、酢酸ブチル)が主成分。

ネイル用化粧品の使用目的と内容成分一覧

品名	使用目的	主な内容成分
ポリッシュリムーバー	●カラーポリッシュの皮膜を溶解し、除去するために使われる。	●皮膜溶解剤(アセトン) ●酢酸エチル、酢酸ブチル ※乾燥を防ぐためにひまし油、オリーブ油、ラベンダー油、アロエエキスなどの油性成分が加えられている。 ※アセトンを含まないものの場合は酢酸エチル、酢酸ブチルなどが主成分になる。
キューティクルリムーバー	●ルースキューティクルを柔軟にし、ウッドスティック、メタルプッシャーを併用することで除去しやすくする。また、乾燥して硬くなったキューティクルの手入れをしやすくする。	●主成分は精製水で、ローションにも配合されているトリエタノールアミンなどの弱アルカリ成分と、保湿・柔軟剤として、グリセリンが含まれている。 ※スキンコンディショニングとして、トコフェロール、アロエエキスなどが配合されることもある。
キューティクルクリーム	●爪と爪周辺の皮膚に潤いを与えて表面に薄い油膜を形成し、皮膚を乾燥から守って保湿効果を高める。	●鉱物油(ワセリン、流動パラフィン) ●動物性油脂(蜜蠟、ラノリン) ●保湿剤(グリセリン) ※そのほか、ビタミン、香料類を配合したエモリエントクリームなど。
キューティクルオイル	●爪と爪周辺の皮膚の乾燥を防ぎ、油分を補って柔軟にする。	●ホホバ油、オリーブ油、小麦胚芽油、米胚芽油、アボカド油などの植物性樹脂 ※そのほか、ビタミン、ミネラルを配合したエモリエントオイルなど。
ハンドローション	●皮膚の水分、保湿成分を補い、潤いのある肌を保つ。 ●モイスチャーローション、エモリエントローションとも呼ばれる。	●精製水 ●高級脂肪酸(ステアリン酸) ●保湿剤(プロピレングリコール) ●香料
グルー	●ネイルリペアやネイルチップの装着に使用される。 ●アクリル樹脂のフィラー、シルクなどの繊維と併用する場合もある。 ●空気中の微量の水分を開始剤として、硬化する。	●シアノアクリレート ●安定剤 ※除去する際はアセトンなどを使用する。
フィラー	●グルーの硬化補助剤として、グルー内部の硬化重合を補助し、強度を高める。	●アクリル樹脂

ネイル用化粧品の使用目的と内容成分一覧

品名	使用目的	主な内容成分
レジン	●ネイルリペアやネイルチップの装着に接着剤として使用する。 ●シルクなどの繊維と併用することもある。 ●硬化を促すためにアクティベーターを併用し、ハイポイントなどの厚みを必要とする場合に使われる。 ●グルーと比べて硬化速度が遅いのが特徴。	●シアノアクリレート ※粘性を高めるために増粘剤として微粒子のシリカなどの合成樹脂を配合することもある。 ※耐光性と強度を高めるために、アクリル樹脂を配合する場合もある。 ※除去する際はアセトンなどを使用する。
アクティベーター	●グルーの硬化促進剤として、硬化重合のスピードを速め、強度を高める。	●ヘプタンまたはエタノール ※硬化促進剤として触媒となる有機化合物のアミンなどを配合する。 ※アセトンと酢酸エチルを主成分とする場合もある。
シルク	●ネイルリペアの強度を増すため、天然繊維である絹の一片で覆い、グルー、フィラーまたはレジンで仕上げる。	※薄いシルクをシート状にしたもの。必要量をカットして使用する。 ※爪の形に裁断されている「プレカット」もある。
グラスファイバー	●ネイルリペアの強度を増すため、化学繊維であるグラスファイバーの一片で爪を覆ってレジン、アクティベーターで仕上げる。	※薄いグラスファイバーをシート状にしたもの。必要量をカットして使用する。
エタノール	●手指、器具の消毒に使用する。 ●清浄、収れん、可溶化、乾燥促進を目的として配合されることもある。	※別名はエチルアルコール。無色透明な揮発性の液体。消毒用のものは76.9~81.4%の濃度で使用される。 ※化粧品には欠かすことのできない原料で、各種物質を溶解する溶剤として濃度を変えて多用されている。
液体ソープ	●手指の洗浄に使用する。 ●ネイルケア時にフィンガーボールに適量を入れる。	●精製水 ●石けん素地に保湿剤(ポリエチレングリコール、プロピレングリコールなど)が配合されている。 ※薬用タイプでは、抗菌剤が配合されている。

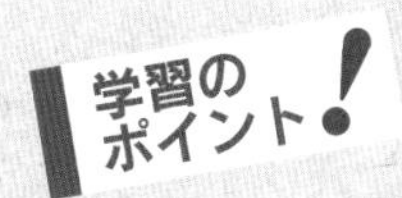

ここで紹介しているネイル用化粧品は、使用頻度の高い基本アイテムばかり。品名と使用目的を覚えておきましょう。とくに黄色でマーキングしている部分は2級試験での出題率が高いので、しっかり暗記しましょう。

色彩理論

色のセレクトや組み合わせは、センスに頼るだけではなく、色彩理論を学ぶことで、より深く理解することができます。色彩理論の基本を身につければ、表現方法の完成度も高まり、カラーリングの際などにも説得力のあるアドバイスができるようになります。

色の三属性

色の捉え方には、何色かを見る「色相」、明るさを見る「明度」、鮮やかさを見る「彩度」の3つの要素があります。これらを、「色の三属性」といいます。

色相

赤系、青系、緑系など、色合いの違いを「色相」といいます。

明度

色の明るさの度合いを表すのが「明度」です。明度の基準は、無彩色(下記参照)の白、灰、黒の度合いです。

彩度

色みの強さ、弱さの度合いを表すのが「彩度」です。

有彩色と無彩色

「有彩色」とは、色みをもつすべての色を指し、色相、明度、彩度すべての要素をもっています。
「無彩色」とは、白、灰、黒のように色がまったくないものを指し、明度の要素はありますが、色相と彩度の要素はもっていません。

		色の三属性		
		色相	明度	彩度
色	無彩色	×	○	×
	有彩色	○	○	○

○=持っている要素　×=持っていない要素

色相環

色相を360度の円状に並べたものを「色相環」といいます。

色相環

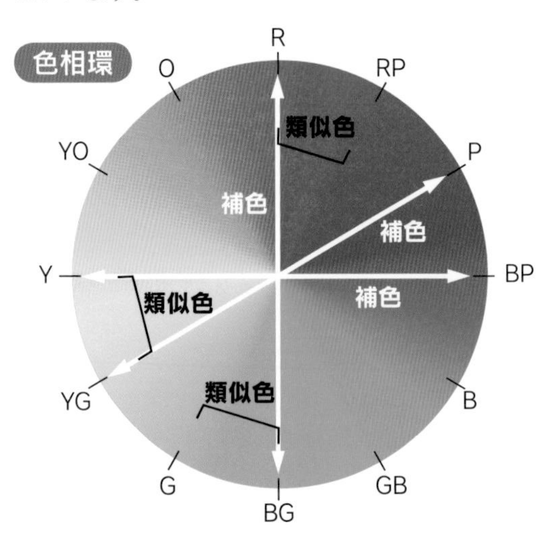

トーン(色調)

色には、「色相」「明度」「彩度」の三属性がありますが、トーン（色調）は、このうちの明度と彩度を合わせた考え方で、色の印象を表現するものです。

カラーの種類と仕上がり

カラーポリッシュの色は、主に下記の６つに分類することができ、それぞれの仕上がりに特徴があります。

マット系	イエローラインが隠れる、不透明な仕上がり。
パール系	真珠のような仕上がり。
シアー系	透明感の残る仕上がり。
クリア系	透明感のある仕上がり。
メタリック系	金属的な仕上がり。
グリッター系	ラメの入った、キラキラと輝きのある仕上がり。

日本人の肌の分類

日本人の肌の色は、明るく淡い黄みのオレンジで、黄赤系に属します。そこからさらに、ライトイエロー、ダークイエロー、ライトレッド、ダークレッドの４タイプに分けることができます。

肌の分類と特徴

ライトイエロー	色白で黄みがかっている。フレッシュでクリアな若々しい印象。
ダークイエロー	色黒で黄みがかっている。温かみがあり、深みのあるシックな印象。
ライトレッド	色白で赤みがかっている。穏やかで優しいミルキーな印象。
ダークレッド	色黒で赤みがかっている。シャープでメリハリのある強い印象。

2級、1級の試験では、色彩理論からも出題されます。色の三属性について、色相環の意味、カラーポリッシュの種類と仕上がり、肌の分類などがポイントです。とくに色の三属性については、色相、明度、彩度のそれぞれの意味をしっかり理解しましょう。

トリートメント

ネイルサロンでは、お客様の手や足にトリートメントを施す場合があります。実技試験の課題ではありませんが、どのような目的と効果があるのかと基本手技を学んでおきましょう。

トリートメントの目的と効果

- 筋肉の緊張やこりを和らげる。
- 血行を良くしたり、リンパの流れを促したりして、新陳代謝を高める。
- 神経を鎮静して、心身にリラクゼーション効果を与える。
- スジを揉んだり、ツボを押したりすることで、内臓の働きなどを高める（反射効果によるもの）。
- 皮膚に水分や油分を与え、滑らかにする。

トリートメントの基本手技

軽擦（けいさつ）法

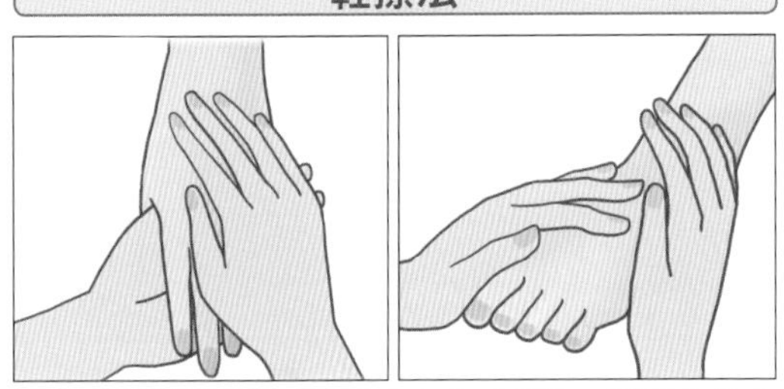

軽く皮膚表面を擦る、基本となる手技。緊張をほぐす、血行をよくする、リンパの流れを促すなどの作用がある。トリートメントの始めと終わりに行う。

強擦（きょうさつ）法

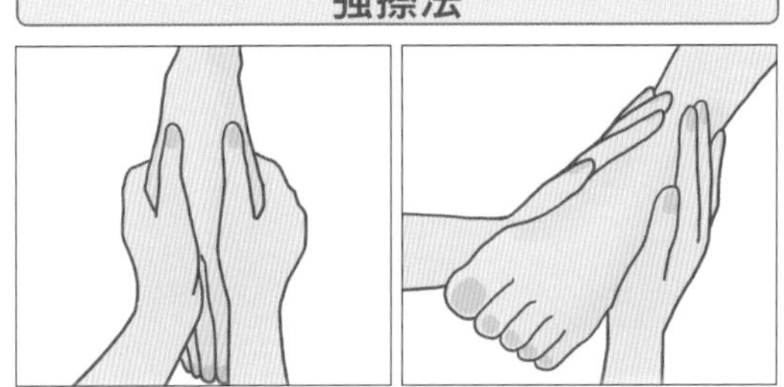

やや強く擦り、皮膚の下深くまで刺激を与える手技。強く擦ることで、循環機能を高める効果がある。

圧迫（あっぱく）法

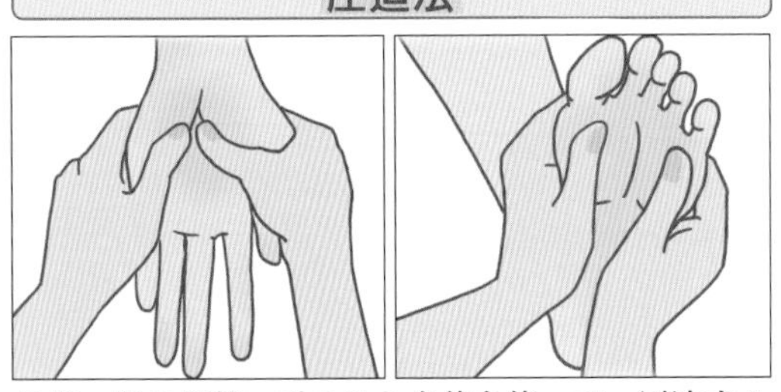

母指、指の関節、手のひら全体を使って、圧迫する手技。圧迫することで、クールダウンの効果を与えることができる。

運動（うんどう）法

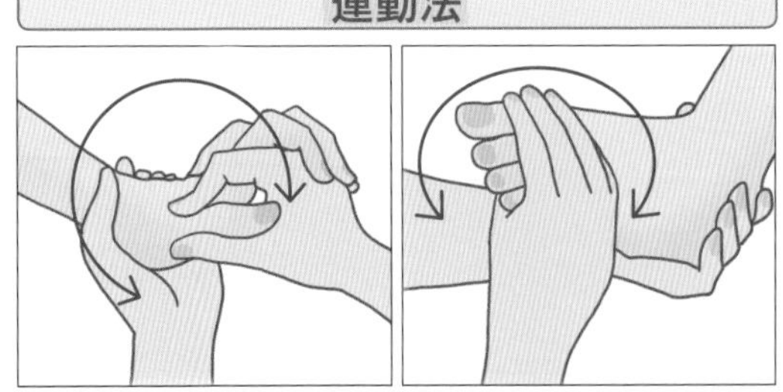

関節の可動域を広げる効果がある手技。硬くなった関節を柔らかくしたり、しなやかにする効果などがある。

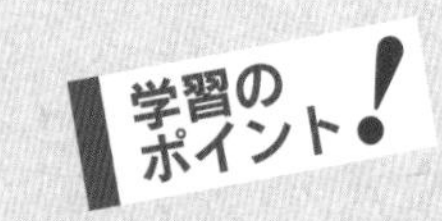

トリートメントは、サロンワークに必要な技術です。トリートメントにはどのような目的や効果を期待できるのかをよく理解し、手技についても、それぞれの意味を覚えておきましょう。

爪や皮膚の病気とトラブル

お客様にネイル技術を施す際は、爪や皮膚の健康状態をしっかりと見極める必要があります。それぞれの病気やトラブルについて、ネイリストとして必要な知識を学習しましょう。

爪の診断

爪は健康のバロメーターともいわれており、体のあらゆる症状が現れます。お客様の爪をカウンセリングし、爪や施術部位に感染症の疾患がある場合や、ネイルサービスを提供できないような症状がある場合は、医師の受診をすすめる必要があります。ネイリストとしての職能範囲をしっかりとわきまえ、適切な判断を行いましょう。また、ネイルテクニックによって改善が可能なトラブルもあるので、正しい知識と技術を身につけて対応しましょう。

爪の異常

爪の異常には、遺伝や生まれつきである「先天性」の異常と、怪我や病気が原因の「後天性」の異常の2つに分けられます。

先天性のもの

1. 爪の先天的異常
2. 骨の異常に伴うもの
3. 皮膚の角化異常に伴うもの
4. 短爪症（ラケット爪）　など

後天性のもの

1. 全身性疾患
2. 皮膚疾患の部分現象
3. 爪にのみ異常が認められる疾患　など

色調の異常

爪の疾患には、爪の色を見て症状を判別できるものもあります。施術の前にしっかりとお客様の爪の色をカウンセリングし、施術が可能かどうか判断しましょう。

爪の色	疑われる疾患など
白　斑	●ルコニキア（爪白斑）
白　濁	●肝硬変 ●慢性腎不全 ●糖尿病
黄白色	●爪真菌症（爪白癬） ●ニコチン付着 ●リンパ系の異常 ●爪甲剥離症 ●内臓疾患 ●新陳代謝の低下
青紫色	●先天性心疾患 ●肺疾患
青白色	●貧血症
緑　色	●緑膿菌感染
赤　色	●発熱性肉芽腫 ●爪下出血
黒褐色	●金属性色素沈着 ●薬剤の影響 ●メラニン色素増加 ●アジソン病 ●爪下出血 ●悪性腫瘍

爪の加齢的変化

爪は年齢を重ねることでも変化します。主な変化は下記のようなものです。

- **成長スピードが遅くなる。**
- **厚みが増す。**
- **縦筋が目立つようになる。**

代表的な皮膚疾患

接触性皮膚炎（カブレ）	外部刺激が引き金となって起こる炎症。刺激性とアレルギー性に大別される。
湿疹	皮膚表皮の炎症。発赤、かゆみ、ほてり、かさぶたができる。
乾癬	慢性的な炎症。粗い銀色のかさぶたで覆われ、乾いた状態の皮膚疾患。

感染性の皮膚の疾患

イメージ	皮膚の病気の名称	主な原因	症状
	じんじょうせいゆうぜい **尋常性疣贅** **（イボ）・ウォート**	**イボウイルス** （ヒト乳頭腫ウイルス） 〈ウイルスによるもの〉	角質肥厚した部分に点状の褐色が見られる状態。イボウイルスの感染が原因で起こる。
	たんじゅんせいほうしん **単純性疱疹**	**ヘルペスウイルス** 〈ウイルスによるもの〉	唇（口唇ヘルペス）や皮膚に小水疱や小膿疱が群がるようにできる。ヘルペスウイルスの感染が原因で、免疫力が低下したときなどに、繰り返し症状が出る。
	でんせんせいのうかしん **伝染性膿痂疹** **（トビヒ）**	**黄色ブドウ球菌** **または連鎖球菌** 〈細菌によるもの〉	小さな水疱、膿疱、びらん（湿潤してじゅくじゅく赤くなる症状）ができる。水疱性膿痂疹（みずぶくれ）と痂皮性膿痂疹（かさぶたが厚くなった状態）があり、成人に多く見られる痂皮性膿痂疹は、季節に関係なく発症する。
	てはくせん **手白癬**	はくせんきん **白癬菌** 〈真菌によるもの〉	手白癬の場合は、小水疱、鱗屑、びらんができる。爪白癬の場合は、爪甲が白濁または黄白色に変化する。白癬菌の感染が原因で起こる。
	かいせん **疥癬**	**ヒゼンダニ** 〈寄生虫によるもの〉	感染してから2～4週間潜伏したのち発症し、激しいかゆみを伴う。ヒゼンダニ（疥癬虫）の寄生が原因で起こる。

感染性の爪の疾患

爪の病気の名称	主な原因	症状
じんじょうせいゆうぜい **爪甲下の尋常性疣贅** **（イボ）・ウォート**	**イボウイルス** （ヒト乳頭腫ウイルス） 〈ウイルスによるもの〉	爪甲下の角質増殖が特徴で、完治しにくい。 指先にイボウイルスが感染したことが原因で起こる。
つめはくせん **爪白癬** **（オニコマイコーシス）**	**白癬菌** 〈真菌によるもの〉	爪甲が白濁または黄白色に変化したり、剥離するなどの症状が現れる。白癬菌の侵入が原因で起こる。
つめかいせん **爪疥癬**	**ヒゼンダニ** 〈寄生虫によるもの〉	感染してから2～4週間潜伏したのち発症し、激しいかゆみを伴う。ヒゼンダニ（疥癬虫）の寄生が原因で起こる。爪甲下にヒゼンダニの卵があることで、発症を繰り返す場合がある。

ネイリストが知っておくべき爪や皮膚のトラブル

イメージ	名称	医学用語［一般用語］	主な症状や原因
	陥入爪（かんにゅうそう）	オニコクリプトーシス［イングローンネイル］	不適切なネイルカットや靴による圧迫などが原因で、周囲の皮膚に爪が食い込んで炎症を起こす。
	巨爪症（きょそうしょう）（爪肥厚症（そうひこうしょう））	オニキクシス［ハイパートロフィー］	極端な深爪や脱落、局部感染が原因で、爪が異常に厚くなる。
	爪郭炎（そうかくえん）	パロニキア	後爪郭、側爪郭が赤くなったり、腫れたりする。カンジダ菌（真菌）感染などが原因で起こる。
	細菌性爪郭炎（さいきんせいそうかくえん）（ヒョウ疽）	バクテリアルパロニキア	赤く腫れ上がる。黄色ブドウ球菌が荒れた皮膚や外傷から侵入したことが原因で起こる。
	爪甲萎縮症（そうこういしゅくしょう）	オニカトロフィア［アトロフィ］	爪甲が割れやすく、小さくなって剥がれ落ちる。皮膚疾患や内臓疾患が原因で起こる。
	爪甲剥離症（そうこうはくりしょう）	オニコライシス［ネイルセパレーション］	爪甲と爪床の間に角質ができて、爪甲が爪床部からはずれた状態。カブレや外傷、カンジダ菌感染、甲状腺機能異常などが原因で起こる。
	バチ状指	ヒポクラテスネイル	爪が指の先端を丸く包み込むように曲がる。先天性の心疾患、肺疾患、肺ガンなどが原因で起こる。
	緑膿菌感染（りょくのうきんかんせん）	［グリーンネイル］	感染には２つの理由がある。ひとつは、イクステンションとナチュラルネイルの間のリフト部分から緑膿菌が侵入して感染する場合。もうひとつは、爪白癬や爪甲剥離症などが主な原因で、二次的に緑膿菌が感染する場合。

イメージ	名称	医学用語［一般用語］	主な症状や原因
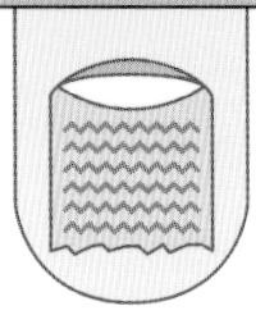	咬爪症（こうそうしょう）	オニコファジー ［ネイルバイティング］	爪をかむ習慣が原因で、爪甲に歯でかんだ細かい溝ができる。
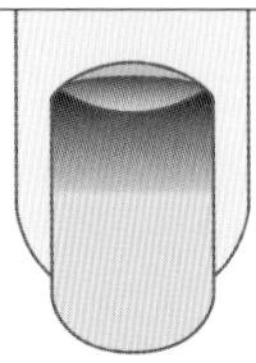	爪下出血（そうかしゅっけつ）	ヘモーレッジ ［ブルーズドネイル］	豆状の血腫で、爪下に出血があるため黒くなる。爪床の損傷が原因で起こる。
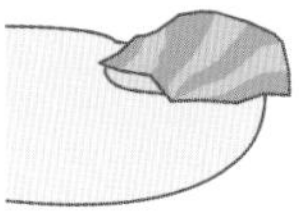	爪鉤湾症（そうこうわんしょう）	オニコグリフォーシス ［クローネイル］	爪が大きく湾曲し分厚くなる。深爪、抜爪、爪白癬などの感染が原因。
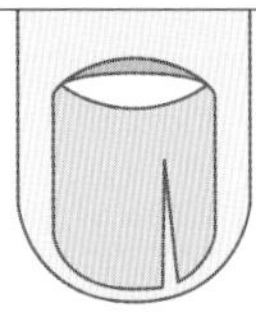	爪縦裂症（そうじゅうれつしょう）	オニコレクシス ［スプリットネイル］	爪に何本もの筋が入って割れる。指の損傷、ポリッシュリムーバーの使用過多などが原因で起こる。
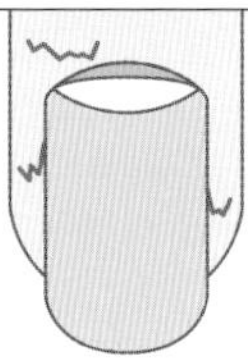	ささくれ さかむけ	［ハングネイル］	爪のまわりの皮膚にひび割れが起こる。
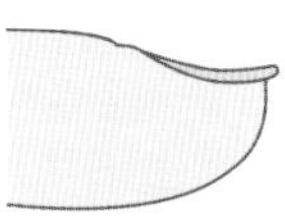	匙状爪甲（さじじょうそうこう）	コイロニキア ［スプーンネイル］	爪がスプーン状にへこむ。貧血や鉄分不足、遺伝、職業などが原因で起こる。
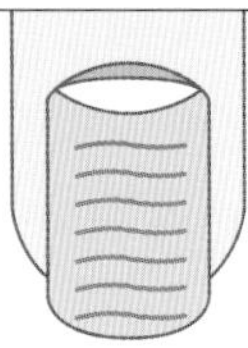	爪の横溝（よこみぞ） （爪甲横溝（そうこうおうこう））	ボーズライン ［コルゲーテッドネイル］	爪甲に溝が現れる。後爪郭へのダメージ（栄養障害、外傷など）が原因で起こる。
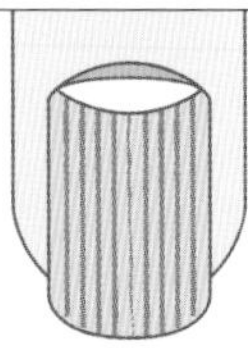	爪の縦筋（たてすじ） （爪甲縦条（そうこうじゅうじょう））	ロンギトゥディナルストリエーション	爪甲の表面に、縦に平行な線が現れる。主に老化と乾燥が原因で起こる。

イメージ	名称	医学用語［一般用語］	主な症状や原因
	爪白斑（そうはくはん）	ルコニキア ［ホワイトスポット］	爪に白い点状のものが現れ、爪の成長とともに消える。
	翼状爪膜（よくじょうそうまく）	テリジアム	爪母で一部の爪が作られず、爪上皮が過度に伸びた状態。
	卵殻爪（らんかくそう）	［エッグシェルネイル］	爪が薄く白くなり、先端が湾曲する。栄養障害や内臓疾患などが原因で起こる。
	胼胝（たこ）・べンチ	［カルス］	圧迫により、皮膚が硬く肥厚した状態で、足底にできる。
	魚の目・鶏眼（けいがん）	［コーン］	足底や足指の角質の一部が内部に肥厚したことで、中央の硬い芯が神経を圧迫して痛みを生じる。足に合わない靴などが原因で起こる。

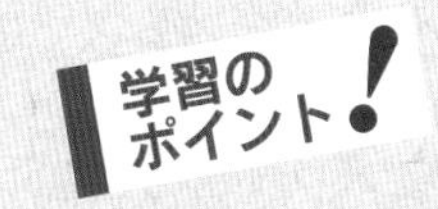

爪や皮膚の病気に関する問題は、すべての級の試験で出題されます。聞き慣れない言葉が多く並びますが、病気の名称は漢字表記とカタカナ表記の両方で暗記し、症状についてもしっかり理解しましょう。また、105ページで解説している爪の色調の異常も重要です。

ネイルサロンでの衛生管理

ネイルサロンではさまざまな器具を使用し、お客様に直接触れて施術を行います。そのため、サロンの衛生管理は徹底的に行う必要があります。お客様だけでなく、施術者も衛生面に気をつけ、病原体などに感染しないように細心の注意を払いましょう。

衛生管理のチェックポイント

ネイルサロンでは、施設・設備・器具などの衛生に関する配慮をし、安全で安心なネイルサービスを提供しましょう。

施設・設備についてのチェックポイント

1 毎日清掃し、整理整頓はされているか。
2 照明、換気、温度、湿度は適切か。

技術者についてのチェックポイント

1 着用している外衣は清潔か。
2 手指の洗浄、消毒をしっかりと行っているか。

器具、布類についてのチェックポイント

1 皮膚に接する器具類は、お客様1人ごとに消毒しているか。
2 皮膚に接する布類は、お客様1人ごとに替えているか。
3 消毒済み、未消毒のものをしっかりと分けて管理・保管しているか。
4 器具、布類は十分な数量を備えているか。

洗浄、消毒、滅菌、殺菌、防腐の定義

衛生管理用語である「洗浄」「消毒」「滅菌」「殺菌」「防腐」は、同義で捉えられやすいですが、それぞれ下記のように定義され、対象物や対処法も異なります。

洗浄 消毒や滅菌の前に行う最も基本的な衛生措置。

消毒 微生物の中でも、主に病原微生物を殺すか、または除去すること。皮膚や粘膜に接する器具や環境、手指・皮膚などに対して行う衛生措置。

※消毒を行う対象物によって、消毒法は呼び方が異なります。
ディスインフェクタント【disinfectant】：器具・環境などの非生体に対する消毒
アンティセプティック【antiseptic】：手指・皮膚などの生体に対する消毒

滅菌 病原微生物だけでなく、あらゆる微生物を殺すか除去し、微生物が存在しない状態にすること。

殺菌 微生物を殺すこと。

防腐 微生物を殺さないまでも、その繁殖や作用を止めて目的物の腐敗を防ぐこと。

消毒法の種類

消毒法は、大きく2種類に分けられます。それぞれを理解し、状況に応じて適切な消毒を行いましょう。

物理的消毒法 紫外線、熱（煮沸、熱水、蒸気）などの物理的媒体による消毒法。耐熱、耐水性のある器具は、できるだけ熱消毒を行うことが望ましい。

化学的消毒法 エタノール、次亜塩素酸ナトリウム、塩化ベンザルコニウム（逆性石けん）などの消毒剤を使った消毒法。

ウェットステリライザー

ガラス製、ステンレス製などアルコールで変質しない材質の容器の底にコットンかガーゼを敷き、ニッパーの刃先が浸る程度に消毒剤（消毒用エタノール）を入れたもの。施術中に皮膚に触れる用具を入れることで、消毒状態を維持します。

紫外線

強い殺菌力をもっているので、サロンでの消毒にも使われる紫外線。消毒に用いられるのは３種類の紫外線（A～C波）の中でも、特に殺菌力の強いC波「85μW（マイクロワット）／㎠以上」で、20分間以上の照射が望ましいとされています。器具の材質をほとんど損なわずに消毒できますが、影ができて全体に紫外線が当たらないものには不向きです。

消毒剤の適応一覧表

微生物
●＝効果あり
▲＝効果が得られない場合あり
×＝効果なし

消毒対象物
●＝使用可
▲＝場合によっては使用不可
×＝使用不可

⬇消毒剤	微生物						消毒対象物			
	細菌			真菌	ウイルス					
	一般細菌	黄色ブドウ球菌	緑膿菌	白癬菌・カンジダ菌など	B型・C型肝炎ウイルス	HIVウイルス	環境／床・家具・手すりなど	金属器具	非金属器具	手指・皮膚
エタノール	●	●	●	●	×	●	▲	●	●	●
次亜塩素酸ナトリウム*	●	●	●	●	●	●	▲	×	●	▲
塩化ベンザルコニウム（逆性石けん）	●	●	▲	●	×	×	●	●	●	●
グルコン酸クロルヘキシジン	●	●	▲	●	×	×	●	●	●	●
塩酸アルキルジアミノエチルグリシン（両性界面活性剤）	●	●	▲	●	×	×	●	●	●	●

＊次亜塩素酸ナトリウムは、金属器具には使用できませんが、B型・C型肝炎ウイルスの消毒には効果があることに注意しましょう。

手指消毒法

手指の消毒は感染症対策の基本であり、最も重要な衛生措置です。消毒の際には安全で低刺激な消毒剤を選ぶことも大切です。

正しい手順

❶洗浄
流水と薬用石けんを使い、目で見える汚れを洗い流す。

→

❷消毒
消毒には、右記の3種類がある。

- **擦式消毒**（さっしき）――速乾性の消毒剤を使って、乾くまですり込む。
- **清拭消毒**（せいしき）――消毒剤を含ませたコットンやガーゼでふく。
- **擦式清拭消毒**（さっしきせいふ）－消毒用エタノールなどを十分に含ませたコットンやガーゼで手指の全表面と指間、爪先までの汚れを除去し、消毒剤を浸透させる。

学習のポイント！

衛生管理については、ネイルサロン運営に欠かせない知識であり、すべての級の試験で出題される重要な項目です。『洗浄』『消毒』『滅菌』『殺菌』『防腐』のそれぞれの定義、『物理的消毒法』と『化学的消毒法』の違い、『擦式清拭消毒』の意味などを中心に、理解を深めましょう。

器具消毒法

器具の消毒は対象物によって異なりますが、手指消毒とは異なり、洗浄から保管までが消毒手順に含まれます。

正しい手順

❶洗浄
耐水性のものは、流水と（液体）洗剤を使って洗い流し、耐水性でないものは、布や紙などでふき取って、目で見える汚れを除去する。

→

❷消毒

ⓐ **物理的消毒法**
- **煮沸消毒** —— 沸騰水中で煮沸する。
- **蒸気消毒** —— 蒸気消毒器（蒸し器）などを使用して、蒸気に触れさせる。
- **紫外線消毒** — 紫外線消毒器などを使用して、紫外線を照射する。

ⓑ **化学的消毒法**
- **浸漬消毒** —— 消毒液中に浸して、消毒剤を器具の表面に触れさせる。
- **清拭消毒** —— 消毒剤を十分に含ませたコットンやガーゼで器具の表面をふき取る。

↓

❸水洗
浸漬消毒した場合など、必要に応じて水で洗い流す。

→

❹乾燥
必要に応じて、使い捨てペーパータオルや清潔なタオルを使ってふき取る。

→

❺保管
未消毒のものと区別し、保管する。

金属・刃物類の消毒

通常の消毒

❶洗浄
刃先の汚れをふく。
→
❷清拭消毒
消毒用エタノールで清拭する。
→
❸紫外線消毒
20分間以上、紫外線を照射する。
→
❹保管

血液付着またはその疑いがある場合

❶洗浄
刃先の汚れをふく。
→
❷浸漬消毒
消毒用エタノールに10分間以上浸漬消毒する。
→
❸乾燥
水分をふき取る。
→
❹紫外線消毒
20分間以上、紫外線を照射する。
→
❺保管

非金属器具の消毒

洗浄 ▶

❶洗浄
スポンジやブラシに洗剤を含ませて洗う。
↓
❷水洗
↓
❸乾燥

浸漬消毒 ▶

❶消毒液を作る
オスバンを使って、塩化ベンザルコニウムの0.1～0.2%水溶液を作る。オスバンは、塩化ベンザルコニウムを10%含有している。
→
❷浸漬消毒
洗浄後、浸漬消毒を10分間以上行う
↓
❸水洗

❹乾燥

紫外線消毒

❶紫外線照射*
水分がついていないことを確認したうえで、紫外線を20分間以上照射する。

＊次亜塩素酸ナトリウム以外の消毒剤は紫外線消毒を併用するほうがよい。
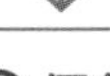
❷保管

タオルや布片類の消毒

通常のタオル類の衛生措置

※ハイターは次亜塩素酸ナトリウムを5～6%含有している。

❶洗剤・ハイターを適量計る

洗剤＋ハイターを入れる（次亜塩素酸ナトリウムの濃度を0.01%にする）。

→ **❷洗濯** → **❸乾燥・保管**

血液付着またはその疑いがある場合

❶消毒液を作る

ハイターを用いて、次亜塩素酸ナトリウムの0.1%水溶液を作る。

→ **❷浸漬消毒**

10分間以上、浸漬消毒する。

→ **❸洗濯** → **❹乾燥・保管**

器具の化学的消毒法

消毒剤名	製品名・商品名	濃度	使用方法	取り扱い上の注意	皮膚に接する器具、布類
エタノール	消毒用エタノール	76.9～81.4%の水溶液（消毒用エタノール）	10分間以上浸します。または、コットンかガーゼに含ませてふく。	▲火気厳禁。	金属器具、ウッドスティック
次亜塩素酸ナトリウム	ハイター、ピューラックス	0.01～0.1%の水溶液（塩素濃度100～1,000ppm）	10分間以上浸したあと、水洗いをして乾燥させる。	▲漂白作用あり。金属を腐食する。	タオル、ガーゼ布製カバー
塩化ベンザルコニウム（逆性石けん）	オスバン	0.1～0.2%の水溶液		▲石けんが混入すると消毒効果が下がるので、洗浄後にすすぎを十分に行う。	金属器具、ウッドスティック、プラスチック器具（ネイルブラシ、スパチュラなど）、ウォッシャブルファイル
グルコン酸クロルヘキシジン	ヒビテン	0.05%の水溶液			
塩酸アルキルジアミノエチルグリシン（両性界面活性剤）	エルエイジー	0.1～0.2%の水溶液			

消毒剤の注意点

消毒剤を使用するときは、下記の注意点に気をつけて使用しましょう。

- 濃度の違う数種類の商品が市販されているので、同じ消毒剤でも、希釈する際はしっかりと元の濃度を確認する。
- 作り置きはせずに、毎日取り換える。
- 消毒用エタノール（76.9～81.4%エタノール水溶液）は、希釈せずに使用する。

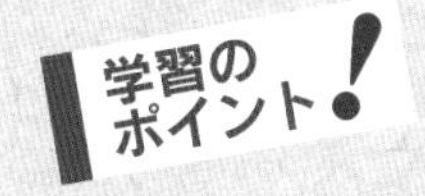

器具消毒法では『浸漬消毒』『清拭消毒』といった用語、それぞれの消毒に使用する消毒剤の名称をしっかり覚えましょう。また、各消毒剤の使用濃度は重要です。水溶液のパーセンテージがすべて異なるので、上記の表を見て、細かい数字まで暗記しましょう。

ネイルサロン環境

ネイルサロンの衛生管理を徹底し、お客様とネイリストの健康を守るために環境と設備を整えることはネイリストの義務です。サロンの床、壁、窓、ネイルテーブル、用具などの掃除や、使用する材料の適切な処理方法を身につけ、サロンの中を清潔に保つよう心掛けましょう。

換気

ネイルの施術で使用する用材には、揮発性のものがあるため、ネイルサロン内は換気できる設備が必要です。また、ファイルダストは、粒子が非常に細かく空気中に浮遊するので、お客様やネイリストが吸引しないような設備を整えます。

換気の種類

自然換気：ドアや窓を開け、空気の流動を利用して空気を入れ換えること。

機械換気：換気効率を一定に保つため、換気扇や空気清浄機によって、強制的に換気を行うこと。

防臭

揮発性のネイル用材は独特のにおいがするので、保管方法、処理に気をつける必要があります。

防臭についてのポイント

- 空気清浄機が備えてあること。
- 消毒用エタノール、ポリッシュリムーバー、モノマーなどを使用しないときは、容器のふたを閉めること。
- 上記の溶剤を含んだごみを処理する場合は、密閉容器に捨てること。

給排水

ネイルサービス中に発生したダストや用材が、お客様やネイリストに付着した場合、流水で洗浄する必要があります。用具の衛生管理のためにも、給排水設備はサロンには必要です。

給排水についてのポイント

- 給排水設備がネイルサロン内にない場合は、簡易洗浄設備（移動式給排水機）を使うという選択肢もある。

用材の管理

ネイル用材、ネイル化粧品、消毒剤などは、消防法で定められた保管数量をかならず守りましょう。

用材管理のポイント

- 火気厳禁であること。
- 落下防止、転倒防止に努めること。
- 保存するときは密閉すること。
- 高温多湿を避けること。
- 直射日光を避けて、涼しい場所で保管すること。

ネイルサロン環境については、2級試験で出題されます。とくに換気がキーポイント。ネイル用材は揮発性のものが多いこと、自然換気と機械換気の違いについてきちんと学びましょう。

プロフェッショナリズム

お客様にネイルサービスを提供する際は、ネイルテーブルをはさんだ至近距離での施術になるので、的確な技術だけでなく心のこもったサービスが要求されます。プロフェッショナルなネイリストとして、内面の充実を心掛け、質の高いサービスを目指しましょう。

信頼されるネイリストとしての心構え

下記のような心構えを常にもち、心のこもったサービスを心掛けましょう。ネイリストはハイレベルなテクニックを身に付けるだけでなく、信頼される人格であることが大切です。

人間性

1. 常にお客様の立場に立って考える。
2. お客様の疑問、質問に的確に答える。
3. 時間を正確に守る。

技術

1. お客様の要望に合ったネイルサービスを提供する。
2. ハイレベルな技術、安全安心な技術を提供できるように心掛ける。
3. 最新情報をお客様に伝える。

お客様を迎える準備

ネイルサロンにお客様を迎えるうえで、必要となってくる要素は下記の６つです。

①サロン内の衛生面

お客様が来店する前に、使用するテーブルを清掃し、必要な材料、備品をしっかりと準備しましょう。また、器具が消毒済みかどうかの確認、身だしなみのチェックも大切です。

②スケジュール管理

お客様が希望するサービス内容と、それに必要な時間を確保しましょう。そのうえで、お客様を待たせることがないように計画的に予約を受け、スケジュールの変更にも柔軟に対応しましょう。

③ネイリストとしての身だしなみ

清潔感のある身だしなみ、服装は、お客様に信頼感、安心感、爽やかな印象を与えます。接客業に濃い化粧や清潔感のない長い髪はふさわしくありません。高価なアクセサリー、強い香水も避け、「主役はお客様」であることを肝に銘じましょう。

④言葉づかい

正しい敬語をマスターすることで、お客様を敬うだけでなく、よい人間関係を築くことができます。

⑤コミュニケーション

サービスを行う場合は、お客様の立場になって考えることが大切です。サービス内容や使用する材料をしっかりと説明しながら施術を行い、好みの色みやアートを提案しましょう。

⑥笑顔

笑顔はお客様に親しみと安心感を与えます。忙しいからといって義務的な対応にならず、常に笑顔でいることを心掛けましょう。

身だしなみのチェックポイント

項目	チェック	項目	チェック
髪	□清潔に保たれているか □仕事をしやすい髪型か □前髪が目にかかっていないか	靴	□きちんと磨かれているか □かかとがすり減っていないか □型崩れしてだらしなくなっていないか □色や形は適当か
化粧	□清潔で健康的な印象になっているか □化粧崩れしていないか □香水は強すぎないか □化粧は濃すぎないか	服装	□サービス業にふさわしい服装か □汚れ、しみ、しわはないか □肩にフケや抜け毛がついていないか □邪魔になるものや、目立つアクセサリーを身につけていないか

プロフェッショナリズムについては、2級、1級の試験で出題されます。信頼されるネイリストとしての心構え、お客様を迎える準備として何が重要かを学び、真心のこもったサービスを提供しましょう。

ネイルカウンセリング

ネイリストとして、サービスを行う前に、爪や皮膚の状態、ライフスタイル、健康状態を聞くことをネイルカウンセリングといいます。あらかじめお客様の情報をしっかりと把握して、お客様に満足して頂けるサービスを行うことを心掛けましょう。

ネイルカウンセリングとは

カウンセリングは、情報収集を目的とした「分析」と、お客様に合ったサービスの「提案」の２つの要素で構成されています。

お客様が記入したカルテから、年齢や職業、アレルギーなどを把握します。そして、爪や皮膚の状態をチェックし、触診などの細かな分析を行います。そして、収集した情報をベースに、ネイリストとしての知識や経験を生かして、お客様に合ったネイルサービスの提案を行います。

カウンセリングは、何気ない会話やプライベートな話の中でも行えます。お客様の趣味や興味のあることを聞き出して、個人的な事柄を詮索するような印象を与えない程度に、いろいろな情報を把握しておくことが大切です。

ネイルカウンセリングの流れ

予約を受ける

↓

来店

ネイルカウンセリング

↓

カウンセリングシートに記入

- 年齢　●職業、ライフスタイル　●健康状態
- ネイルトラブル、スキントラブル
- ネイルタイプ、スキンタイプ
- 爪の長さと形の選択　●カラーコーディネート

↓

問診、視診、触診

- ライフスタイル　●スキンタイプ
- ネイルタイプ　などの分析とチェック

↓

施術

お客様のオーダーを聞き、施術内容を提案・説明する。

- 施術する技術の選択
- 爪の長さ、形の選択
- カラー、デザインの選択

↓

カウンセリングシートに履歴を記入

施術した内容を記入する。

使用するネイル化粧品・ネイル材料で注意するべき点

ネイルサービスで使用するネイル化粧品やネイル用材の多くは、化学物質を含んでいます。また、これらの化粧品は全成分表示されています。カウンセリングの中で、お客様がカブレ等の既往症があることがわかったら、その成分を確認し、使用する化粧品に含有されていないかどうかを確認しましょう。また、敏感肌のお客様は、十分確認をして施術しましょう。

施術前に注意するべき点

爪の病気の有無、感染性の疾患がないかどうかを確認しましょう。

ネイルサービスに関するお客様への確認事項

ジェルネイルやアクリルネイルなどの人工爪を装着されたお客様には、下記の事項を説明し、厳守して頂きましょう。

①2～3週間後に、かならずメンテナンスのために来店して頂くこと。
②爪に亀裂やひび割れ、リフティング（人工爪の一部がはずれること）などが起こった場合は、すぐにご来店頂くこと。
③無理な人工爪の除去は、ナチュラルネイルにダメージを与えるため、かならずご来店頂くこと。

個人情報の扱いの注意点

氏名、生年月日、住所、その他の記述など、特定の個人を識別するものを、個人情報といいます。個人情報を扱う者は、個人情報保護法により、下記の事項を厳守する必要があります。

①利用目的を明確にする。
②個人情報は不正な手段で取得しない。
③個人データは、完全に管理する。
④本人の同意を得ずに、第三者に個人データを提出したり、開示しない。
⑤本人からデータの開示、訂正、利用停止を求められた際は、応じる。

ネイルカウンセリングは、お客様に適切な施術を行うために重要なプロセスです。その流れだけでなく、お客様とのコミュニケーションや、個人情報の取り扱いの注意点についても理解しましょう。

衛生基準と関連法規

安全で安心なネイルサロンの施術や運営には、衛生基準は不可欠です。また、ネイルサロンに関連するさまざまな法規についても、内容を理解するようにしましょう。

衛生基準とは

NPO法人日本ネイリスト協会（JNA）は、2009年12月25日に、安全安心なネイルサービス環境をと整えるために「ネイルサロンにおける衛生管理自主基準」を制定しました。今後、ネイルサロンにおいて健康被害が発生し、国民生活センターなどに相談が寄せられた際には、地域保健法（昭和22年法律第101号）に基づき、管轄の保健所が指導または助言を行うことになります。

また、ネイリストは公衆衛生の向上に努める義務があります。公衆衛生とは、疾病を予防し、健康を維持するのに十分な環境を整えることを意味しています。

ネイルサービスを提供する場合に必要な下記の関連法規についても理解しましょう。

保健衛生法規

特定の疾病の予防、治療を含み、国民の健康の維持や増進を目的として定められた法規。

医事法規

病院、診療所等の医療機関における、適正な医療の確保を目的として定められた法規。

薬事法規

医薬品、医療器具、化粧品、その他のものの製造や販売などを規制する法規。

消防法

火災を予防、警戒、鎮圧し、国民の生命、身体及び財産を火災から保護し、災害による被害を軽減するために定められた法規。

衛生行政の基本的なシステム

衛生管理は、厚生労働省を最高機関として下記のシステムで行われます。

厚生労働省 → 都道府県 → 市町村 → 保健所及び市町村保健センター

サロンワークを行っていても、聞き慣れない言葉が並びます。サロンワークと密接な関係がある『公衆衛生』や『保健衛生法規』という言葉について、しっかり理解しましょう。

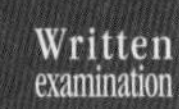

ネイルケア

ネイルケアは、すべてのネイルサービスの基本です。ネイリスト技能検定試験では、実技試験はもちろん、筆記試験でも手順や施術の方法、必要な用具の名前などが出題されます。

ネイルケアの基本手順

❶手指消毒	消毒用エタノールを含ませたコットンで、施術者の手の甲、手のひら、指の間、指先までを丁寧にふいて消毒する。同様に、お客様の手も消毒する。

↓

❷ポリッシュオフ	コットンボールにポリッシュリムーバーを含ませ、お客様の爪のポリッシュを１本ずつふき取る。コットンスティックにポリッシュリムーバーを含ませ、爪の裏、キューティクル、サイドラインに残ったポリッシュをふき取る。

↓

❸カウンセリング	お客様の爪の状態をチェックする。

❹ファイリング	エメリーボードを使ってファイリングを行い、爪の長さや形を整える。

❺キューティクルクリーン	キューティクルクリームまたはキューティクルリムーバーをキューティクル付近に塗布し、爪とその周辺をマッサージしながら伸ばす。ソープ入りのフィンガーボールに指先をつけ、爪まわりの角質を柔らかくする。タオルで水分をふき取り、メタルプッシャー（もしくはコットンスティック）を使ってキューティクルをプッシュアップする。爪の表面、爪まわりの汚れや油分を除去するためにブラシダウンを行い、タオルでふき取る。ガーゼで爪の表面、裏の汚れを取り、キューティクルニッパーでルースキューティクルやささくれを除去し、クリーンナップを行う。

❻カラーリング	プレプライマーを塗り、爪の表面の油分をふき取る。ベースコート、カラーポリッシュ、トップッコートの順に爪に塗布する。

ファイリングの手順

ラウンドにファイリングする場合の基本的な手順は下記となります。

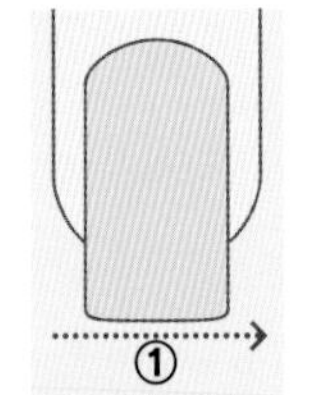

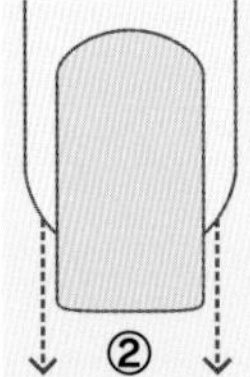

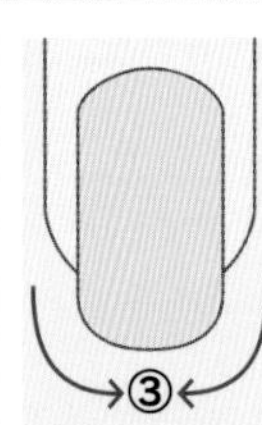

①長さを整える。
②サイドストレートを整える。
③サイドストレートから先端に続くカーブを整える。

ネイルケアの手順は、3級と2級の実技試験の課題になっているので、施術の流れは把握できていると思いますが、ポリッシュオフとファイリングをどこで行うかに注意を。ラウンドにファイリングする手順は筆記試験でも出題されるので、確認しておきましょう。

基本のカットスタイル

ファイリングで爪の形を整える際には、基本となる5つのカットスタイルがあります。ファイリングの基本として、それぞれのカットスタイルの特徴、施術方法をしっかりとマスターしましょう。

スクエア

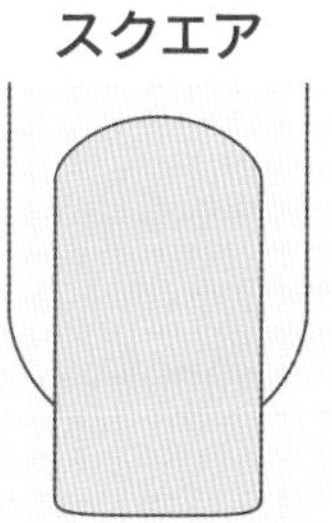

先端、側面ともにストレートな形。

スクエアオフ

先端、側面ともにストレートで、コーナー（角）に丸みをつけた形。

ラウンド

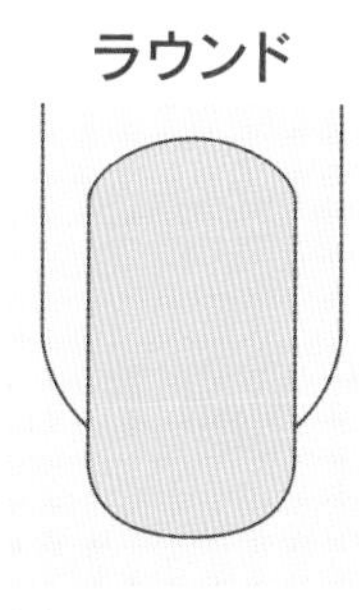

側面はストレートで、先端は円周の一部のようなカーブを描き、角がない形。

オーバル

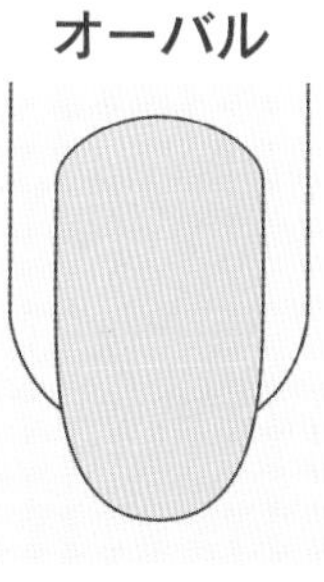

先端を卵型に整えた形。

ポイント

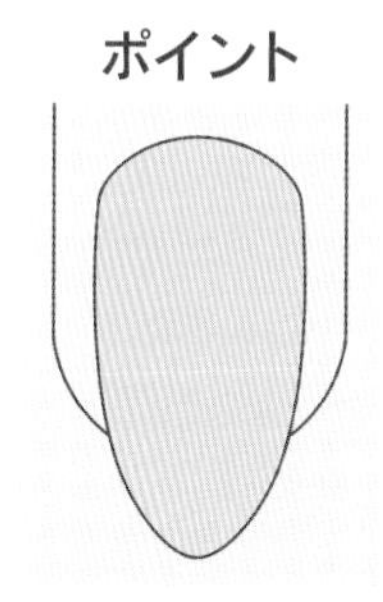

先端、側面ともにシャープな形。

エメリーボード

ナチュラルネイルの長さ、形を整えるファイリングにはエメリーボードを使用します。目の粗さは 180 ～ 240 グリッドほどのものが適しています。

3級実技試験の注意点

実技試験を受験する際の注意点です。試験要項を読めば、すべて明記されていますが、もう一度おさらいしておきましょう。

モデルの爪はナチュラルネイルがベースですが、必要であれば、イクステンションとリペアを合わせて2本まで施すことが可能です。

モデルは、爪や爪まわりの皮膚の疾患が認められないこと、15歳以上であることが条件。14歳以下は、モデルにはなれません。

メタルプッシャーは使用できますが、ストーンプッシャー、シャーミーバッファ、ネイルマシーンは使用できません。

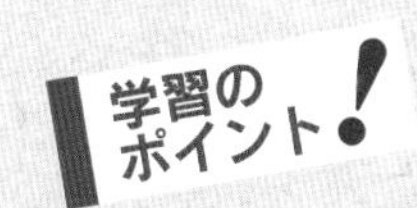

5種類のカットスタイルは、形の名前とその説明、すべてを理解して暗記しましょう。3級の実技試験で注意する点についても出題されるため、かならず暗記しておきましょう。

リペア

リペアは、ナチュラルネイルを修復したり補強したりする技術です。グルーを用いる場合とラップ材を用いる場合があります。

グルーオンテクニックとは?

ナチュラルネイルの亀裂を修復する方法で、接着剤を塗布し、亀裂が広がるのを防ぎます。

グルーオンテクニックの基本手順

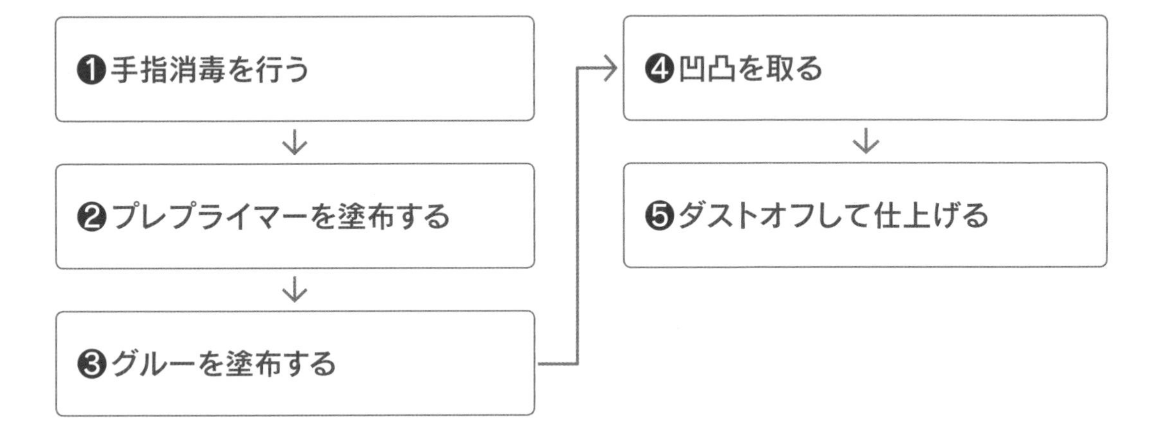

ラップテクニックとは

二枚爪などの補強として施す技術で、ナチュラルネイルにシルクやグラスファイバーなどのラップ材を貼ったあとグルーやフィラーで仕上げる場合と、レジンで仕上げる場合があります。

ラップテクニックの基本手順

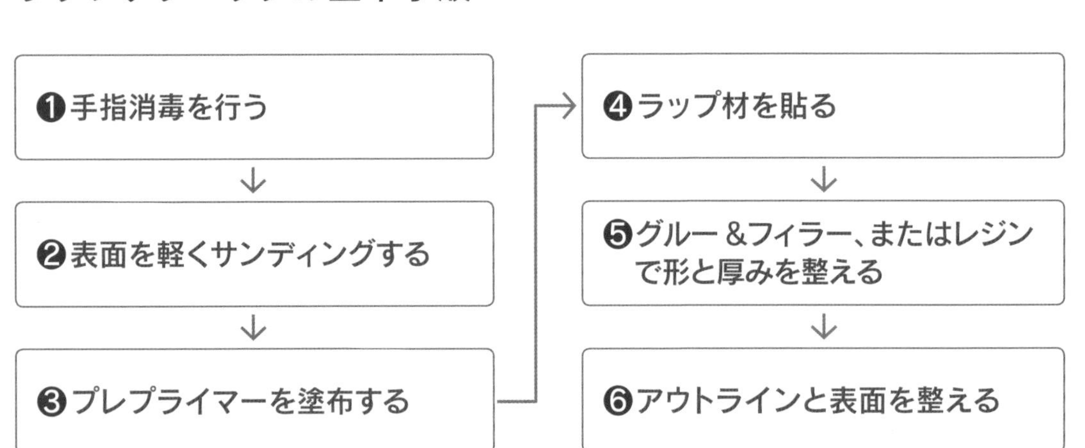

リペアで使用する代表的な用材

シルク

ナチュラルネイルのリペアや補強に使用するラップ材で、薄い天然繊維でできています。

グラスファイバー

リペアの強度を増すために使用する化学繊維。爪を覆い、レジン、アクティベーターなどで仕上げます。

フィラー

グルーの硬化の補助として使われます。細かい粉末状で、強度を高めることができます。

アクティベーター

レジンを使用する際に、硬化促進のために使用します。リペアだけでなく、チップ&ラップでも使用します。

ラップテクニックの注意点

下準備として、ラップ材の接着をよくするために、爪の表面をサンディングしますが、削りすぎないようにし、ツヤを消す程度にしましょう。

ラップ材を貼る際は、指の油分がつくと接着力が落ちるため、ツィザーやビニールなどを使用します。

ラップ材を貼る位置は、ネイルプレートのサイドラインに合わせ、ストレスポイントをカバーするように貼ります。

リペアは技術試験の課題ではありませんが、サロンワークでは必要な知識です。使用する用材や技術を施す際の注意点は筆記試験で出題されますので、施術の流れを把握し、ポイントを理解しておきましょう。

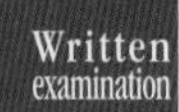

チップ＆ラップ

チップ&ラップは、ネイルチップで長さを出し、ラップ材を用いて爪を補強する技術です。
リペアの技術として、サロンワークにも欠かせません。

チップ&ラップとは？

チップ＆ラップは、ナチュラルネイルが折れた際にネイルチップを装着してラップ材（シルクやグラスファイバー）で補強するイクステンションの技術。ラップ材を貼ったあと、グルー＆フィラーを使う場合と、レジンを使う場合の２種類があります。グルー＆フィラーは、ナチュラルネイルに負担が少ない、ベーシックなテクニックです。

チップ&ラップの基本手順

❶手指消毒を行う
↓
❷表面を軽くサンディングする
↓
❸ファイルダストを取り除き、水分、油分を除去する
↓
❹グルーでネイルチップを装着し、フリーエッジの長さを整える
→
❺ナチュラルネイルとの段差をスムーズにファイルし、ラップ材を装着する
↓
❻グルー＆フィラー、またはレジンで補強し、爪の形を整える
↓
❼ファイルとスポンジバッファーで仕上げる

チップ&ラップで使用する代表的な用材

レジン	強度があり、厚みやハイポイントを作るのに適している。

＊上記以外は、121ページの「リペアで使用する代表的な用材」参照。

チップ&ラップの注意点

ネイルチップを装着する際は、指に対して真っすぐになるように、真上から見ながらネイルチップを装着します。

2級実技試験のチップ&ラップのCカーブは、10%程度に仕上げます。

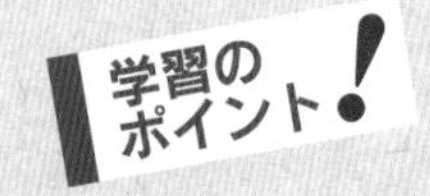

チップ&ラップは2級技術試験の課題になっていますが、筆記試験でも出題されるため、使用する用材などを中心におさらいしましょう。用材はそれぞれの特徴と役割を理解することが重要です。

アクリルの材料学と基本手順

アクリルネイルの材料と基本手順について学びます。使用する用材の種類と特徴、アクリルリキッドとアクリルパウダーを混合して起こる重合の仕組みなどをしっかり学びましょう。

アクリルイクステンションの基本手順

❶プレパレーション

①フリーエッジをカット
②ルースキューティクルの除去
③サンディング　④プレプライマー塗布

↓

❷プライマーを塗布

ナチュラルネイルとアクリルの密着をよくするために使用する。プライマーには、強酸性のものと、刺激を軽減したノンアシッドのものがある。

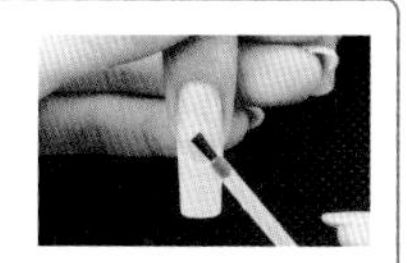

↓

❸ネイルフォームを装着

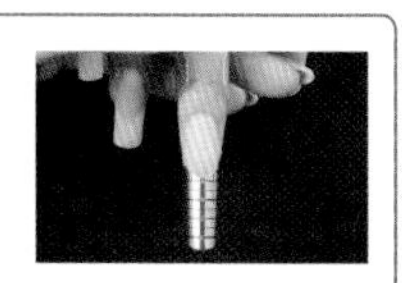

↓

❹アプリケーション

ミクスチュア（アクリルパウダーとアクリルリキッドを混合したもの）をブラシで操作して、スカルプチュアネイルを造形する。

注意点 リキッドが多いミクスチュアを必要以上にブラシでさわると、バブルが入ることがあるので、十分注意する。

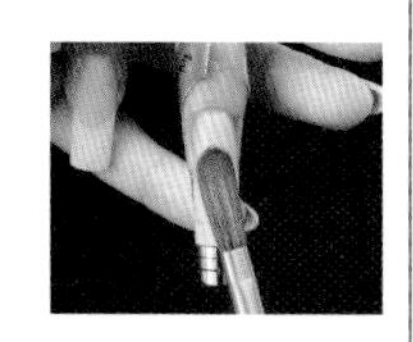

↓

❺ピンチング

理想的なCカーブを作り、強度を高めるために、ネイルプレートの両サイドをはさみ込み、爪に丸みをつける。

補足 ネイルプレートを先端から見たカーブをCカーブと呼ぶが、アンダープレート側のCカーブは「コンケイブ」と呼ぶ。

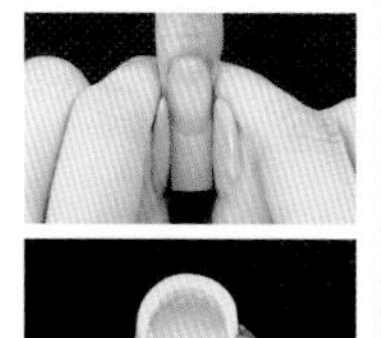

↓

❻ファイリング

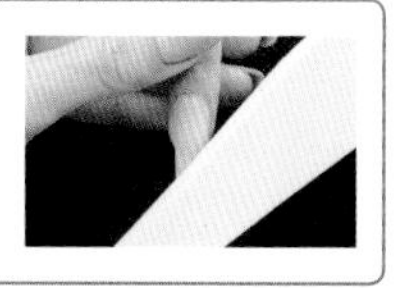

アクリルネイルの技術の種類

スカルプチュアネイル
ネイルフォームを用いて、爪の長さや形を造形する。

チップ&オーバーレイ
ネイルチップを用いて、爪の長さや形を造形する。

バーチャル
ネイルベッドを長く見せるために、アクリルでイクステンションを施す。

フィルイン
スカルプチュアネイルをつけて日数が経つと、爪が伸びて根元にナチュラルネイルが見えてくるため、その伸びた部分を修正するリペアの技術。

フローター
ナチュラルネイルに、イクステンションの材料で長さを出さずに補強する、リペアの技術。

3Dアート
アクリルなどを使って、立体的なデザインや装飾を施すアート技術。

エンボスアート
アクリルマテリアルなどによる、厚み(凸)のあるアート技術。

ミックスメディアアート
フラット、エンボス、3Dなどが組み合わさったアート技術。

アクリルのポリマリゼーション(重合)の仕組み

アクリルネイルはアクリルリキッド(モノマー)とアクリルパウダー(ポリマー)を混合したミクスチュアで、爪を造形する技術です。モノマーとポリマーが結合し、化学反応が起きることでアクリルネイルは完成します。この化学反応のことを重合(ポリマリゼーション)と呼び、アクリルリキッド(モノマー)とアクリルパウダー(ポリマー)には、重合を起こす物質である開始剤が含まれているため、この化学反応が起きます。ジェルネイルは光によって重合反応するため光重合と呼ばれるのに対し、アクリルは化学重合です。

❶開始

アクリルリキッド(モノマー)とアクリルパウダー(ポリマー)に接触したとたんに、重合(ポリマリゼーション)が始まる。
アクリルリキッド(モノマー)をしみ込ませたブラシでアクリルパウダー(ポリマー)を取った瞬間。

↓

❷拡散

アクリルリキッド(モノマー)がアクリルパウダー(ポリマー)にしみ込む。
流動性がある、ミクスチュアの状態。

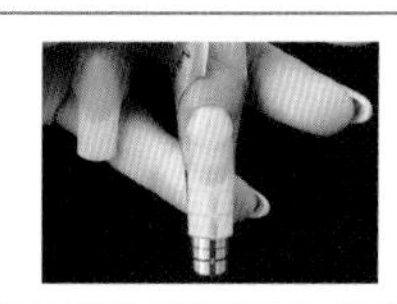

↓

❸膨潤・溶解

アクリルリキッド(モノマー)がアクリルパウダー(ポリマー)に拡散し、膨潤*する。爪の上でアプリケーションしている状態。
*膨潤……ふやけること。

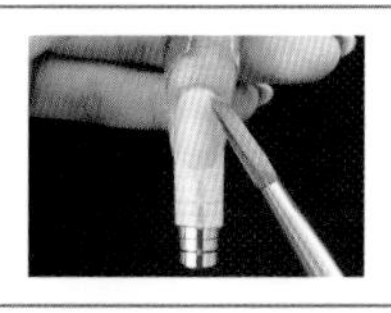

↓

❹硬化(安定)

重合が進行し、硬化する。
アプリケーションが終わり、アクリルが硬化した状態。
この硬化する現象をキュアリングという。

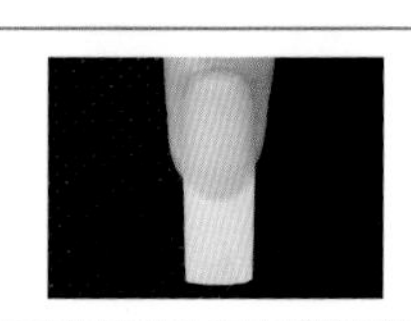

アクリルネイルは1級実技試験の課題になっていますが、筆記試験ではアクリルネイルができる重合の仕組みについても問われます。黄色のマーカーを引いている言葉を中心に、それぞれの意味を理解しましょう。

ジェルの材料学と基本手順

ジェルネイルの材料と基本手順について学びます。使用する用材の種類、ジェルネイルの主成分、アクリルネイルとは違う重合の特徴などを理解しましょう。

ジェルイクステンションの基本手順

❶プレパレーション
①フリーエッジをカット
②ルースキューティクルの除去
③サンディング
④プレプライマー塗布
（水分や油分を取るために塗布する）

↓

❷ベースジェルを塗布
ジェルカラーリングの際、ナチュラルネイルとの密着を高め、色素沈着を防ぐために塗布する。以下、ジェルを塗布したあとは、その都度光を照射して硬化する。

↓

❸ネイルフォーム装着

↓

❹アプリケーション
イクステンション用ジェルをブラシで操作して、スカルプチュアネイルを造形する。

↓

❺ピンチング
理想的なCカーブを作り、強度を高めるために、ネイルプレートの両サイドをはさみ込み、爪に丸みをつける。

↓

❻未硬化ジェルをふき取る

↓

❼ファイリング

↓

❽トップジェルを塗布

↓

❾未硬化ジェルをふき取る

ジェルネイルの基礎知識 ……

ジェルネイルの主成分

アクリル酸エステルモノマー、光重合開始剤、ウレタン樹脂、その他添加剤が主成分です。

ハードジェルとソークオフジェルの違い

モノマーやオリゴマーの分子量や構造の違いによって、硬度や柔軟性をコントロールすることができます。それが、ハードジェルとソークオフジェルの違いになります。

ジェルの保管について

ジェルの保管は、日光が入りにくく、温度変化が少ない冷暗所で保管しましょう。

ジェルのポリマリゼーション（重合）の仕組み …………

ジェルネイルは、ジェルに紫外線（UV-A）*や可視光線を照射すると硬化する化学反応を利用して、アートを施したり、爪を造形したりする技術です。この化学反応のことを重合（ポリマリゼーション）と呼びます。

ジェルには、重合を起こす物質である開始剤が含まれています。この開始剤は光を吸収することにより分解し、ラジカル（不対電子）を発生し、重合の起点となるため、ラジカル重合とも呼ばれます。ジェルは重合する際に、収縮して熱が発生するのが特徴です。

＊紫外線A波（UV-A）の波長域は400 ～ 320nm（ナノメートル）です。

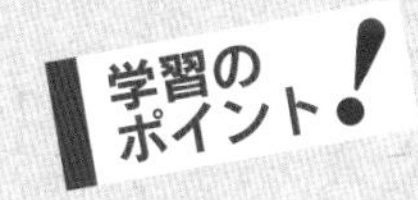

ジェルネイルは実技試験の課題ではありませんが、サロンワークの中心となるメニューであるため、筆記試験では基礎知識について出題されます。アクリルネイルとの違いをきちんと整理し、それぞれの言葉の意味を理解するようにしましょう。

JNEC認定モデルハンドで受験する場合の準備とポイント

ネイリスト技能検定試験は2023年秋期試験から、すべての級で、従来通りのモデルを帯同して受験する以外に「JNEC認定モデルハンド」での受験が可能となりました。ここでは、「JNEC認定モデルハンド」で受験する場合の準備とポイントについて解説します。

＊詳細は、「JNEC認定モデルハンド特設サイト」で確認してください。https://www.nail-kentei.or.jp/mh/
＊126～129ページで使用しているのは、「第1期JNEC認定モデルハンド」です。

本書で解説している技術内容は、2023年8月時点の情報がベースになっています。試験内容などの一部が変更になる場合もありますので、最新の情報はJNECのホームページ(https://www.nail-kentei.or.jp/index.html)でかならず確認してください。

JNEC認定モデルハンド

ネイリスト技能検定試験は、下記の「JNEC認定モデルハンド」でのみ受験することができます。認定されていないトレーニングハンド類では受験できないので、注意してください。

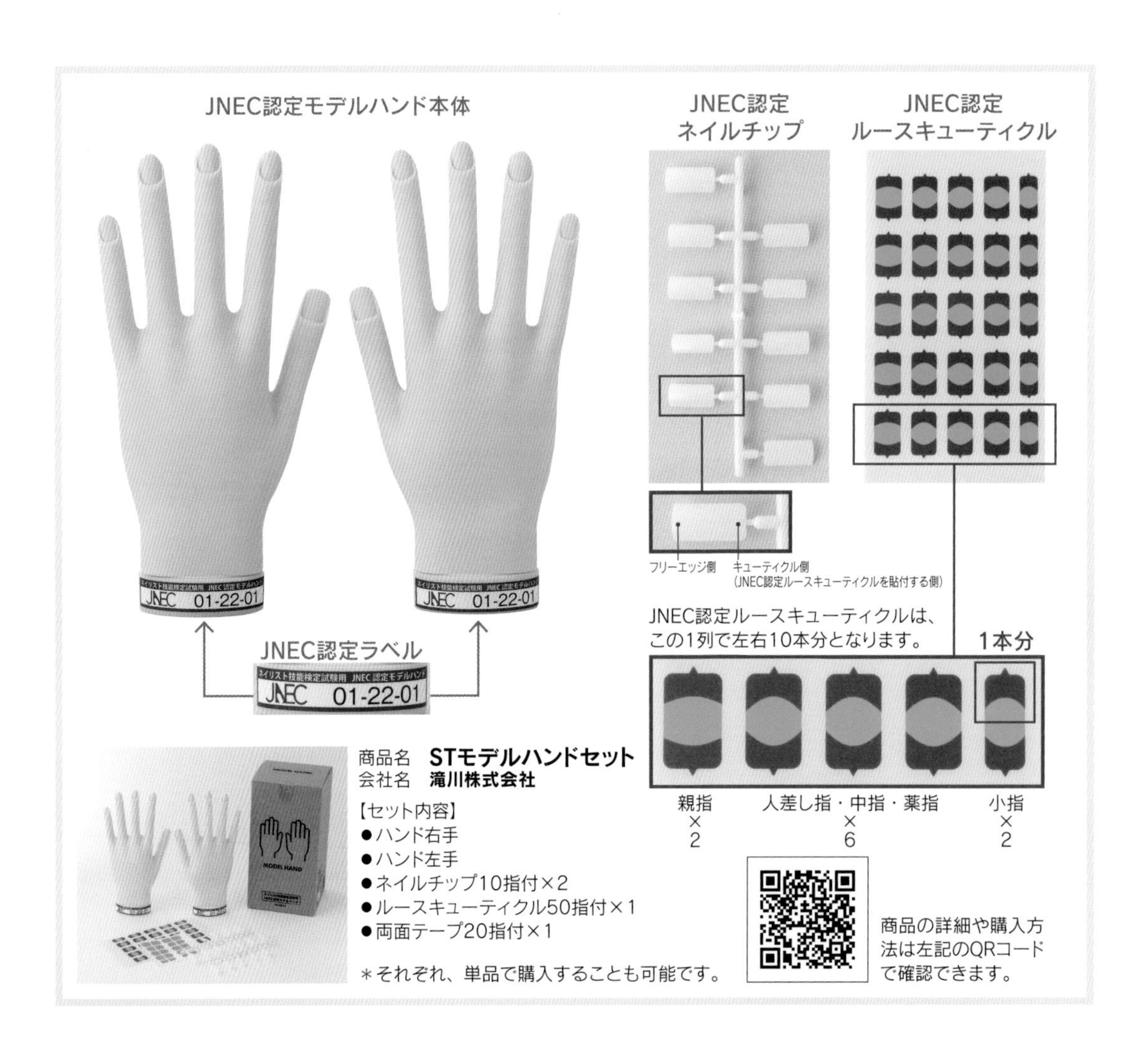

商品名 **STモデルハンドセット**
会社名 **滝川株式会社**

【セット内容】
- ハンド右手
- ハンド左手
- ネイルチップ10指付×2
- ルースキューティクル50指付×1
- 両面テープ20指付×1

＊それぞれ、単品で購入することも可能です。

商品の詳細や購入方法は左記のQRコードで確認できます。

受験前の「JNEC認定モデルハンド」の準備

「JNEC認定モデルハンド」で受験する場合、事前に「JNEC認定ネイルチップ」を装着、3級·2級の場合は「JNEC認定ルースキューティクル」をネイルチップに貼付しておきます。落ち着いて試験に臨めるように、余裕をもって準備しておきましょう。

準備するもの　①コットン　②ウッドスティック　③消毒剤　④ネイルグルー　⑤ピンセット　⑥ビニールシート

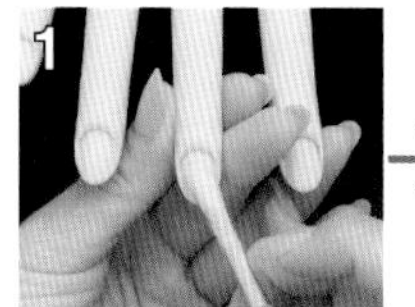

コットンを巻いたウッドスティックに消毒剤を含ませ、ネイルベッドの油分や汚れなどを除去します。

消毒剤が乾いたら、ネイルベッドにネイルグルーを塗布します。ネイルグルーは自然乾燥させます。このとき、アクティベーターを使わないようにしてください。

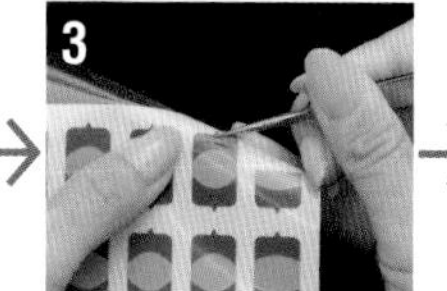

ルースキューティクルの台紙を曲げ、突起の部分をピンセットでつまみ、ルースキューティクルを台紙からはがします。

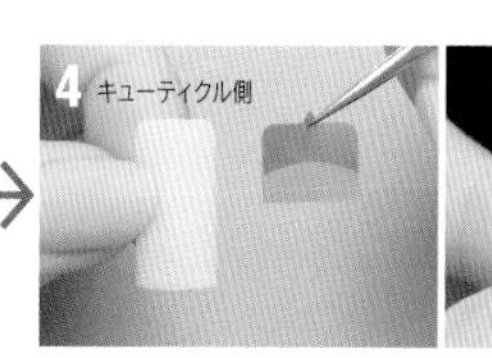

ネイルチップのキューティクル側に、ルースキューティクルのカーブしている部分を合わせて貼ります。

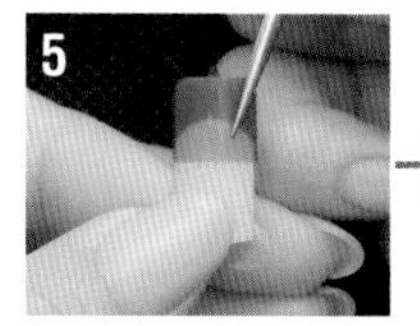

爪の丸みに合わせるように、ピンセットで押さえながら貼付します。

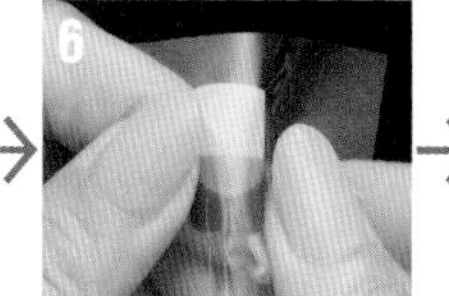

手の油分がつかないように、ビニールシートで押さえて圧着します。とくに、端の部分をしっかり圧着するように意識しましょう。

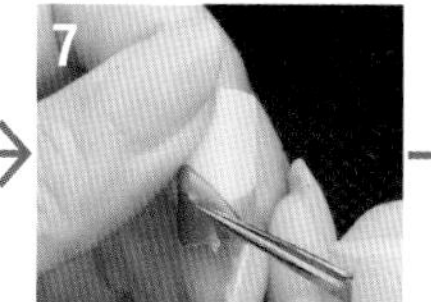

ルースキューティクルのカバーシールを端からゆっくりはがします。

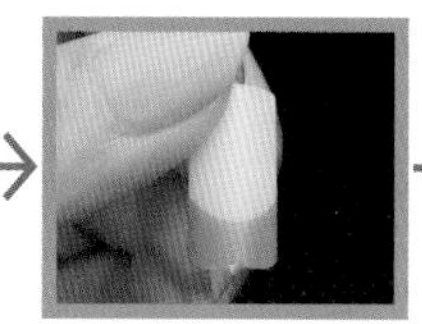

ネイルチップにルースキューティクルが貼付できました。

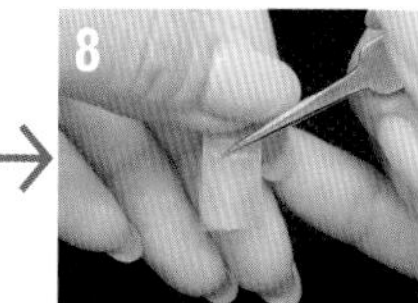

台紙から両面テープをはがし、ネイルチップの裏側に両面テープを貼ります。

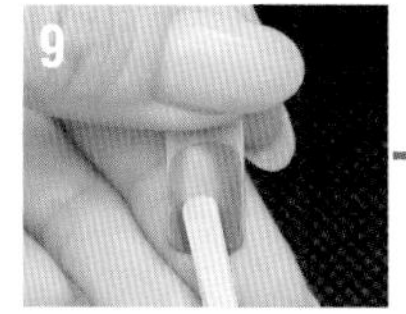

ウッドスティックなどで、両面テープをしっかり密着させます。

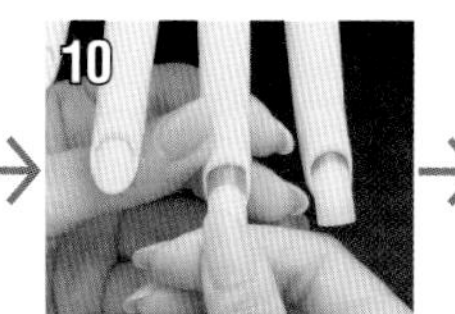

ピンセットで両面テープのシートをはがし、モデルハンドにネイルチップを貼付します。キューティクルがポケットのようになっているので、少し角度をつけ、そのポケットにネイルチップを差し込むようにします。

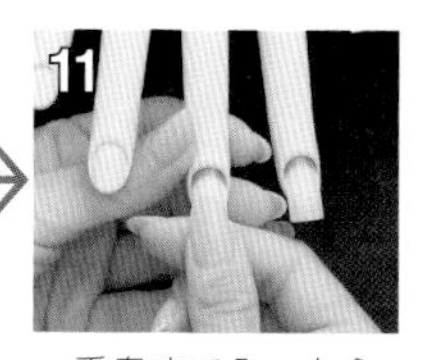

一番奥まで入ったら、ネイルチップをネイルベッドに密着させます。

10本完成です

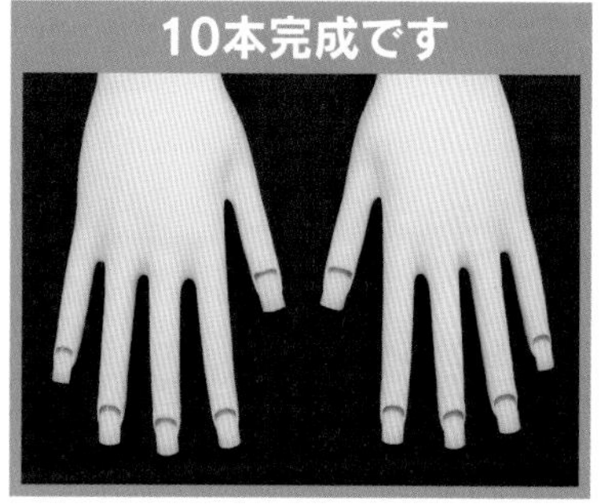

3級と2級はネイルチップにルースキューティクルを貼付しますが、1級は貼付しません。2級のチップ&ラップ、1級のチップ&オーバーレイやミックスメディアアートに使用するネイルチップは従来通り、指定はありません。

「JNEC認定モデルハンド」で受験する場合のプロセス

「JNEC認定モデルハンド」を使った、ネイルケアとカラーリングのプロセスを紹介します。モデルハンドの場合でも、従来通りモデルを帯同する場合でも基本のプロセスはすべて同じです。モデルハンドも人の手と同様、丁寧に扱い、施術することが大切です。

事前審査

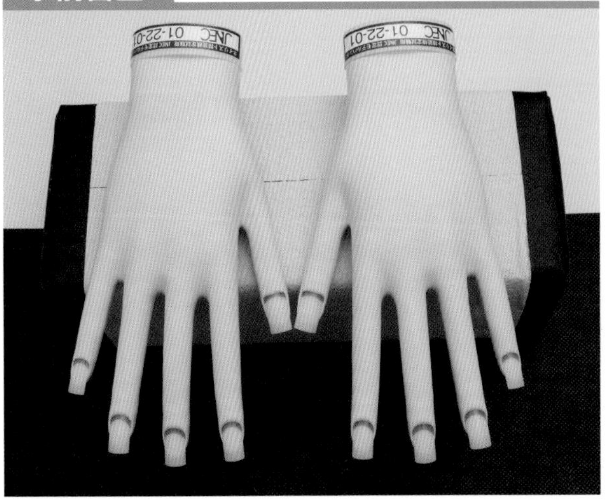

準備を済ませた「JNEC認定モデルハンド」をペーパータオルの上に乗せ、事前審査を受けます。アナウンスも注意して聞くようにしましょう。

ここに注意しましょう

- 試験会場外では、試験開始まで「JNEC認定モデルハンド」のネイルチップに手を加えないでください。
- 装着していたネイルチップが試験会場に来る途中で取れた場合は、実技試験時間内につけ直します。その場合の事前審査は、モデルハンドと取れたネイルチップを並べておきます。
- モデルハンドは、キューティクルまわりに著しい汚れ、目立った傷などがない、状態が良いものを使用します。
- モデルハンドを固定するためのアームや吸盤などは使用禁止です。

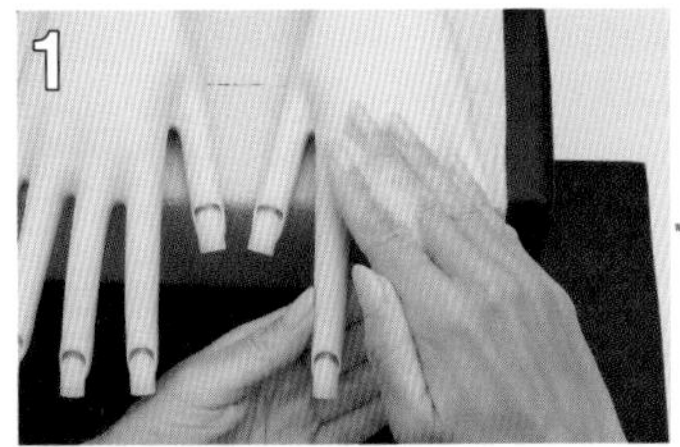

コットンに消毒剤を含ませ、自分の手とモデルハンドを消毒します。モデルハンドは常にペーパータオルの上に置き、テーブルに直に置かないようにしましょう。

→

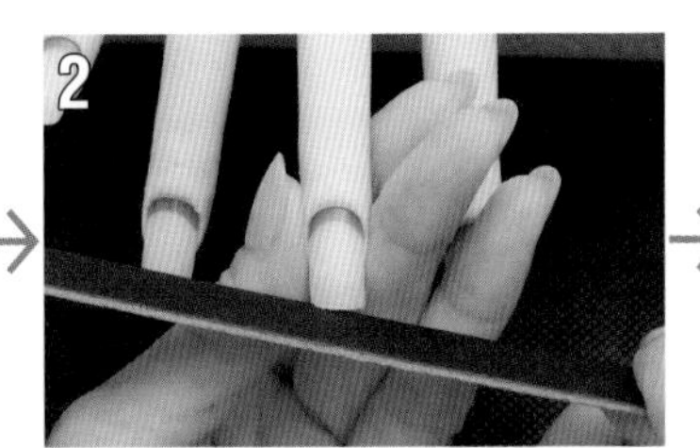

人の手と同様ラウンドにファイルします。正しく装着していれば、ネイルチップが取れることはありませんが、もし、取れた場合はすぐにつけ直します。

→

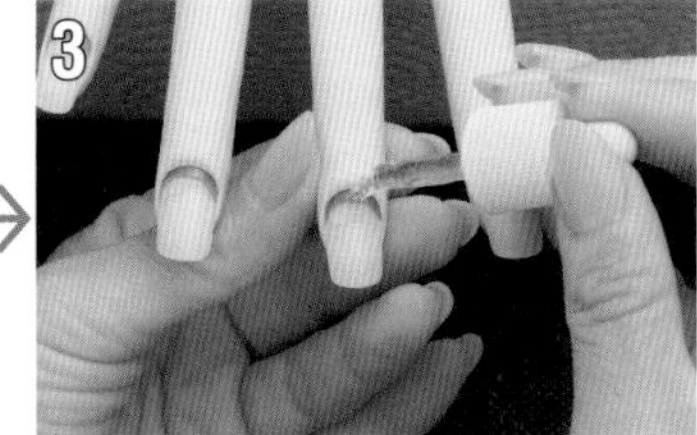

キューティクルクリームまたはキューティクルリムーバーをキューティクルまわりに塗布します。

指を曲げてお湯につけ、ブラシダウンします。

→

タオルで水分をふき取ります。

→

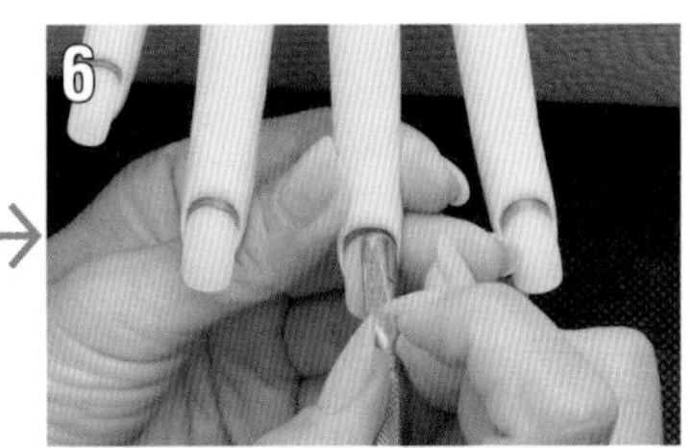

指先が上がらないように注意し、メタルプッシャーの先端を、ケア用水で濡らしてプッシュバックします。

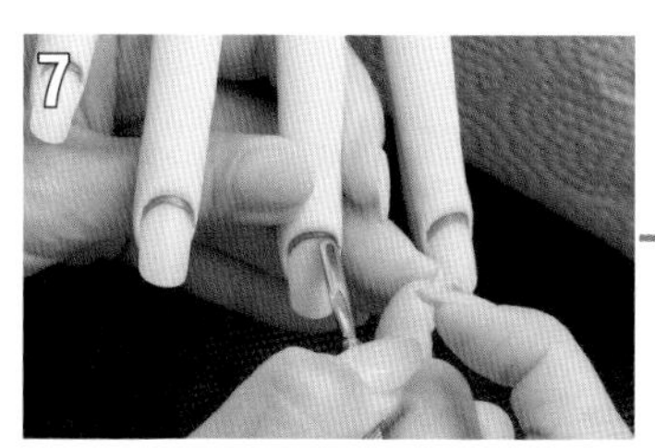

力を強く入れないように、プッシュアップします。シールだからと強く押したりせず、人の手と同じような強さで行います。

プッシュアップ終了

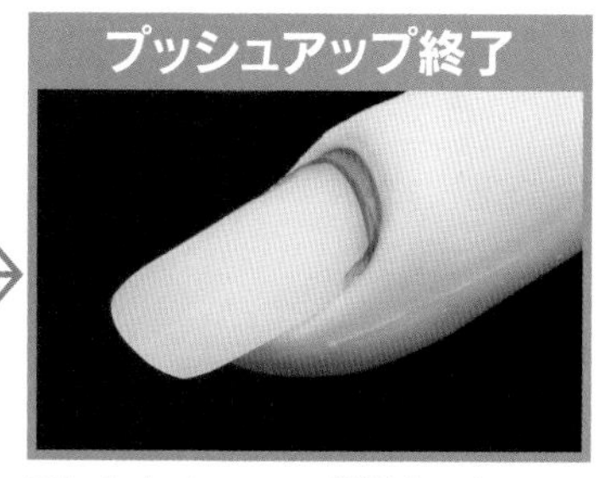

正しくプッシュアップが終わると、ルースキューティクルが浮いているような状態になります。

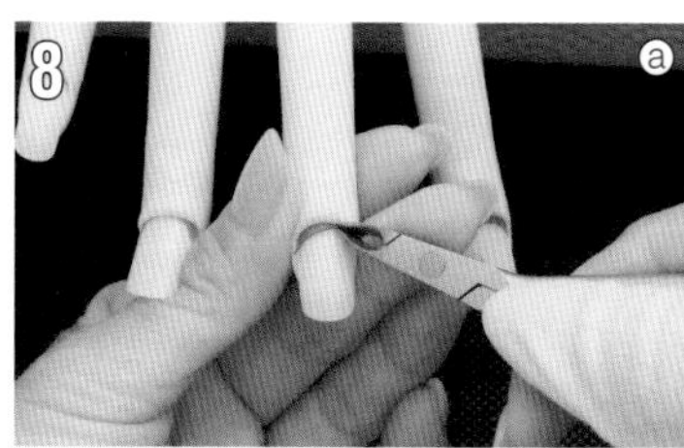

ルースキューティクルを除去します。シールだからと引っ張ったりせず、人の手のルースキューティクルを除去するときと同様、キューティクルニッパーの刃先を小さく開閉し、ガーゼクリーンをしながら丁寧に処理します。

キューティクルクリーン終了

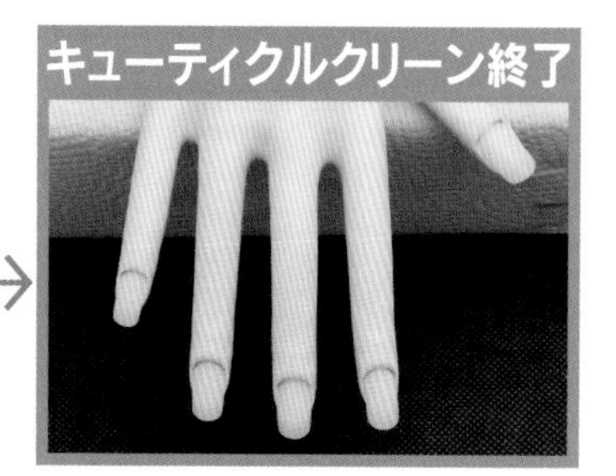

ルースキューティクルが丁寧に処理されています。

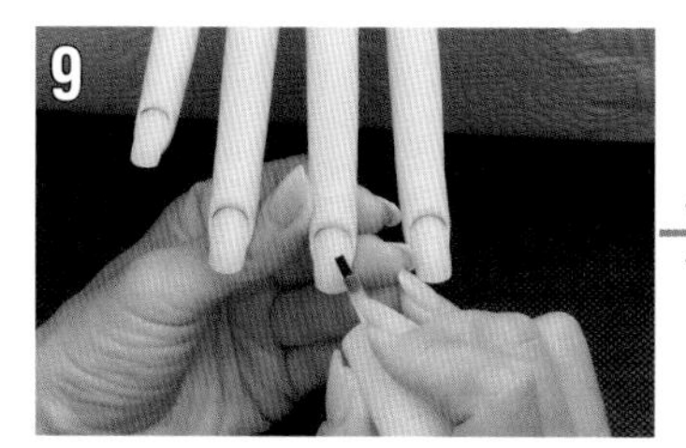

プレプライマーを塗布します。

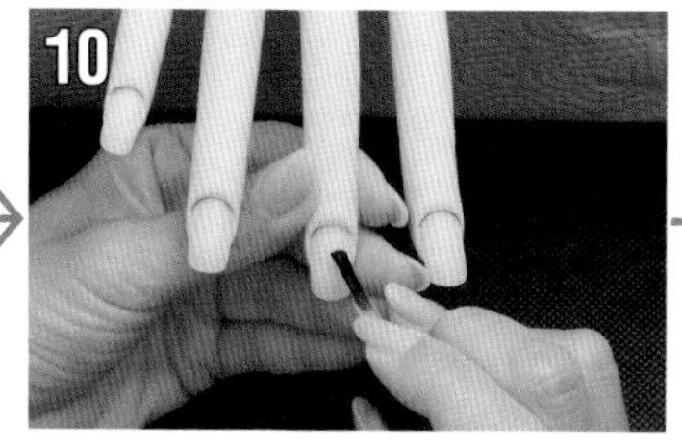

ベースコートを塗布します。モデルハンドを裏返してエッジに塗布し、表面に塗布します。

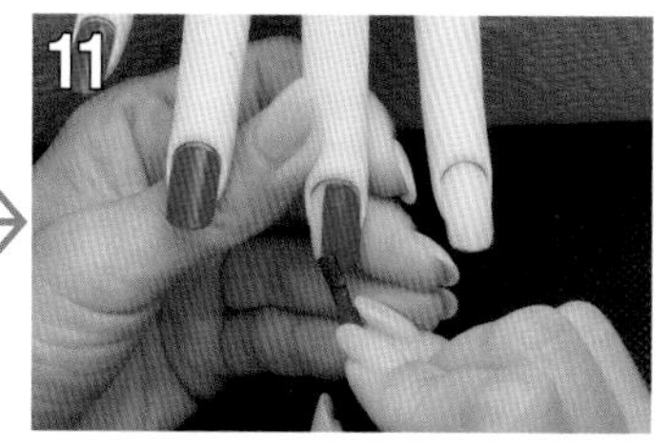

カラーポリッシュを塗布します。ベースコート同様、エッジ、表面と塗布します。

カラーポリッシュを2度塗りします。はみ出した場合は、修正用コットンスティックにポリッシュリムーバーを少量含ませ、修正します。

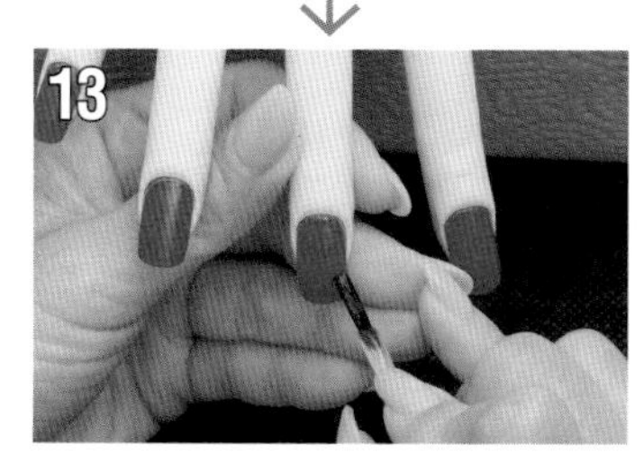

トップコートをエッジと表面に塗布します。このあとのプロセスも人の手に施術するときと同じように行います。

完成

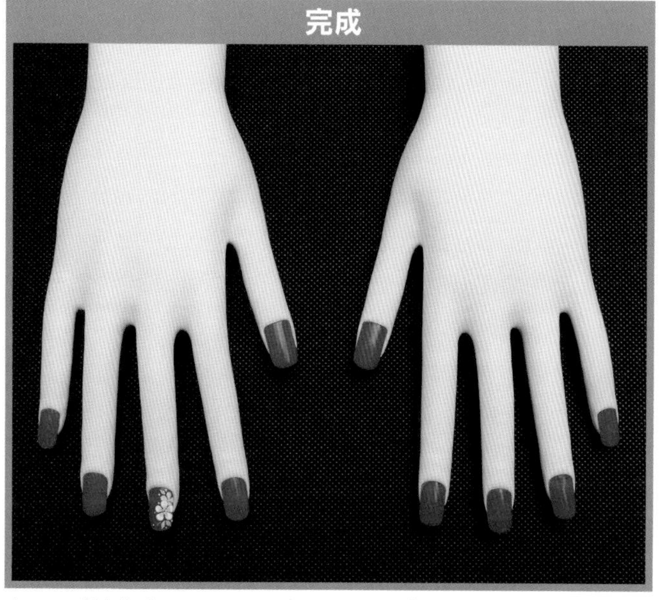

すべての指を伸ばし、すべての指にネイルチップが装着されている状態で審査を受けましょう。

ネイリスト技能検定試験 筆記試験 模擬試験

筆記試験対策ページで学習をしたら、模擬試験を行って自分の実力を確認しましょう。実際の問題数を試験時間内に回答することで、試験本番のリハーサルにもなります。

ネイリスト技能検定試験 3級 模擬試験

全 60 問（試験時間30分）

爪の構造と働きについて正しい答えを選びなさい

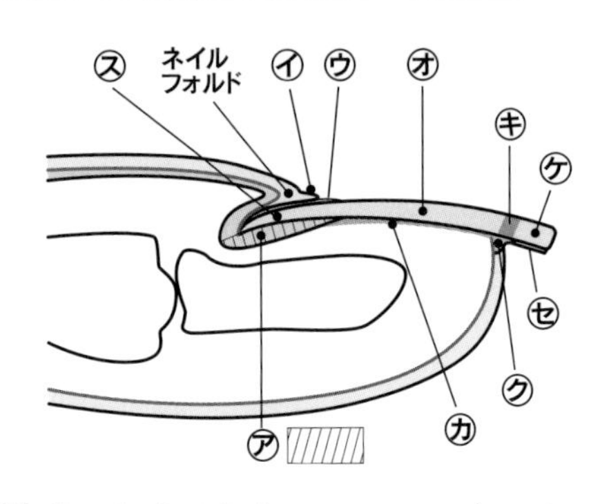

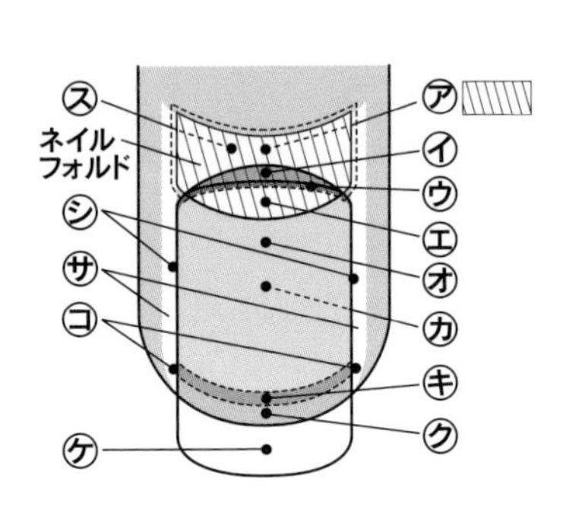

問1 ㋐の部分は何か。 a.ネイルプレート b.ネイルベッド c.ネイルマトリクス d.エポニキウム

問2 ㋑の部分は何か。 a.ネイルプレート b.ネイルベッド c.ネイルマトリクス d.エポニキウム

問3 ㋒の部分は何か。 a.ルースハイポニキウム b.ルースキューティクル c.エポニキウム d.ルヌーラ

問4 ㋓の部分は何か。 a.ルースハイポニキウム b.ルースキューティクル c.エポニキウム d.ルヌーラ

問5 ㋔の部分は何か。 a.ネイルプレート b.ネイルベッド c.ネイルマトリクス d.エポニキウム

問6 ㋕の部分は何か。 a.ネイルプレート b.ネイルベッド c.ネイルマトリクス d.エポニキウム

問7 ㋖の部分は何か。 a.ネイルベッド b.イエローライン c.ハイポニキウム d.ルースハイポニキウム

問8 ㋗の部分は何か。 a.ネイルベッド b.イエローライン c.ハイポニキウム d.ルースハイポニキウム

問9 ㋘の部分は何か。 a.ネイルベッド b.イエローライン c.ハイポニキウム d.フリーエッジ

問10 ㋙の部分は何か。 a.ストレスポイント b.サイドウォール c.サイドライン d.イエローライン

問11 ㋚の部分は何か。 a.ストレスポイント b.サイドウォール c.サイドライン d.イエローライン

問12 ㋛の部分は何か。 a.ストレスポイント b.サイドウォール c.サイドライン d.イエローライン

問13 ㋜の部分は何か。 a.ネイルルート b.ネイルフォルド c.サイドウォール d.ルースエポニキウム

問14 ㋝の部分は何か。 a.ネイルルート b.ネイルフォルド c.ルースエポニキウム d.ルースハイポニキウム

問15 爪甲を形成するのはどの部分か。 a.㋐ b.㋑ c.㋒ d.㋓

問16 通常、「爪」と呼ばれているのはどの部分か。 a.㋐ b.㋑ c.㋒ d.㋔

問17 爪甲の左右に接している皮膚に覆われているのはどの部分か。 a.㋙ b.㋚ c.㋛ d.㋝

問18 爪甲が乗っている台に当たる部分はどの部分か。 a.㋕ b.㋖ c.㋗ d.㋘

問19 爪甲が爪床から離れないようにしている弓(帯)状の部分はどれか。 a.㋕ b.㋖ c.㋗ d.㋘

問20 爪甲下に細菌や異物が侵入するのを防いでいるのはどの部分か。 a.㋕ b.㋖ c.㋗ d.㋘

問21 爪甲が爪床から離れているのはどの部分か。 a.㋕ b.㋖ c.㋗ d.㋘

問22 爪甲は何層から形成されているか。　a.1層　b.2層　c.3層　d.4層

問23 爪甲の色は何色か。　a.薄いピンク色　b.濃いピンク色　c.ベージュ色　d.無色

問24 1日の爪の成長速度は平均でどのくらいか。　a.2㎜　b.1.5㎜　c.0.1㎜　d.0.03㎜

問25 皮膚の付属器官でないものはどれか。　a.汗腺　b.皮脂腺　c.毛　d.骨

フリーエッジの形と名称、特徴について正しい答えを選びなさい

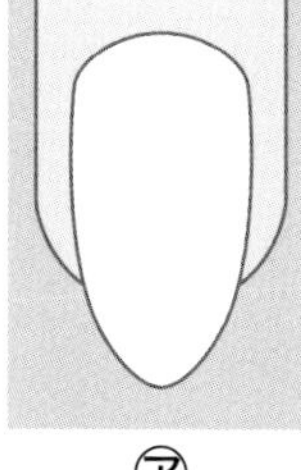
㋐

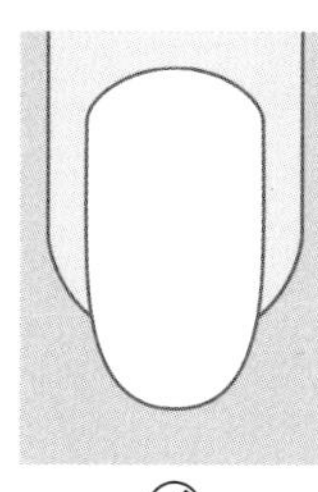
㋑

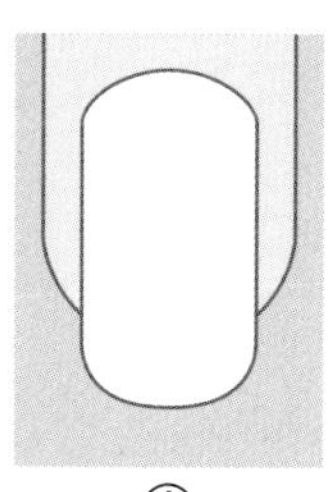
㋒

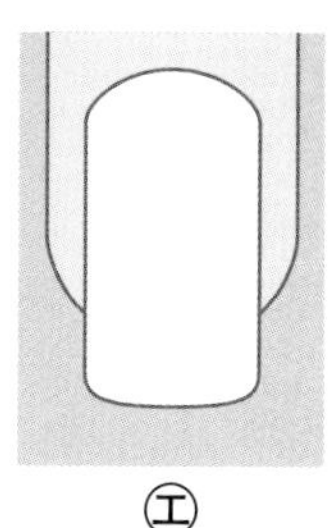
㋓

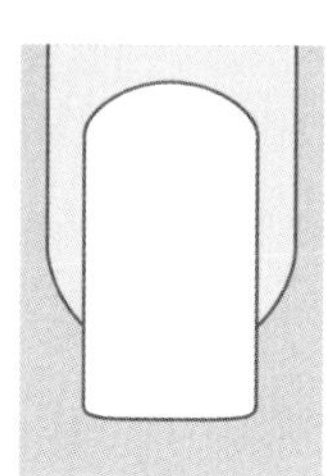
㋔

問26 ㋐の名称は何か。　a.スクエア　b.ポイント　c.スクエア・オフ　d.ラウンド

問27 ㋑の名称は何か。　a.スクエア　b.ポイント　c.スクエア・オフ　d.オーバル

問28 ㋒の名称は何か。　a.スクエア　b.ポイント　c.ラウンド　d.オーバル

問29 ㋓の名称は何か。　a.スクエア　b.ポイント　c.スクエア・オフ　d.ラウンド

問30 ㋔の名称は何か。　a.スクエア　b.ポイント　c.スクエア・オフ　d.オーバル

問31~33 [　　　]の中に入る正しい答えを、a～eの中からそれぞれ選びなさい。

㋔はフリーエッジの形が先端、側面ともに[問31]で、㋓は㋔の形の[問32]に丸みをつけた形。㋒は先端だけ円周の一部のような[問33]になり、側面とのつなぎに角がない形である。

a.ストレート
b.コーナー
c.カーブ
d.シャープ

問34 ラウンドにファイリングする際の基本的な手順はどれか。

a.ウ→イ→ア　b.イ→ア→ウ
c.イ→ウ→ア　d.ウ→ア→イ

手順

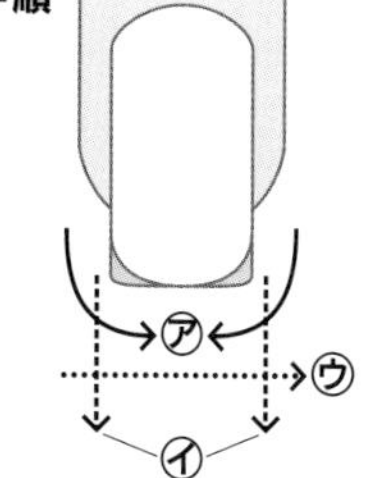

問35 a～eのうち、ナチュラルネイルのファイリングに適したものはどれか。

a.3ウェイバッファ
b.スポンジファイル
c.エメリーボード
d.ウォッシャブルファイル

衛生と消毒について、正しい答えを選びなさい

問36~37 微生物の中でも、主に病原微生物を殺すか、除去することで感染力をなくすことを[問36]といい、微生物を殺すことを[問37]という。

a.消毒　b.滅菌
c.防腐　d.殺菌

問38 消毒用エタノールなどの消毒剤を十分にコットンやガーゼに含ませ、手指の全表面と指の間、爪先まで汚れを除去しながら消毒剤を浸透させる手指消毒法を何というか。

a.擦式消毒
b.擦式清拭消毒
c.清拭消毒
d.浸漬消毒

問39~40 蒸気、煮沸、[問39]照射による消毒の方法を[問40]消毒法という。

a. 紫外線　b.赤外線
c. 物理的　d.化学的

問41 消毒用エタノールなどの消毒剤を使った消毒を[問41]という。

a.赤外線消毒　b.物理的消毒法
c.紫外線消毒　d.化学的消毒法

問42 タオル類の消毒に適した消毒剤を選べ。

a.逆性石けん　b.塩化ベンザルコニウム
c.エタノール　d.次亜塩素酸ナトリウム

爪と皮膚の病気とトラブルについて、正しい答えを選びなさい

問43 爪がスプーン状にへこむコイロニキアは、貧血や[問43]不足、遺伝、職業などが原因で起こる。

a.カルシウム　b.鉄分
c.消毒　d.洗浄

問44 貧血症が原因で起きる爪の色調異常はどれか。

a.青白色　b.黄白色
c.緑色　d.白斑

問45 肝硬変や慢性腎不全が原因で起きる爪の色調異常はどれか。

a.白濁　b.黒褐色
c.緑色　d.赤色

ネイルケアの手順について、正しい答えを選びなさい

問46~47 ネイルケアの基本手順
①手指消毒→②[問46]→③カウンセリング→④[問47]→⑤クリーンナップ→⑥カラーリング

a.ファイリング
b.ポリッシュオフ
c.サンディング
d.洗浄

爪と表皮組織について正しい答えを選びなさい

問48~50 ネイルプレートは[問48]の角質層が特殊に分化し、極めて薄い角質片が雲母状に積み重なった三層構造となっている。このうち、背爪、[問49]は極めて薄いケラチンが縦方向に連なり、[問50]は最も厚いケラチンが横方向に連なることで、爪は硬さだけでなく、柔軟性も備えている。

a.中爪
b.表皮
c.真皮
d.腹爪

ネイルのための皮膚科学について正しい答えを選びなさい

問51 爪は、手と足を[問51]する重要な役割を担う、皮膚の付属器官である。

a.保温　b.保護
c.補充　d.保管

問52 メラノサイトとも呼ばれる色素細胞は、皮膚の色素である[問52]を産生する細胞である。

a.メラニン　b.ケラチン
c.ウイルス　d.血液

問53~54 爪は[問53]の[問54]が硬く変化したものである。

a.角質層　b.外皮
c.表皮　d.透明層

皮膚の構造について正しい答えを選びなさい

問55~56 皮膚は体の外表皮を覆っており、その総面積は成人で約［問55］m²あり、厚さは平均して2.0 ～ 2.2㎜、重さは体重の約［問56］%を占めている。

a.0.16　b.1.6
c.16　d.160

それぞれ正しい答えを選びなさい

問57 3級の実技試験でのモデルの爪は、イクステンションとリペアを合わせて、［問57］まで可能となっている。

a.3本　b.1本
c.2本　d.4本

問58 マニキュアの語源「マヌス」の意味は何か。

a.手　b.指　c.爪　d.ネイリスト

問59 ウェットステリライザーの材質として、ガラスやステンレスは適しているが、アルコールで［問59］するものは適していない。

a.凝固　b.変質
c.保湿　d.冷却

問60 ナチュラルネイルのファイリングに適したエメリーボードの目の粗さはどれか。

a.80 ～ 100グリッド　b.180 ～ 240グリッド
c.280 ～ 300グリッド　d.320 ～ 360グリッド

ネイリスト技能検定試験3級模擬試験　解答

問	答	問	答	問	答	問	答	問	答	問	答	問	答	問	答	問	答	問	答
1	c	2	d	3	b	4	d	5	a	6	b	7	b	8	c	9	d	10	a
11	b	12	c	13	a	14	d	15	a	16	d	17	b	18	a	19	b	20	c
21	d	22	c	23	d	24	c	25	d	26	b	27	d	28	c	29	c	30	a
31	a	32	b	33	c	34	a	35	c	36	a	37	d	38	b	39	a	40	c
41	d	42	d	43	b	44	a	45	a	46	b	47	a	48	b	49	d	50	a
51	b	52	a	53	c	54	a	55	b	56	c	57	c	58	a	59	b	60	b

ネイリスト技能検定試験 2級 模擬試験

全80問（試験時間35分）

爪の構造と働きについて正しい答えを選びなさい

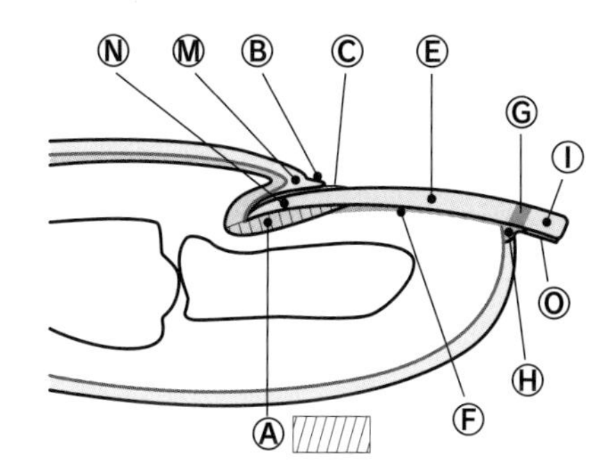

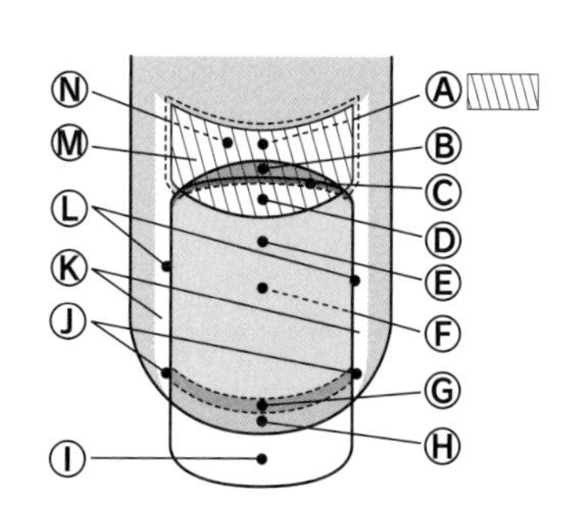

問1 Ⓐの部分は何か。　a.ネイルプレート　b.ネイルベッド　c.ネイルマトリクス　d.エポニキウム

問2 Ⓑの部分は何か。　a.ネイルプレート　b.ネイルベッド　c.ネイルマトリクス　d.エポニキウム

問3	Ⓒの部分は何か。	a.ルースハイポニキウム　b.ルースキューティクル　c.エポニキウム　d.ルヌーラ
問4	Ⓓの部分は何か。	a.ルースハイポニキウム　b.ルースキューティクル　c.エポニキウム　d.ルヌーラ
問5	Ⓔの部分は何か。	a.ネイルプレート　b.ルースキューティクル　c.ネイルマトリクス　d.エポニキウム
問6	Ⓕの部分は何か。	a.ネイルプレート　b.ネイルベッド　c.ネイルマトリクス　d.エポニキウム
問7	Ⓖの部分は何か。	a.イエローライン　b.ネイルルート　c.ハイポニキウム　d.フリーエッジ
問8	Ⓗの部分は何か。	a.ネイルプレート　b.イエローライン　c.ハイポニキウム　d.フリーエッジ
問9	Ⓘの部分は何か。	a.ネイルベッド　b.サイドライン　c.ハイポニキウム　d.フリーエッジ
問10	Ⓙの部分は何か。	a.ストレスポイント　b.ネイルベッド　c.サイドライン　d.ハイポニキウム
問11	Ⓚの部分は何か。	a.ストレスポイント　b.サイドウォール　c.サイドライン　d.ハイポニキウム
問12	Ⓛの部分は何か。	a.ストレスポイント　b.サイドウォール　c.サイドライン　d.ハイポニキウム
問13	Ⓜの部分は何か。	a.ネイルルート　b.ネイルフォルド　c.サイドウォール　d.ルースハイポニキウム
問14	Ⓝの部分は何か。	a.ネイルルート　b.ネイルフォルド　c.サイドウォール　d.ルースハイポニキウム
問15	Ⓞの部分は何か。	a.ネイルルート　b.ストレスポイント　c.サイドウォール　d.ルースハイポニキウム

問16~17	健康な成人の場合、爪の水分は［問16］%、脂肪分は［問17］%である。	a.6～12　b.1.5～7.5 c.12～16　d.0.15～0.75
問18	健康な成人の爪の成長スピードは、1日約［問18］㎜である。	a.0.01　b.0.1 c.0.3　d.0.5
問19~20	Ⓑは［問19］を保護し、細菌などの異物の侵入を防ぐ［問20］の部分である。	a.ネイルマトリクス　b.ネイルベッド c.ネイルフォルド　d.皮膚
問21~22	Ⓔは［問21］といい、色は［問22］である。	a.無色　b.薄いピンク色 c.ネイルルート　d.ネイルプレート
問23	Ⓙはイエローラインが、［問23］に接する点である。	a.サイドライン　b.ネイルプレート c.フリーエッジ　d.ネイルフォルド
問24	右記の中で皮膚の付属器官でないものを選べ。	a.爪　b.皮脂腺　c.骨　d.毛
問25	爪甲は何層から成り立っているか。	a.3層　b.1層　c.10層　d.5層
問26~27	爪が指先の力を受け取ることを［問26］という。また、足の爪の働きは［問27］を支え安定させている。	a.指　b.圧力　c.爪圧　d.体

ネイルの歴史について正しい答えを選びなさい

問28~29	日本では、［問28］にネイリスト技能検定試験がスタートした。2008年には、一般財団法人日本ネイリスト検定試験センターが設立され、［問29］に同センターは公益財団法人となった。	a.1997年 b.2002年 c.2012年 d.2015年

問30 マニキュアは本来、［問30］の「マヌス」(manus=手)と「キュア」(cure=手入れ)からきた「手の手入れ」を意味する。
a.ギリシャ語 b.英語 c.ヘブライ語 d.ラテン語

問31~32 古代エジプト時代には植物の［問31］の花の汁を用いて爪を染める風習があり、中国でも古くから爪染めが行われ、遊牧民の女性たちも［問32］と爪紅を行っていたことが明らかになっている。
a.椿 b.ヘンナ c.紅粧 d.爪粧

皮膚の構造とその働きについて正しい答えを選びなさい

問33 表皮は、角質層、［問33］層、顆粒層、有棘層、基底層から成り立っている。
a.角化 b.真皮 c.透明 d.網状

問34 油溶性の［問34］、ビタミンD、ビタミンEなどは、皮膚から吸収されやすい。
a.ビタミンC b.ビタミンB c.ビタミンA d.ビタミンK

問35 皮膚が乾燥しているときに、保湿クリームなどを塗布すると皮膚が潤うのは、皮膚に［問35］の働きがあるからである。
a.感染 b.変質 c.遺伝 d.経皮吸収

問36 爪は手と足の指先を［問36］する重要な役割を担う、皮膚の付属器官である。
a.保温 b.保護 c.保管 d.保健

問37 ［問37］層は角質層と顆粒層の間にあり、表皮の厚い手のひらや足の裏だけに存在する。
a.乳頭 b.基底 c.有棘 d.透明

問38 皮膚の働きには、［問38］作用、保護作用、吸収作用がある。
a.異常 b.体温調節 c.凝固 d.殺菌

問39 表皮の基底層と接している乳頭層には、［問39］、脈管、神経系が多くある。
a.コラーゲン b.保湿成分 c.皮下脂肪 d.毛細血管

爪の病気とトラブルについて正しい答えを選びなさい

問40 緑膿菌感染などが原因で起こる、爪の色調異常は何か。
a.黒褐色 b.黄白色 c.白濁 d.緑色

問41 オニコクリプトーシスとも呼ぶ［問41］は、不適切なネイルカットや靴による圧迫などが原因で起こる。
a.巨爪症 b.爪郭炎 c.陥入爪 d.咬爪症

問42 ボーズラインとも呼ぶ爪の横溝は、［問42］へのダメージ(栄養障害、外傷など)が原因で爪甲に溝が現れる。
a.側爪郭 b.後爪郭 c.爪甲 d.爪母

問43 荒れた皮膚や外傷から［問43］が侵入して腫れ上がる症状を、細菌性爪郭炎という。
a.カンジダ菌 b.緑膿菌 c.真菌 d.黄色ブドウ球菌

問44 問44 とも呼ばれる卵郭爪は、指先に向かって先端が湾曲する。

a.エッグシェルネイル b.グリーンネイル
c.ルコニキア d.ヒポクラテスネイル

問45 爪白斑は 問45 ともいい、爪に白い点状のものが現れ、爪の成長とともに消失する。

a.ボーズライン b.テリジアム
c.ルコニキア d.オニキクシス

トリートメントについて正しい答えを選びなさい

問46 トリートメントの効果には、血行や 問46 の流れを促し、新陳代謝を高めるなどがある。

a.水分 b.油分
c.リンパ d.血液

問47 トリートメントを行うことで、皮膚に 問47 を与えて滑らかにする。

a.水分 b.鉄分
c.塩分 d.血行

問48 トリートメントの効果として、 問48 のこりや緊張を緩和することがあげられる。

a.神経 b.筋
c.筋肉 d.皮膚

問49 硬くなった関節を柔らかくして、しなやかにする効果がある手技法は 問49 である。

a.運動法 b.圧迫法
c.軽擦法 d.強擦法

問50 圧迫によってクールダウンの効果を与える手技法は 問50 である。

a.強擦法 b.圧迫法
c.軽擦法 d.運動法

衛生と消毒について正しい答えを選びなさい

問51 洗浄から 問51 までが、器具の消毒手順に含まれる。

a.保管 b.乾燥
c.消毒 d.洗濯

問52 微生物の中でも主に病原微生物を殺すか、除去することを何というか。

a.洗浄 b.消毒
c.滅菌 d.殺菌

問53 病原微生物だけでなく、あらゆる微生物を殺すか除去して微生物が存在しない状態にすることを何というか。

a.洗浄 b.消毒
c.滅菌 d.殺菌

問54 微生物を殺すことを何というか。

a.洗浄 b.消毒
c.殺菌 d.防腐

問55 微生物を殺さないまでも、その発育や作用を止めることで目的物の腐敗を防ぐことを何というか。

a.洗浄 b.消毒
c.殺菌 d.防腐

問56 消毒を目的としてエタノール水溶液を使用する際に適した濃度はどれか。

a.36.9～41.4% b.46.9～51.4%
c.76.9～81.4% d.85.2～91.3%

問57 化学的な消毒法に用いられるのはどれか。

a.紫外線 b.エタノール
c.煮沸 d.蒸気

問58 金属器具に対して使用が不適切な消毒剤は何か。

a.エタノール b.次亜塩素酸ナトリウム
c.逆性石けん d.グルコン酸クロルヘキシジン

ネイルの技術体系について正しい答えを選びなさい

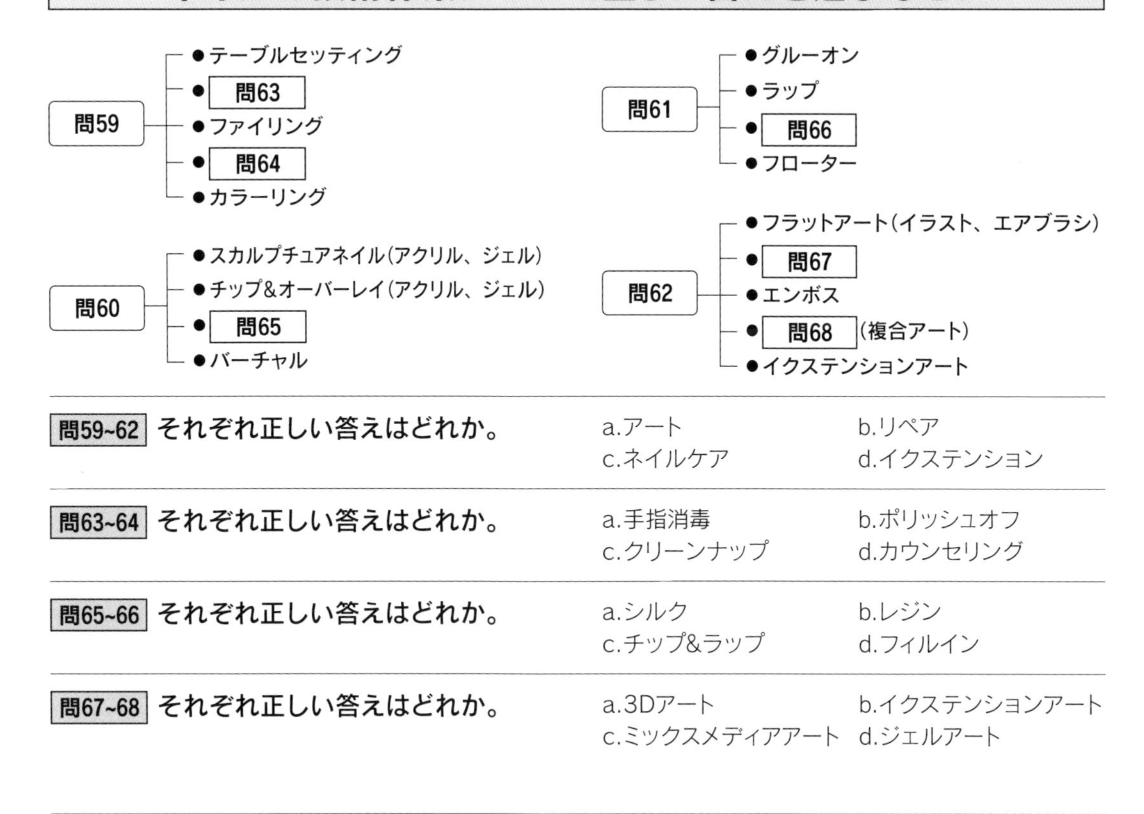

問59~62 それぞれ正しい答えはどれか。
a.アート　b.リペア
c.ネイルケア　d.イクステンション

問63~64 それぞれ正しい答えはどれか。
a.手指消毒　b.ポリッシュオフ
c.クリーンナップ　d.カウンセリング

問65~66 それぞれ正しい答えはどれか。
a.シルク　b.レジン
c.チップ&ラップ　d.フィルイン

問67~68 それぞれ正しい答えはどれか。
a.3Dアート　b.イクステンションアート
c.ミックスメディアアート　d.ジェルアート

チップ&ラップ、リペアについて正しい答えを選びなさい

問69~70 ラップ材として用いる化学繊維の［問69］は、強度に優れている。レジンと硬化促進剤の［問70］で仕上げる。
a.グルー　b.グラスファイバー
c.アクティベーター　d.フィラー

問71 グルーの硬化の補助として用いる［問71］は細かい粉末で、ナチュラルネイルの補強に適している。
a.グルー　b.グラスファイバー
c.アクティベーター　d.フィラー

問72 ナチュラルネイルのリペアやチップ&ラップに使用され、粘性が高くハイポイントなど厚みを出す必要がある場合に適している材料は何か。
a.アクティベーター　b.グルー
c.レジン　d.グラスファイバー

それぞれ正しい答えを選びなさい

問73 無彩色はどれか。　a.赤　b.青　c.黒　d.黄

問74 色の鮮やかさを表す度合いを何というか。　a.明度　b.有彩色　c.彩度　d.色調

問75 赤系、青系、緑系など、色合いの違いを表す要素はどれか。　a.色相　b.彩度　c.明度　d.色調

問76 ベースコートには、爪を保護するほか、［問76］の接着を高める、剥がれにくくする、発色を向上させるなどの役割がある。
a.カラージェル　b.カラーポリッシュ
c.トップコート　d.リッジフィラー

問77 ネイリストはハイレベルなテクニックを身につけるだけでなく、信頼される［問77］でなければならない。

a.人格　b.料金　c.用具・用材　d.髪型

問78 ネイリストは、お客様の疑問・［問78］に的確に答えることが大切である。

a.質問　b.冗談　c.誘い　d.電話

問79 ネイリストとして清潔感のある身だしなみ、服装で働く姿は、お客様に信頼感、［問79］感、爽やかなイメージを与える。

a.緊張　b.圧迫　c.安心　d.威圧

問80 ［問80］とは、疾病を予防し、健康を維持するのに十分な環境を整えることを意味している。

a.環境衛生　b.公衆衛生　c.一般衛生　d.公衆環境

ネイリスト技能検定試験2級模擬試験　解答

問	答	問	答	問	答	問	答	問	答	問	答	問	答	問	答	問	答	問	答
1	c	2	d	3	b	4	d	5	a	6	b	7	a	8	c	9	d	10	a
11	b	12	c	13	b	14	a	15	d	16	c	17	d	18	b	19	c	20	d
21	d	22	a	23	a	24	c	25	a	26	c	27	d	28	a	29	c	30	d
31	b	32	c	33	c	34	c	35	d	36	b	37	d	38	b	39	d	40	d
41	c	42	b	43	d	44	a	45	c	46	c	47	a	48	c	49	a	50	b
51	a	52	b	53	c	54	c	55	d	56	c	57	b	58	b	59	c	60	d
61	b	62	a	63	d	64	c	65	c	66	d	67	a	68	c	69	b	70	c
71	d	72	c	73	c	74	c	75	a	76	b	77	a	78	a	79	c	80	b

ネイリスト技能検定試験 1級 模擬試験

全100問（試験時間40分）

爪の構造と働きについて正しい答えを選びなさい

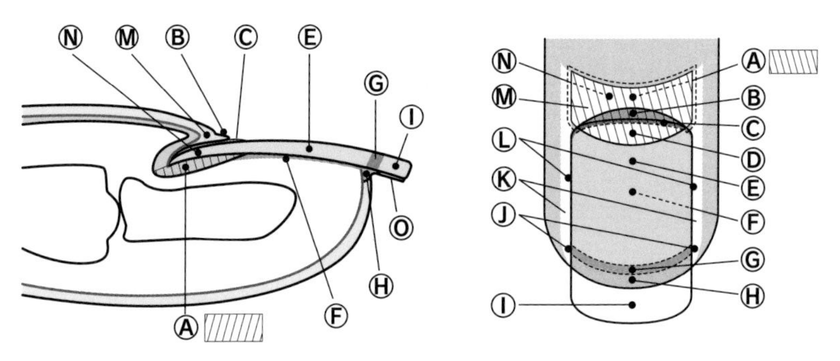

問1 Ⓐの部分は何か。　a.ネイルルート　b.ネイルマトリクス　c.ルヌーラ　d.エポニキウム

問2 Ⓑの部分は何か。　a.エポニキウム　b.ネイルルート　c.ルヌーラ　d.ネイルマトリクス

問3 Ⓒの部分は何か。　a.ネイルマトリクス　b.ルースハイポニキウム　c.ネイルフォルド　d.ルースキューティクル

問4 Ⓓの部分は何か。　a.エポニキウム　b.ルヌーラ　c.ネイルルート　d.ネイルマトリクス

問5~6 Ⓔは［問5］という名称で、通常「［問6］」と呼ばれる部分である。

a.爪　b.ネイルベッド　c.ネイルルート　d.ネイルプレート

問7~8	Ⓕは［問7］という名称で、［問8］が乗っている台にあたる部分である。	a.ネイルマトリクス　b.キューティクル c.爪甲　d.ネイルベッド
問9~11	Ⓖは［問9］という名称で、［問10］が［問11］から離れないようにしている、黄白色の弓状の線である。	a.ネイルルート　b.爪甲 c.爪床　d.イエローライン
問12~14	Ⓗは［問12］という名称で、［問13］の下に細菌やその他の異物が侵入するのを防いでいる［問14］の部分である。	a.爪甲　b.爪上皮 c.皮膚　d.ハイポニキウム
問15~17	Ⓘは［問15］という名称で、［問16］が伸びて［問17］から離れた部分である。	a.フリーエッジ　b.爪床 c.爪母　d.爪甲
問18	指先は細やかな［問18］と血管が集中しており、とても敏感な部分である。	a.指紋　b.骨 c.爪　d.神経
問19~20	爪が指先の力を受けとることを［問19］という。また、足の爪の働きは［問20］を支え安定させている。	a.腰　b.圧着 c.爪圧　d.体
問21~23	ネイルプレートは、背爪とも呼ばれる［問21］、中爪とも呼ばれる［問22］、腹爪とも呼ばれる［問23］の3層から成り立っている。	a.アンダープレート b.ミドルプレート c.オーバープレート d.トッププレート
問24	ネイルプレートは［問24］が主成分である。	a.ビタミン　b.カルシウム c.たんぱく質(ケラチン)　d.脂肪分
問25	Ⓛは爪甲の左右の側面の際の部分で、［問25］という。	a.サイドウォール　b.サイドライン c.イエローライン　d.ストレスポイント

爪の基礎知識と皮膚の構造について正しい答えを選びなさい

問26~28	皮膚は体の外表皮を覆っており、その総面積は成人で約［問26］㎡あり、厚さは平均して［問27］㎜、重さは体重の約［問28］%を占めている。	a.6　b.16 c.1.6　d.2.0～2.2
問29~32	皮膚の表面は［問29］の［問30］で覆われていて、外界からの異物やウイルス、微生物の侵入や［問31］を無害化する働きも行っている。また、紫外線に対しても光線を［問32］し、散乱させて体を保護するなど、バリア機能も併せもっている。	a.付着 b.吸収 c.皮脂膜 d.弱酸性
問33	爪は皮膚の付属器官で、手と足の指先を［問33］するという重要な役割がある。	a.保護　b.保温 c.保管　d.補充
問34	ネイルプレートのケラチンは、硫黄を含んだアミノ酸の量が多いと［問34］ケラチンとなる。	a.軟　b.弱 c.強　d.硬
問35	皮膚は外側から表皮・［問35］・皮下組織の3層からなっている。	a.真皮　b.外皮 c.角質層　d.脂肪

問36~38	ネイルプレートはネイルベッドの上にのっているだけであり、両側の[問36]と[問37]とネイルフォルドの[問38]辺で固定している。	a.サイドウォール b.3 c.ハイポニキウム d.4
問39~40	爪は[問39]の[問40]が硬く変化したものである。	a.表皮 b.真皮 c.透明層 d.角質層
問41	爪は皮膚の大切な付属器官である。では右記の中で、付属器官でないものはどれか。	a.毛 b.角化細胞 c.皮脂腺 d.汗腺
問42~43	表皮は、皮膚の表面から順に、角質層、[問42]、顆粒層、有棘層、[問43]から成り立ち、層状形成されている。	a.基底層 b.透明層 c.皮脂層 d.毛根層
問44~45	真皮の一部である網状層は、コラーゲンが一定の規則で配列され、エラスチンが継ぎ目にあたる部分に網目状に交わり、その隙間を[問44]などが満たしている。これらが皮膚の[問45]や潤いを保っている。	a.グリセリン b.水分 c.弾力 d.ヒアルロン酸

ネイルの歴史について正しい答えを選びなさい

[問46]時代	化粧のひとつの部位として爪に彩色をしていた。 植物の[問48]の花の汁を用いて爪を染める風習があり、 発掘されたミイラの爪に朱の色が施されていた。
[問47]時代	「マヌス・キュア」という言葉が生まれ流行する。 マヌスは[問49]を意味し、キュアは[問50]を意味している。
中世・ ルネッサンス時代	[問51]と呼ばれる美容院で[問52]を用いて爪の手入れをしていた。
20世紀	爪のおしゃれとして、爪に輝きを持たせるため、マニキュア用ニスが登場する。 その後、1923年に[問53]で自動車用の[問54]のラッカーが開発されると、その副産物として生まれたネイルラッカーが1932年に発売される。
近代日本	明治時代にフランスからマニキュア術が伝播し、 [問55]が発達する。

問46~47	それぞれにあてはまる時代を選べ。	a.ロココ	b.ギリシャ・ローマ	c.古代エジプト	d.アールデコ
問48	あてはまる植物の名前はどれか。	a.ホオズキ	b.ホウセンカ	c.紅殻	d.ヘンナ
問49~50	それぞれの意味する言葉はどれか。	a.手入れ	b.手当て	c.爪	d.手
問51~52	それぞれにあてはまる言葉を選べ。	a.クリーム	b.ポリッシュ	c.ハンマム	d.ハメム
問53~54	それぞれにあてはまる言葉を選べ。	a.アメリカ	b.速乾性塗料	c.フランス	d.揮発性塗料
問55	正しい言葉はどれか。	a.美手術	b.美指術	c.摩爪術	d.磨爪術

衛生と消毒について正しい答えを選びなさい

問56~57 消毒や滅菌の前に行う最も基本的な衛生措置は洗浄である。微生物の中でも主として病原微生物を殺したり除去したりすることを［問56］といい、病原微生物だけでなくあらゆる微生物を殺したり除去したりして微生物が存在しない状態にすることを［問57］という。

a.洗浄
b.消毒
c.殺菌
d.滅菌

問58~59 消毒法には、紫外線や熱などの物理的媒体による［問58］消毒法と消毒剤を使用した［問59］消毒法の2種類があり、対象物によって使い分ける。［問58］消毒法のひとつとして、沸騰水中で煮沸することを煮沸消毒という。

a.赤外線的
b.物理的
c.紫外線的
d.化学的

問60~61 ウェットステリライザーとは、施術中に皮膚に接する用具を入れる消毒用の容器のことであるが、ニッパーの［問60］が浸る程度の量の［問61］などを入れて使用する。

a.刃全体
b.消毒用エタノール
c.次亜塩素酸ナトリウム
d.刃先

問62 85μW（マイクロワット）／㎠以上の紫外線消毒器を使用して消毒を行う際に、必要な時間はどのくらいか。

a.20分間以上　b.3分間以上
c.5分間以上　d.10分間以上

問63 B型・C型肝炎に対しても消毒効果がある消毒剤を選べ。

a.次亜塩素酸ナトリウム　b.両性界面活性剤
c.逆性石けん　d.グルコン酸クロルヘキシジン

爪と皮膚の病気とトラブルについて正しい答えを選びなさい

問64 緑膿菌感染などで起こる爪の色調異常はどれか。

a.白斑　b.白濁
c.緑色　d.黄白色

問65 爪の異常には、遺伝や生まれつきなどの［問65］のものと、けがや病気による後天性のものがある。

a.伝染性　b.感染性
c.進行性　d.先天性

問66 単純性疱疹は、［問66］の感染が主な原因で、免疫力が低下した際などに繰り返し発症する。

a.手白癬　b.ヘルペスウイルス
c.伝染性膿痂疹　d.爪下出血

問67~68 爪甲萎縮症は［問67］ともいい、［問68］や内臓疾患が原因で起こる。

a.皮膚疾患　b.靴による圧迫
c.オニコクリプトーシス　d.オニカトロフィア

問69~70 爪鉤湾症は［問69］ともいい、［問70］の感染などが原因で起こる。

a.爪白癬　b.カンジダ菌
c.オニコグリフォーシス　d.オニコファジー

問71 爪の横溝は、ボーズラインともいい、［問71］へのダメージ(栄養障害、外傷など)が原因で爪甲に溝が現れる症状である。

a.側爪郭　b.後爪郭
c.爪甲　d.爪母

問72 バチ状指は［問72］ともいわれ、先天性の心疾患、肺疾患、肺ガンなどが原因で起こり、指先が大きくなり、爪が湾曲して指の先端を包み込むようになる。

a.コイロニキア
b.ヒポクラテスネイル
c.パロニキア
d.オニキクシス

問73	細菌性爪郭炎はバクテリアルパロニキアともいい、荒れた皮膚や外傷から［問73］が侵入し赤く腫れ上がる。	a.カンジダ菌 c.緑膿菌	b.白癬菌 d.黄色ブドウ球菌
問74~75	コイロニキア（スプーンネイル）とも呼ばれる［問74］は、貧血や［問75］、遺伝、職業などが原因で起こる。	a.匙状爪甲 c.局部感染	b.卵殻爪 d.鉄分不足
問76~77	貧血症が原因で起こる色調異常は［問76］、肝硬変や慢性腎不全などが原因で起こる色調異常は［問77］である。	a.黒褐色 c.赤色	b.青白色 d.白濁

アクリル材料学とリペア、チップ＆ラップについて正しい答えを選びなさい

問78	ナチュラルネイルに、イクステンションの材料で長さを出さずに補強することを、［問78］という。	a.フィルイン c.バックフィル	b.フローター d.ニューセット
問79	アクリルスカルプチュアは何重合か。	a.科学重合 c.化学重合	b.光重合 d.ラジカル重合
問80	アクリルパウダーとアクリルリキッドを混合したものを［問80］という。	a.モノマー c.ミクスチュア	b.イニシエーター d.オリゴマー
問81	スカルプチュアネイルをつけて日数が経つと、爪が伸びて根元にナチュラルネイルが見えてくるため、その伸びた部分を直すリペアの技術を何というか。	a.フローター c.フィルイン	b.プレパレーション d.サンディング
問82	リキッド分が多いミクスチュアを、必要以上にブラシでさわると［問82］が入ることがある。	a.クラッシュ c.スクラッチ	b.バブル d.マーブル
問83	プライマーには強酸性のものと、刺激を軽減した［問83］のものがある。	a.ノンアシッド c.ノンスキッド	b.ノンプライム d.ノンアルコール
問84	チップ＆ラップの技法はどの分類にあてはまるか。	a.イクステンション c.リペア	b.ネイルケア d.アート
問85	アクリルリキッド（モノマー）がアクリルパウダー（ポリマー）に拡散し、ふやける状態を［問85］という。	a.開始 c.膨潤	b.硬化 d.溶解
問86	アンダープレート側のCカーブを［問86］という。	a.コンケイブ c.ハイポイント	b.アーチロケーション d.コンペックス
問87	プレパレーションの手順は、フリーエッジをカット→ルースキューティクルの除去→［問87］→プレプライマーである。	a.サンディング c.コーティング	b.シーリング d.ファイリング

色彩理論について正しい答えを選びなさい

問88 色のとらえ方として、色相、明度、彩度の3つの要素があり、これを『色の［問88］』という。

a.調整　b.三属性
c.三味性　d.特性

問89 ［問89］系は、イエローラインが隠れる不透明な仕上がりのカラーの種類を指す。

a.マット　b.シアー
c.メタリック　d.パール

問90 色黒で赤みがかっていて、強くシャープでメリハリのあるイメージに該当する肌の分類はどれか。

a.ライトイエロー　b.ライトレッド
c.ダークレッド　d.ダークイエロー

問91 色白で黄みがかっていて、フレッシュで若々しいクリアなイメージに該当する肌の分類はどれか。

a.ライトイエロー　b.ライトレッド
c.ダークレッド　d.ダークイエロー

ネイルカウンセリングとプロフェッショナリズムについて正しい答えを選びなさい

問92~94 カウンセリングの流れは、予約→来店→［問92］→カウンセリングシートに記入→［問93］・視診・触診→［問94］→カウンセリングシートに履歴を記入、となる。

a.問診
b.治療
c.施術
d.ネイルカウンセリング

問95 ネイルカウンセリングは、分析（情報収集）と［問95］（お客様に合ったネイルサービスの［問95］）の2つの要素で構成されている。

a.メニュー　b.提案
c.診断　d.販売

問96 お客様の予約を受ける際は、ご希望のサービス内容を確認して十分な時間を取り、［問96］に予約を取ること。

a.強制的　b.自主的
c.一方的　d.計画的

問97 個人情報とは、氏名、生年月日、住所、その他の記述などにより［問97］を識別するものである。

a.特別な個人　b.不特定の個人
c.特定の個人　d.無数の個人

問98~100 信頼されるネイリストになるためには、ハイレベルで［問98］な技術を提供すること、お客様の要望に合った［問99］を提供すること、最新［問100］を提供することなどの心構えが大切である。

a.清潔
b.ネイルサービス
c.情報
d.安全安心

ネイリスト技能検定試験1級模擬試験　解答

問	答	問	答	問	答	問	答	問	答	問	答	問	答	問	答	問	答	問	答
1	b	2	a	3	d	4	b	5	d	6	a	7	d	8	c	9	d	10	b
11	c	12	d	13	a	14	c	15	a	16	d	17	b	18	d	19	c	20	d
21	d	22	b	23	a	24	c	25	b	26	c	27	d	28	b	29	d	30	c
31	a	32	b	33	a	34	d	35	a	36	a	37	c	38	d	39	a	40	d
41	b	42	b	43	a	44	d	45	c	46	c	47	b	48	d	49	d	50	a
51	c	52	a	53	a	54	b	55	d	56	b	57	d	58	b	59	d	60	d
61	b	62	a	63	a	64	c	65	d	66	b	67	d	68	a	69	c	70	a
71	b	72	b	73	d	74	a	75	d	76	b	77	d	78	b	79	c	80	c
81	c	82	b	83	a	84	a	85	c	86	a	87	a	88	b	89	a	90	c
91	a	92	d	93	a	94	c	95	b	96	d	97	c	98	d	99	b	100	c

[監修]
NPO法人日本ネイリスト協会（JNA）
https://www.nail.or.jp

日本における健全なネイル産業の発展を目的として、1985年に設立。
ネイルに関する技能研修や資格認定などを通じて、ネイルの普及とネイリストの技能向上に努めている。
今や、国際的にも広く認知されている日本のネイル産業を、さらに拡大し、
広く社会から信頼される組織として一致協力し、より確かな技術・製品の開発、消費者の保護、
優秀なネイリストの育成及び社会的地位向上、美容業界・エステ業界など関連する分野との提携、
海外との交流などに積極的に取り組んでいる。

仲宗根幸子
NPO法人日本ネイリスト協会・理事長

本書は、ネイル業界の第一線で教育一筋に活躍し、ネイリスト技能検定試験のスタート時からその発展に深く貢献してきたJNAの理事長 仲宗根幸子がすべてを解説しています。また、技術指導はプロのネイリストを指導する立場であり、トップレベルの技術を誇るマスターエデュケーター陣が担当しました。

[本書監修補佐]
飯田悟子、小笠原弥生、金井智子、北島美樹、廣田直子

[本書技術指導]
池谷真理子、岩井智栄、金井智子、谷中ゆみ、羽田由紀、穂刈美保、山浦あゆ美、山田佳奈、山本美樹

STAFF
デザイン●小谷田一美
撮　影●信長江美（有限会社ヤスダフォトスタジオ）
前田一樹
イラスト●そねくみ
ライター●川原好恵
企画・編集●成田すず江（株式会社テンカウント）

本書で解説している技術内容は、原則として2023年8月時点の情報がベースになっています。
試験内容などの一部が変更になる場合もありますので、最新の情報はJNECのホームページ（https://www.nail-kentei.or.jp）でかならず確認してください。

本書の内容に関するお問い合わせは、お手紙かメール（jitsuyou@kawade.co.jp）にて承ります。
恐縮ですが、お電話でのお問い合わせはご遠慮くださいますようお願いいたします。

改訂最新版 ネイリスト技能検定 1級・2級・3級 完全対策バイブル

2012年 8月30日 初版発行
2016年 3月30日 増補改訂版初版発行
2023年 11月30日 三訂版初版発行
2024年 8月30日 三訂版2刷発行

監　修 NPO法人日本ネイリスト協会（JNA）
発行者 小野寺優
発行所 株式会社河出書房新社
〒162-8544 東京都新宿区東五軒町2-13
電話 03-3404-1201（営業）
03-3404-8611（編集）
https://www.kawade.co.jp/

印刷・製本 TOPPANクロレ株式会社

Printed in Japan
ISBN978-4-309-29350-9

＊本書は2016年刊『最新版 ネイリスト技能検定 1級・2級・3級 完全対策バイブル』（小社刊）に新しい情報を加えて改訂、再編集したものです。